Biblioteca de Filosofía del Derecho

Carlos Alarcón Cabrera
(Director)

Carlos Antonio Agurto Gonzáles
Sonia Lidia Quequejana Mamani
(Coordinadores Generales)

Claus-Wilhelm Canaris
Catedrático de la Universidad de Múnich

El sistema en la jurisprudencia

Ediciones Olejnik

Título: El sistema en la jurisprudencia

Traducción de Juan Antonio García Amado

Huérfanos 611, Santiago - Chile
E-mail: contacto@edicionesolejnik.com
Web site: http://www.edicionesolejnik.com

Primera edición en Ediciones Olejnik: 2023

ISBN: 978-956-407-286-9

Diseño de Carátula: Ena Zuñiga
Diagramación: Luis A. Sierra Cárdenas

Impreso en Argentina 2023 Printed in Argentina

ÍNDICE

§ 6. LOS LÍMITES DEL SISTEMA

§ 7. PENSAMIENTO SISTEMÁTICO Y TÓPICA

§ 8. TESIS

A mi venerado maestro Karl Larenz, con gratitud.

PREFACIO A LA SEGUNDA EDICIÓN

El presente escrito, que procede de mi trabajo de habilitación en el año 1967, se había agotado hace muchos años. He sido no obstante reticente a seguir el deseo de la editorial de que se hiciera una nueva edición, pues por razones técnicas se excluían grandes modificaciones. Las ideas esenciales, especialmente tal como se expresan en las tesis con que finaliza el libro, se corresponden aún con mis actuales convicciones. Frente a ello importa menos el hecho de que en algunos aspectos concretos hoy diría cosas distintas. Por tanto, salvo algunos pequeños retoques, el texto se corresponde con el de la primera edición. Lo mismo vale para las referencias, que he dejado tal como allí estaban. Tratar de actualizarlas o incluir la discusión que desde entonces se ha desarrollado habría significado escribir de nuevo partes del libro, y, como ya se ha dicho, no era éste el objetivo de esta nueva edición.

Se encuentran en preparación traducciones al japonés y al portugués.

Múnich, diciembre de 1982

Claus-Wilhelm Canaris

PREFACIO A LA PRIMERA EDICIÓN

El presente escrito proviene de la conferencia que, en el marco de mi habilitación, pronuncié el veinte de julio de 1967 en la Facultad de Derecho de la Universidad de Múnich. La reelaboración finalizó en agosto de 1968, por lo que las obras aparecidas con posterioridad sólo ocasionalmente pudieron ser incorporadas en las notas.

El trabajo está dedicado a mi venerado maestro Karl LARENZ, como modesta muestra de mi agradecimiento por el gran estímulo que de él he recibido tanto en lo científico como en lo personal. También he de manifestar mi gratitud a los demás miembros de la Facultad muniquesa por el afecto y el apoyo que siempre me han dispensado durante mi época de ayudante.

Graz, diciembre de 1968

Claus-Wilhelm Canaris

La cuestión acerca del significado de la idea de sistema en la Jurisprudencia constituye uno de los más debatidos problemas de la metodología jurídica. En pocas controversias se mantienen aún hoy las opiniones tan tajantemente enfrentadas como en ésta. Mientras SAUER, por ejemplo, proclama enfáticamente que «sólo el sistema garantiza conocimiento, garantiza cultura. Sólo en el sistema cabe verdadero conocer, verdadera operatividad»[1], y H. J. WOLFF dice que «la ciencia jurídica es sistemática o no es»[2], opina EMGE, con escéptica reserva, que «un sistema es siempre una atrevida empresa de la «razón» que, en su contenido, va demasiado lejos»[3] -una frase que está sólo a un pequeño paso de las famosas palabras de NIETZSCHE, quien calificó la voluntad de sistema como una «falta de honestidad», como una «enfermedad del carácter» —[4]. En lo que en particular se refiere al derecho privado, el más importante enfrentamiento metodológico de este siglo -entre «Jurisprudencia de conceptos» y «Jurisprudencia de intereses»- fue en buena medida una controversia sobre el sentido, las formas y los límites de la formación jurídica de sistemas. Finalmente, en época más reciente Theodor VIEHWEG, en su obra sobre «Tópica y Jurisprudencia»[5], ha revivido la discusión y su crítica del sistema ha hallado tanto intensa aprobación como decidido rechazo.

Lo persistente y enconado del enfrentamiento no puede de ningún modo sorprendernos, pues en su trasfondo se hallan cuestiones centrales de la metodología jurídica y de la filosofía del derecho. Tal como, sobre todo, ha mostrado nuevamente la discusión de las tesis de VIEHWEG, se trata a fin de cuentas del fundamento de nuestra disciplina, en especial de la autocomprensión de la Jurisprudencia como ciencia, y de la especificidad del pensamiento y el razonamiento jurídico. Más aún, puesto que la metodología jurídica se halla por doquier en la más estrecha interrelación con la filosofía jurídica general, nos vemos también aquí muy pronto abocados a la problemática de los «valores jurídicos superiores» y de la relación que guardan entre sí[6].

---

1 *Juristische Methodentehre,* 1940, p. 171.

2 *Typen im Recht und in der Rechtswissenschaft,* Stud. Gen. 1952, pp. 195 y ss. (205).

3 *Einführung in die Rechtsphilosophie,* 1955, p. 378.

4 *Gesammelte Werke,* 1895-1912, vol. VIII, p. 64 y vol. XIV, p. 354. BOLLNOW expresa su desconfianza hacia el sistema como principio metodológico de las ciencias del espíritu, *vid.* «Die Objektivität der Geisteswissenschaften und die Frage nach dem Wesen der Wahrheit, Zeitschr. f.», *Philosophische Forschung,* 16 (1962), pp. 3y ss. (15s).

5 1.ª ed. 1953, 3.ª ed. 1965.

6 *Vid.* más extensamente bajo §§ 1 II 2, 4 IV 3, 5 II, 6 I 4b, 7 II.

La discusión hasta hoy adolece a menudo de que sobre su objeto, es decir, el concepto de sistema, no se aporta claridad, ni en lo terminológico ni en el fondo. Así, por ejemplo, DIEDERICHSEN ha objetado frente a VIEHWEG que éste lleva a cabo una «lucha contra molinos de viento» y un «simulacro de enfrentamiento», pues el sistema lógico-axiomático que VIEHWEG ataca hace tiempo que ya no es defendido por nadie[7] -y de hecho ahí radica una debilidad esencial del trabajo de VIEHWEG[8]-. En general, en la literatura se encuentran, en el mejor de los casos, sólo respuestas parciales a la pregunta sobre el concepto de sistema en cada caso presupuesto. Si éste no se clarifica por completo, le faltará a la discusión sobre el sistema el fundamento imprescindible. De ahí que en lo que sigue se intentará aportar más claridad a ese respecto.

7 *Topisches und systematisches Denken in der Jurisprudent,* NJW 1966, p. 697ss (700).
8 *Vid.* más extensamente en § 7 y en la nota 64.

§ 1. LA FUNCIÓN DE LA IDEA DE SISTEMA EN LA JURISPRUDENCIA

Hacer consideraciones más precisas sobre el concepto jurídico de sistema presupone obtener primeramente claridad sobre dos cuestiones: en primer lugar, sobre el concepto general, es decir, filosófico, de sistema, y, en segundo lugar, sobre la especial misión que este concepto puede desempeñar razonablemente en la Jurisprudencia[1].

1. Las notas de orden y unidad como caracteres del concepto general de sistema

Sobre el concepto general de sistema puede predominar un amplio acuerdo básico -al margen de particulares diferencias[2]-: sigue siendo indicativa la definición clásica de KANT, quien designa el sistema como «la unidad de conocimientos plurales bajo una idea»[3], o también como «un todo del conocimiento ordenado con arreglo a principios»[4]. Similarmente, en el «Diccionario de conceptos filosóficos» de EISLER[5] se dice que un sistema es «1. objetivamente: un entramado totalizador de cosas, procesos, partes, en el que el significado de cada parte está determinado por el todo supraordenado y sumativo (...) 2. lógicamente: una pluralidad unitaria de conocimientos que se sigue de un principio y que forma un todo de saber, un cuerpo doctrinal en sí dividido e internamente asociado desde el punto de vista lógico, como correlato lo más fiel posible del sistema real de las cosas, es decir, del conjunto de relaciones de las cosas entre sí y que mediante procesos científicos tratamos de «reconstruir» aproximativamente». Con ese concepto se corresponden también las definiciones que se encuentran en la literatura jurídica. Así, para SAVIGNY, el sistema es «la interna interrelación que asocia en una gran unidad todos los institutos y reglas jurídicos»[6], según STAMMLER es

---

1 Sobre la justificación de este modo de proceder en la formación del concepto vid. más extensamente CANARIS, *Die Feststellung von Lücken im Gesetz,* 1964, pp. 15 y ss., donde se establece la misma vía para la determinación del concepto de laguna.

2 Una buena perspectiva histórica sobre el desarrollo del término «sistema» la da RITSCHL, *System und systematische Methode in der Geschichte der wissenschaftlichen Sprachgebrauch und der philosophischen Methodologie,* 1906.

4 *Vid. Metaphysische Anfangsgründe der Naturwissenschaft,* 1.ª ed. 1786, Preámbulo, p. IV.

5 4.ª ed. 1930, vol. Ill, término «sistema».

6 *Vid. System des heutigen römischen Rechts,* vol. 1, 1840, p. 214 (similarmente p. XXXVI y p. 262).

«una unidad plenamente articulada»[7], según BINDER «un todo de conceptos jurídicos ordenado con arreglo a puntos de vista unitarios»[8], según HEGLER es «la exposición de un sector científico en una estructura de sentido que se presenta a sí misma como orden unitario e interrelacionado»[9], según STOLL es «un todo unitariamente ordenado»[10] y según COING es «un orden de conocimientos según un punto de vista unitario»[11].

Dos son las notas que aparecen en todas las definiciones[12]: la de *orden* y la de *unidad;* las dos están en estrecha interrelación, pero han de ser fundamentalmente separadas[13]. En lo que, primeramente, se refiere al orden, quiere aquí decir -formulado de un modo muy general, para evitar cualquier restricción precipitada- una coherencia «interna» racionalmente captable, es decir, fundada en la cosa misma. En lo que tiene que ver con la unidad, este elemento modifica el de orden por cuanto que dicha unidad no puede romperse en una serie de unidades individuales y desconectadas[14], sino que ha de reconducirse a unos pocos y determinantes principios básicos. A ese respecto hay siempre que diferenciar dos tipos o, mejor dicho, dos aspectos del sistema: el sistema de conocimientos, por un lado, que es denominado por EISLER, en la definición citada, como sistema «lógico» y que en lo que sigue será designado, más generalmente, como sistema «científico»; y, por otro lado, el sistema de los objetos del conocimiento, a propósito del cual EISLER acertadamente habla de

7 *Theorie der Rechtswissenschaft,* 2.ª ed. 1923, p. 221; igualmente *Lehrbuch der Rechtsphilosophie,* 3.ª ed. 1928; coincidentemente, por ejemplo, BINDER, *Rechtsbegriff und Rechtsidee,* 1915, pp. 158 y ss., y *Philosophic des Rechts,* 1925, p. 922; ENGISCH, *Sinn und Tragweite juristischer Systematik,* Stud. Gen. 10 (1957), pp. 173yss. (186).

8 *Philosophic des Rechts,* cit.; similarmente ya en *Rechtsbegriff und Rechtsidee,* cit., y posteriormente ZHR 100, pp. 34 y s. y 78.

9 «Zum Aufbau der Systematik des Zivilprozesses», en *Festgabe für Heck, Rümelin und Schmidt,* 1931, p. 216.

10 «Begriff und Konstruktion in der Lehre der Interessenjurisprudenz», *Festgabe für Heck,* etc. (véase la nota anterior), p. 77.

11 Geschichte und Bedeutung des Systemgedankens in der Rechtswissenschaft, Frankfurter Universitätsreden, Heft 17, citado de COING, *Zur Geschichte des Privatrechtssystems,* 1962, p. 9; *vid.* también COING, «Bemerkungen zum überkommenen Zivilrechtssystem», en *Festschrift für Dölle,* 1963, p. 25.

12 Junto con ellas se menciona también la nota de *plenitud, vid.* ante todo STAMMLER, *Theorie der Rechtswissenschaft,* cit., pp. 221 y s., por referencia a KANT: «El todo... puede crecer internamente *(per intus susceptionem),* pero no externamente *(per oppositionem),* tal como un cuerpo animal, cuyo crecimiento no añade ningún nuevo miembro, sino que, sin modificación de la proporción, hace a cada uno más fuerte y apto para sus fines» (*Crítica de la razón pura,* cit., p. 833 o p. 861). Esta nota no puede en ningún modo ser satisfecha por el sistema jurídico, pues éste, debido a la «apertura» del «sistema objetivo» *(vid.* al respecto, más extensamente, en § 3 II), siempre podría crecer también *«per oppositionem».* El elemento de «plenitud» no sería, sin embargo, esencial para el concepto general de sistema, sino que sólo se refiere a una noción más estrecha del mismo. Sobre la exigencia de la «plenitud» en un *sistema axiomático* en el sentido de la lógica, *vid.* infra p. 34 y 35 s.

13 Correctamente STAMMLER, cit., p. 222.

14 Aun en ese caso cabría seguir hablando de *«orden»,* pues también la igualdad en el orden supone una forma de orden, y aquel orden, como tal, ya encierra en sí indudablemente la tendencia a la unidad.

sistema «objetivo» o «real». Ambos están en la más estrecha interrelación, por cuanto el primero ha de ser el «más fiel correlato posible»[15] del último si se quiere que el tratamiento científico de un objeto no violente a éste y no se frustre con ello su finalidad. Para la formación jurídica del sistema se sigue de esto, con carácter inmediato, que sólo tiene sentido si su objeto, esto es, el derecho, presenta un tal sistema «objetivo». Por ello, todo ulterior debate sobre el significado de la «idea de sistema» en la Jurisprudencia y sobre el concepto de sistema presupone la clarificación de la pregunta acerca de si y en qué medida el derecho posee aquel orden y unidad que son imprescindibles como base del sistema.

II. La coherencia valorativa y la unidad interna del ordenamiento jurídico como base del sistema jurídico

¿Qué ocurre, pues, con el orden interno y la unidad de sentido del derecho?

1. Coherencia y unidad como premisas científico-teóricas y hermenéuticas

En el plano metodológico esas premisas suelen presuponerse como evidentes. Se procede así ya desde el momento en que la Jurisprudencia se cultiva como *ciencia*[16], pues, como dice COING, «a fin de cuentas el sistema jurídico es el intento de abarcar el todo de la justicia en una suma de principios racionales atendiendo a una determinada forma de la vida social. Pero es una ineludible hipótesis básica de toda ciencia que en el mundo espiritual y material impera una estructura racional y aprehensible por el entendimiento»[17]. En correspondencia con esto, también la metodología jurídica parte sin más en sus postulados de la existencia básica de la unidad del derecho. Así lo hace cuando formula el mandato de «interpretación sistemática»[18], o cuando establece «principios generales del derecho» a propósito de la llamada analogía, y con esto se halla en sintonía con las doctrinas de la hermenéutica general, de cuyo patrimonio seguro forma parte el llamado «canon de unidad» o «totalidad», según el cual el intérprete ha de entender y presuponer su objeto como un todo en sí dotado de sentido[19].

En todo caso, se introduce una petitio principii cuando, sobre la base del carácter científico de la Jurisprudencia o del postulado metodológico de la comprensión unitaria de sentido, se concluye sin más que existe una unidad del derecho. Si la Jurisprudencia es una ciencia supone lógicamente la cuestión previa, y podría resultar que la asunción de su carácter científico fuera un

---

15 *Vid.* EISLER, cit.

16 La inseparable interconexión entre el carácter científico de la Jurisprudencia y la idea de sistema ha sido sobre todo destacada por BINDER, *vid.*, por ejemplo, *Philosophie des Rechts*, pp. 838 y s., 852, y ya en *Der Wissenschaftscharakter der Rechtswissenschaft, Kantstudien* XXV (1921), pp. 321 y ss. (356).

17 *Zur Geschichte des Privatrechtssystems*, p. 28.

18 *Vid.* al respecto, más extensamente, § 5 I 1, con referencias en nota 21.

19 *Vid.* al respecto, detalladamente, BETTI, *Allgemeine Auslegungslehre als Methodik der Geisteswissenschaften*, 1967, pp. 219 y ss., con extensas referencias.

error debido a la inadecuación a su objeto; así, los enemigos de la idea de sistema, desarrollando de modo parcialmente consecuente su postulado básico, le han negado de hecho a la Jurisprudencia el carácter científico[20] y le han reconocido meramente el rango de un tipo de «arte técnico». Y, similarmente, el mandato de «interpretación sistemática», de establecimiento de principios generales del derecho o de una comprensión unitaria de sentido, al igual que las demás máximas metodológicas, serían meros postulados que habrían de quedar incumplidos si no encuentran una correspondencia con su objeto, es decir, con el ordenamiento jurídico.

De todos modos, la referencia a las hipótesis metodológicas fundamentales que el jurista suele hacer no carece completamente de valor en este contexto. Sirve al menos para hacer ver a los críticos de la idea de sistema que renuncian a más de lo que a primera vista parece. Puede resultar ciertamente dudoso si, por ejemplo, Viehweg quiere negar a la Jurisprudencia el carácter de ciencia y si en esta consecuencia sería seguido por todos sus partidarios[21]. Pero más allá de eso, y ante todo, las hipótesis sobre el carácter científico y las máximas metodológicas posibilitan conclusiones sobre la *autocomprensión* del jurista[22] y ésta, a su vez, constituye, cuando menos, un cierto indicio[23] acerca de la estructura del objeto de la Jurisprudencia, del ordenamiento jurídico[24]. Si éste estuviera en crasa contraposición con los presupuestos y los postulados

---

20 Con especial coherencia Ehrlich, *Grundlegung der Soziologie des Rechts*, 1913, pp. 1 y ss., 198 y otras muchas; para el rechazo por Ehrlich de la idea de unidad del ordenamiento jurídico y para su crítica del sistema, *vid. Die juristische Logik*, 2.ª ed., 1925, pp. 121 y ss. (especialmente p. 137) y pp. 258 y ss.

21 Viehweg designa a la tópica como la «técnica del pensamiento de problemas», *vid. op. cit.* (p. 15) y cabe tomar el término «técnica» como contrapuesto a «ciencia» (a una contraposición entre tópica y ciencia se refieren también las consideraciones *infra*, apartado VII). De hecho se debe sostener que un proceder que meramente «quiere dar indicaciones» (p. 15), que es «reacio a las vinculaciones» (p. 23), que apoya la legitimación de sus premisas sólo en «la aceptación del interlocutor» (p. 24), etc., etc., no puede seriamente elevar la pretensión de cientificidad. De todos modos, parece que Viehweg, junto a las ciencias que operan de modo lógico-deductivo, reconoce un segundo tipo de ciencia (en lo que tendría razón) y en él encaja la Jurisprudencia, al tiempo que pretende *afirmar también su estructura fundamental tópica (vid.* por ejemplo pp. 1 y s., 53 y s., 63 y s.) (cosa que es difícilmente compatible con el concepto habitual de ciencia).

22 Existe, por ello, una estrecha relación entre la metodología de una disciplina y una fenomenología de la comprensión (sobre ésta última *vid.* ante todo Gadamer, *Wahrheit und Methode*, 2.ª ed., 1965): la fenomenología puede extraer de la metodología conclusiones esenciales sobre el tipo de comprensión en esa disciplina (en la medida en que las máximas de la metodología no sean meros postulados, sino que efectivamente sean observadas), y al revés, la metodología debe atender las legalidades esenciales de la comprensión humana que la fenomenología saca a la luz, si no quiere la metodología plantear exigencias irrealizables.

23 Esta afirmación podrá plantearse sin necesidad de pararse en la problemática gnoseológica de la relación entre sujeto y objeto.

24 En este contexto *vid.* también Diederichsen, NJW 1966, p. 699, nota 29, quien frente a las tesis de Viehweg y otros objeta que «en la concreta vivencia valorativa» al jurista le parece «su disciplina un todo con sentido y no una amalgama de cuestiones inconexas». Naturalmente, tampoco esta afirmación -que, por lo demás, no es en su generalidad incuestionable- tiene

de la metodología jurídica, el jurista fracasaría continuamente en su trabajo práctico o no atendería, o atendería sólo aparentemente, las exigencias de la metodología -todo lo cual no puede sostenerse respecto de la actual Jurisprudencia-. En cualquier caso, este «indicio» resulta inseguro y no cabe hablar de una verificación definitiva de la hipótesis. La idea de orden interno y unidad necesita, por tanto, una confirmación que ha de fundamentarse, pues, en la estructura de su mismo objeto, en la esencia del derecho.

2. Coherencia y unidad como emanaciones y postulados de la idea de derecho

Esto no es de hecho difícil de mostrar. El orden interno y la unidad del derecho son bastante más que meros presupuestos del carácter científico de la Jurisprudencia y que postulados de la metodología jurídica. Más bien pertenecen a las más fundamentales exigencias *ético-jurídicas* y se enraízan en última instancia en la misma idea de derecho. Así, la exigencia del «orden» resulta sin más del reconocido postulado de justicia de que se ha de tratar lo igual de modo igual y lo diferente en proporción a su diferencia: se insta al legislador y al juez a retomar «consecuentemente» la valoración que una vez se ha sentado, a «pensarla hasta el final» en todas sus consecuencias particulares y a romperla sólo con sentido, es decir, por motivos objetivos -en otras palabras: a *proceder consecuentemente-*. Pero la coherencia racional es, como se ha dicho, la nota característica del «orden» en el sentido del concepto de sistema, y por ello el mandato de coherencia valorativa que se sigue del principio de igualdad constituye el primer sustento decisivo para la utilización de la idea de sistema en la Jurisprudencia -lo cual por ejemplo FLUME[25] expresa correctamente por referencia a SAVIGNY[26], al designar el sistema como «el presupuesto carácter internamente consecuente del derecho»[27].

También la nota de unidad encuentra su correspondencia por el lado del derecho. La idea de *«unidad del ordenamiento jurídico»* pertenece al patrimonio consolidado de la iusfilosófía[28]. Tampoco es éste solamente un «postulado

una fuerza probatoria terminante, pues la «vivencia unitaria» del jurista, como mero *factum* psicológico, no dice nada definitivo sobre la estructura del ordenamiento jurídico y, contrariamente a la metodología, no dice nada sobre el modo del correcto pensamiento jurídico.

25 *Allg. Teil des Bürgerl. Rechts,* Bd. 2,1965, p. 295 y 296.

26 Op.cit., p. 292. La observación de SAViGNYno se refiere inmediatamente al sistema, como las consideraciones de Flume pudieran hacer pensar, sino a la analogía. Sobre el concepto de sistema de Savigny *vid.* la cita anteriormente recogida en nota 6.

27 En parte similarmente también los citados en la nota 35.

28 Fundamental aquí es la obra del mismo título de ENGISCH, de 1935. Sobre este problema que, desgraciadamente, es relativamente poco debatido, *vid.* también ENGISCH, *Einführung in das juristische Denken,* 3.ª ed., 1964, pp. 156 y ss.; EHRLICH, *Die juristische Logik,* pp. 121 y ss., con una completa panorámica histórica; STAMMLER, *Theorie der Rechtswissenschaft,* pp. 209 y ss., 211 y ss.; WENGLER, «Betrachtungen über den Zusammenhang der Rechtsnormen in der Rechtsordnung und die Verschiedenheit der Rechtsordnungen», en *Festschrift für Rudolf Laun,* 1953, pp. 719 y ss.; LARENZ, *Methodenlehre,* cit., pp. 135 y s., 353 y s.; HANACK, *Der Ausgleich divergierender Entscheidungen in der oberen Gerichtsbarkeit,* 1962, pp. 104 y ss.

lógico-jurídico»[29], sino que también en este caso se remite a un mandato de justicia. La unidad constituye, por una parte, -en lo que podemos llamar su componente negativo- nuevamente una mera expresión del principio de igualdad, por cuanto que trata de garantizar que el ordenamiento jurídico esté exento de contradicción (en esta medida cae ya bajo la idea de coherencia[30]), y, por otra parte, no plantea -en su componente «positivo»[31]- sino la realización de la «tendencia generalizadora» de la justicia[32], que exige el paso de la plétora de los aspectos que en el caso concreto puedan ser relevantes a principios abstractos y generales de menor número[33]. Mediante estos últimos se garantiza que el «orden» del derecho no se fragmente en una pluralidad de valoraciones particulares inconexas, sino que se remita a relativamente pocos criterios generales[34], con lo que al mismo tiempo queda de manifiesto la viabilidad también de la segunda nota del concepto de sistema, la unidad[35].

Lejos de ser un despropósito, como afirman los críticos del pensamiento sistemático, la idea de sistema jurídico se puede, pues, justificar sobre la base de uno de los más altos valores jurídicos, concretamente del mandato de justicia y sus concreciones en el principio de igualdad y en la tendencia a la

---

29 Por tanto, demasiado restrictivamente Hanack, *op .cit.*, p. 107 (*vid.* también p. 104); se trata ante todo de un postulado axiológico.

30 Con ello vuelve a quedar clara la estrecha relación entre la nota de unidad y la de orden.

31 Este ha sido hasta ahora injustamente dejado de lado en la doctrina en favor del otro elemento, el de la ausencia de contradicción.

32 Sobre ésta (y sobre su opuesto, la tendencia individualizadora) *vid.* ante todo Henkel, *Recht und Individualität*, 1958, pp. 16 y s., 44 y s. u otras, y *Einführung in die Rechtsphilosophie*, 1964, pp. 345 y s.; *vid.*, también, por ejemplo, Salomon, *Grundlegung zur Rechtsphilosophie*, 2.ª ed. 1925, pp. 147 y ss.; Radbruch, *Rechtsphilosophie*, 5.ª ed. 1956, p. 170; Coing, *Grundzüge der Rechtsphilosophie*, 1950, pp. 114 y s.; Engisch, *Die Idee der Konkretisierung in Recht und Rechtswissenschaft unserer Zeit*, 1953, pp. 199 y ss., con ulteriores referencias; Emge, *Einführung in die Rechtsphilosophie*, 1955, pp. 174 y s.

33 Esto no se contrapone al principio de igualdad, sino que, por el contrario, es su consecuencia, pues lo puramente individual es, en su esencial peculiaridad, siempre «incomparable», y la aplicación del principio de igualdad presupone siempre necesariamente una cierta abstracción y generalización que haga posible una «comparación», con lo que vemos que la «tendencia generalizadora» de la justicia tiene de hecho su origen en el principio de igualdad.

34 Naturalmente, la «tendencia individualizadora» opera en contra, pero no hace imposible la formación del sistema sino que sólo le pone límites; vid. más ampliamente en § 6 III y § 7 II 2 b.

35 La interrelación entre las ideas de coherencia y de unidad del derecho, por un lado, y de sistema, por otro, se destaca a menudo, si bien con frecuencia sólo de pasada; además de lo citado en las notas 6 a 11, *vid.*, por ejemplo, Kretschmar, *Uber die Methode der Privatrechtswissenschaft*, 1914, pp. 40 y 42, y *JherJb 67*, pp. 264 y s.; Baumgarten, *Die Wissenschaft vom Recht und ihre Methode*, 1920, vol. I, p. 298 y p. 344; Sauer, *Methodenlehre*, cit., p. 172; Nawiasky, *Allgemeine Rechtslehre als System der rechtlichen Grundbegriffe*, 2.ª ed. 1948, pp. 16 y 264; Coing, *Rechtsphilosophie*, cit., pp. 276 y ss., y *JZ 1951*, p. 485; Esser, *Grundsatz und Norm*, cit., pp. 227 y otras; Larenz, *Festschrift für Nikisch*, 1958, pp. 299 y s., y *Methodenlehre*, cit., pp. 133 y s.; P. Schneider, *VVdDStRL 20*, p. 38; Raiser, *NJW 64*, p. 1204; Wieacker, *Privatrechtsgeschichte der Neuzeit*, 2.ª ed. 1967, p. 532; Betti, *Allg. Auslegungslehre*, cit., pp. 223 y s.; Zippelius, *NJW 1967*, p. 2230; Mayer-Maly, *The Irish Jurist*, vol. II, part 2,1967, p. 375 (*vid.* ya también *Festschrift für Nipperdey*, 1965, vol. I, p. 522).

generalización. A esto se añade que también otro de los más altos valores, *la seguridad jurídica,* apunta en la misma dirección. También la seguridad jurídica fuerza, en casi todas sus formas -ya sea como cognoscibilidad y previsibilidad del derecho, como estabilidad y continuidad de la legislación y la jurisprudencia o simplemente como practicabilidad de la aplicación del derecho-, a la formación de un sistema, pues todos estos postulados pueden ser mucho mejor cumplidos a través de un derecho consecuentemente ordenado, dominado por pocos principios abarcables, es decir, un derecho «orientado al sistema», que por una inabarcable pluralidad de normas particulares inconexas y, con ello, fácilmente susceptibles de contradecirse. Así, tenemos que la idea de sistema se enraíza de modo mediato in la idea de derecho (como la suma de los valores jurídicos supremos). La idea de sistema es, por tanto, inmanente a todo derecho positivo, puesto que y en tanto éste es su concreción (en una determinada forma histórica), y no se queda, por tanto, en mero postulado, sino que es siempre al mismo tiempo presupuesto de todo derecho y de todo pensamiento jurídico[36] -por mucho que esa coherencia y unidad a menudo sólo puedan realizarse de modo fragmentario[37].

Con esto hemos alcanzado el objetivo trazado al comienzo de este parágrafo: se ha hallado un fenómeno jurídico que constituye un punto de entronque para un sistema, en el sentido del uso filosófico del término, y, correspondientemente, se ha asignado al específico concepto jurídico de sistema una tarea a cuya luz es posible una determinación más precisa del mismo. Esta puede servir de base para observaciones más exactas sobre el sentido y los límites del pensamiento sistemático en la Jurisprudencia y permitirá con ello que en el transcurso de la investigación se revise y se precise una y otra vez lo hasta aquí dicho[38]. Aquella tarea del concepto de sistema es, por decirlo una vez más, *presentar y realizar*[39] *la coherencia valorativa y la unidad interna del ordenamiento jurídico.*

---

36 Así hablaba SAVIGNY, en la cita antes recogida, del «*presupuesto* carácter consecuente del derecho».

37 Esa fragmentariedad no niega la posibilidad básica del sistema, sino que sólo deja claro que su plena realización está sometida a ciertos límites (sobre éstos *vid.* más ampliamente § 6).

38 Por tanto, las consideraciones que hasta aquí se han expuesto no son más que un primer boceto de la cuestión del sistema, boceto que en lo que sigue experimentará varias modificaciones.

39 También realizar, pues la unidad y coherencia no sólo están preestablecidas, sino también exigidas, es decir, no sólo son presupuesto, sino también postulado *(vid.* también nota 36 y más detalladamente en § 5 IV 2).

§ 2. El concepto de sistema

Si se asigna al concepto de sistema jurídico la tarea mencionada, se excluyen, de entre la panoplia de los conceptos hasta hoy desarrollados[1], todos aquellos que no son apropiados para tratar de la coherencia y unidad internas del ordenamiento jurídico. Esto no quiere decir que tales conceptos sean sin excepción erróneos o que desde todo punto de vista resulten inútiles para las tareas de la Jurisprudencia. Esta diferenciación incluye siempre una cierta valoración, pues la legitimación de un concepto de sistema que no se apoye en las reflexiones contenidas en los anteriores parágrafos será de antemano limitada y a menudo estará sometida también a la objeción de que desconoce la esencia del derecho.

I. Conceptos de sistema no justificables sobre la base de las ideas de coherencia valorativa y unidad interna del ordenamiento jurídico

1. El sistema «externo»

En primer lugar, no viene al caso en este contexto el llamado *sistema externo*, en el sentido de la conocida terminología de Heck[2], sistema que en lo esencial se refiere a los conceptos de orden contenidos en la ley misma. Este sistema externo no sirve, o sirve sólo de un modo muy primario, para sacar a la luz la interna unidad de sentido del derecho, sino que está en su construcción determinado por la pretensión de una exposición y división del material lo más claras y abarcables que sea posible. Ciertamente un tal sistema no carece por ello de valor; al contrario, tiene gran importancia para la abarcabilidad del derecho y, con ello, para la practicabilidad de su aplicación, y mediatamente también para la seguridad jurídica, en el sentido de la previsibilidad de la decisión. Pero no se trata del «sistema del derecho» en el sentido de un interno orden de interrelaciones, aunque a menudo pueda también en parte reflejarlo.

2. Los sistemas de conceptos fundamentales «puros»

También son inadecuados para reflejar la unidad y coherencia internas de un ordenamiento jurídico todos los *sistemas de conceptos fundamentales «pu-*

---

[1] Una panorámica se encuentra por ejemplo en Radbruch, «Zur Systematik der Verbrechenslehre», en *Frank-Festgabe I*, 1930, pp. 158 y ss.; Engisch, *Stud. Gen. 10* (1957), pp. 177 y ss.

[2] *Vid. Begriffsbildung und Interessenjurisprudenz*, 1932, pp. 139 y ss. (142 s).

ros», como los que han desarrollado por ejemplo Stammler[3], Kelsen[4] o Nawiasky[5]. Se trata ahí de categorías *puramente formales* subyacentes a *todo* ordenamiento jurídico *pensable,* mientras que la unidad valorativa es siempre de tipo *material* y sólo puede realizarse en un *determinado* ordenamiento jurídico *histórico.* Pero sobre los ordenamientos históricos nada quieren ni pueden decir los sistemas de conceptos fundamentales puros, con arreglo a la misión que se proponen. No es necesario resaltar que, no obstante, tiene un alto valor el refinar el instrumentario de la ciencia jurídica mediante el conocimiento de los conceptos fundamentales aprióricos que le están siempre preestablecidos, pero, por otro lado, el carácter puramente formal y la generalidad de estos conceptos o categorías dejan suficientemente claras las limitaciones de su valor para el tratamiento científico del derecho, pues éste siempre se muestra solamente como una determinada individualidad histórica. Así, no es casual que las preguntas que se contemplan como típicas para la problemática de la formación jurídica de sistemas -en especial la pregunta por el significado del sistema para la obtención del derecho, la de la vinculación del legislador a la idea de sistema o la del tratamiento de las rupturas del sistema- se planteen siempre como referidas tan sólo a un determinado ordenamiento jurídico[6]. También cuando se habla de «pensamiento sistemático» -por contraposición al pensamiento problemático o a la tópica- se piensa habitualmente en el derecho positivo y no en un sistema de conceptos fundamentales puros.

3. El sistema lógico-formal

a) El sistema lógico de la Jurisprudencia de conceptos

También un *sistema lógico-formal*[7] es inapropiado para captar la unidad y coherencia internas de un determinado ordenamiento jurídico positivo. Este ideal dominó durante largo tiempo la ciencia jurídica alemana, y los defensores de la llamada «Jurisprudencia de conceptos» se propusieron como meta elaborar un tal sistema[8]. Max Weber, en su Sociología Jurídica, caracteriza adecuadamente su concepto de sistema del siguiente modo: «Con arreglo a nuestro pensar actual significa (la sistematización) lo siguiente: el poner en relación todos los enunciados jurídicos obtenidos mediante *análisis,* de tal for-

---

3 *Vid.* sobre todo *Theorie der Rechtswissenschaft,* 1.ª ed. 1911, 2.ª ed. 1923 y *Lehrbuch der Rechtsphilosophie,* 3.ª ed. 1928.

4 *Vid.* sobre todo *Reine Rechtslehre,* 2.ª ed. 1960.

5 *Vid. Allgemeine Rechtslehre ais System der rechtlichen Grundbegriffe,* 2.ª ed. 1948.

6 *Vid.* también Engisch, *op.cit.,* p. 182, VI.

7 Para el establecimiento del concepto de «lógica formal», sobre el que puede predominar un amplio acuerdo, *vid.* por ejemplo Scholz, *Abriss der Geschichte der Logik,* 2.ª ed. 1959, p. 15. Por tal se ha de entender aquella parte de la teoría de la ciencia que «formula las reglas de inferencia exigibles para la construcción de cualquier ciencia y proporciona al mismo tiempo lo necesario para una exacta formulación de estas reglas». Sobre otros tipos de lógica y sobre la cuestión de si cabe hablar con sentido de una lógica no formal, *vid.* Scholz, *op. cit.,* pp. 1 y ss. y p. 5.

8 *Vid.* por todos la exposición de Larenz, *op.cit.,* pp. 17 y ss.

ma que entre sí formen un sistema de reglas *lógicamente* claro, exento de contradicción *lógica*, y, ante todo, carente de lagunas, sistema que por tanto aspira a que todos los supuestos de hecho imaginables deban poder ser *lógicamente* subsumidos bajo una de sus normas, pues de lo contrario se priva a su orden de su garantía esencial»[9]. Es patente que en el trasfondo de esta concepción se halla el concepto positivista de ciencia[10], que se orienta al ideal de la matemática y de las ciencias naturales. Así es como, por ejemplo, pudo decir el filósofo Wundt que la Jurisprudencia, por obra de su proceder jurídico-conceptual, es «una ciencia *sistemática* en un sentido eminente», y que por su «carácter estrictamente lógico» es «comparable hasta cierto punto a la matemática»[11].

Esta concepción de la esencia y los objetivos de la ciencia jurídica puede tenerse hoy por totalmente superada. El intento de concebir el sistema de un determinado ordenamiento jurídico[12] como lógico-formal o axiomático-deductivo está de antemano abocado al fracaso[13]. Esto es debido a que la interna unidad de sentido del derecho, que es la que en el sistema se aprehende, no es, *en correspondencia con su derivación de la idea de justicia,* de tipo *lógico,* sino de tipo *valorativa,* es decir, *axiológico.* ¿Quien querría seriamente sostener que el mandato de *valorar* lo igual de modo igual y lo diferente en proporción a su diferencia se puede satisfacer con los medios de la lógica? Más bien es indudable que las *valoraciones* radican fuera del ámbito de la lógica formal, y, en consecuencia, la coherencia entre diferentes valoraciones y la conexión interna entre valoraciones no se pueden aprehender lógicamente, sino sólo axiológica o ideológicamente[14]. Por eso se vuelve sobre sí misma la difícil pregunta acerca de en qué medida el derecho está vinculado a las leyes de la lógica y en qué medida la ausencia de contradicción lógica en el ordenamiento jurídico está incluida como componente mínimo en su unidad valorativa[15]. Aunque se responda afirmativamente, es indudable que una eventual cohe-

---

9 *Vid. Wirtschaft und Gesellschaft,* 4.ª ed. (al cuidado de Johannes Winckelmann), 1956, 2.º vol., p. 396 (el subrayado es añadido). Max Weber mantiene una postura crítica frente a este tipo de Jurisprudencia, *vid.* sobre todo p. 493 y p. 506 y s.

10 Sobre su influjo en la Jurisprudencia *vid.* en general Larenz, *Methodenlehre,* pp. 34 y ss.

11 *Vid. Logik,* vol. III, 4.ª ed. 1921, p. 617 (pero *vid.* también pp. 595 y s.); por contra, de modo esencialmente más realista respecto a la utilidad de un sistema lógico-deductivo para la Jurisprudencia *vid.* ya Sigwart, *Logik,* vol. 2, 2.ª ed. 1893, pp. 736 y ss.

12 Por contra, los sistemas e «conceptos fundamentales puros» pueden, debido a su carácter puramente formal, satisfacer los requisitos de un sistema lógico-formal o axiomático-deductivo.

13 En el mismo sentido, Coing, *Grundzüge der Rechtsphilosophie,* p. 276 y *Geschichte und Bedeutung des Systemsgedankens,* p. 27; Viehweg, *op. cit.,* pp. 53 y ss.; Engisch, *Stud. Gen. 10* (1957), pp. 173 y ss. y 12 (1959), p. 86; Esser, *Grundsatz und Norm,* 2.ª ed. 1964, p. 221; Larenz, *op.cit.,* pp. 134 y s.; Simitis, *Ratio 3* (1960), pp. 76 y ss.; Emge, *Philosophic der Rechtswissenschaft,* 1961, pp. 289 y s.; Bäumlin, *Staat, Recht und Geschichte,* 1961, p. 27; Perelman, *Justice et raison,* 1963, pp. 206 y ss.; Raiser, *NJW,* 1964, pp. 1203 y s.; Flume, *Allg. Teil des Bürgl. Rechts,* vol. 2, 1965, pp. 295 y s.; Diederichsen, *NJW,* 1966, pp. 699 y s.; Zippelius, *NJW,* 1967, p. 2230; *vid.* ya en Sigwart, *op.cit.,* pp. 736 y ss.

14 En el amplio sentido de la palabra, *vid. infra* pp. 49 y ss.

15 *Vid.* al respecto *infra p.* 138.

rencia lógica de las normas particulares no agota la específica unidad jurídica de sentido de un ordenamiento jurídico.

Con este carácter axiológico y teleológico del ordenamiento jurídico, se corresponde el que también para el pensamiento jurídico y para la metodología de la ciencia jurídica los criterios lógico-formales tienen una importancia comparativamente escasa[16]. Aun cuando la jurisprudencia, en tanto pretenda ser científica o poseer una coherencia racional en su argumentación, está, por supuesto, vinculada a las leyes de la lógica[17], su observancia es sólo condición necesaria, pero no condición suficiente del pensamiento jurídico correcto[18]. Más aún: el acto *verdaderamente decisivo* del pensamiento jurídico se realiza fuera del marco de la lógica formal[19]. Así como la esencia del derecho es obtener decisiones valorativas, la tarea del jurista es llevar a cabo valoraciones de modo comprensible, pensarlas en todos sus extremos y finalmente, en un último peldaño, tomar incluso decisiones. Para esa tarea la lógica tiene solamente la importancia de ser un «marco»[20], pero no puede, según su esencia, proporcionar la «comprensión» o la «valoración» -del mismo modo que no la proporcionaría si se tratara de la «comprensión» de otra formación espiritual de sentido, como una obra literaria o un texto teológico. La hermenéutica, como doctrina de la correcta comprensión, y los criterios para la objetivación de valoraciones desempeñan, en lugar de la lógica, el papel determinante en el pensamiento jurídico[21].

---

[16] Resultará comprensible que en el marco de los temas aquí discutidos sólo cabe una proclamación del propio punto de vista y se tiene que renunciar en buena medida a una confrontación con opiniones ajenas. Sobre el significado de la lógica para la Jurisprudencia, *vid.*, por ejemplo, ENGISCH, *Logische Studien zur Gesetzesanwendung* 1943 (3.ª ed. 1963), pp. 3 y ss. (en especial pp. 5 y s. y pp. 13 y s.) y *Aufgaben einer Logik und Methodik des juristischen Denkens, Stud. Gen. 12* (1959), pp. 76 y ss; KLUG, *Juristische Logik,* 3.ª ed. 1966, pp. 1 y ss., 9 y ss., 172 y ss.; BRUSIIN, *Uber das juristische Denken,* 1951, pp. 100 y ss. (también publicado en *ARSP 39,* pp. 324 y ss.); SIMITIS, *Zum Problem einer juristischen Logik, Ratio 3* (1960), pp. 52 y ss., con abundantes referencias; Dieter HORN, *Studien zur Rolle der Logik bei der Anwendung des Gesetzes,* tesis doctoral, Berlín, 1962, especialmente pp. 142y ss.; FIEDLER, *Juristische Logik in mathematischer Sicht, ARSP52* (1966), pp. 93 y ss.

[17] Esto se ha de separar tajantemente de la vinculación del derecho o del legislador a las leyes de la lógica: aquí el problema deriva de que se trata de enunciados de deber o de validez, que, como tales, no pueden ser verdaderos o falsos, sino sólo válidos o no válidos; por contra, el jurista formula afirmaciones (*sobre el* derecho) que están sin más sometidas al criterio de verdad o falsedad, o de corrección o incorrección.

[18] Esto lo recalca con razón y repetidamente KLUG, *op. ult. cit.; vid.,* por ejemplo, Prefacio a la 1.ª ed., p. 2, 173.

[19] La cuestión del peso del elemento lógico dentro del pensamiento jurídico no es en modo alguno de naturaleza puramente *psicológica* y, con ello, carente de interés sistemático (pero *vid.* KLUG, *op. ult. cit.,* p. 12, sobre el problema de la «sobrevaloración» de conceptos y construcciones), sino que tiene un eminente significado *teórico,* pues de su respuesta dependen ampliamente las peculiaridades de la metodología jurídica, así como la posición específica de la jurisprudencia dentro del círculo de las ciencias.

[20] Así la gráfica expresión de ENGISCH, *Stud. Gen. 10* (1957), p. 176, columna 1; coincidentemente también SIMITIS, *op. ult. cit.,* p. 78, nota 134; pero *vid.* también KRAFT, *Die Grundlagen einer wissenschaftlichen Wertlehre,* 1951, pp. 214 y ss., 260 y ss.

Esto se muestra sin excepción en todas las formas de razonamiento jurídico. Así, en la llamada subsunción lo decisivo es casi exclusivamente el hallazgo de las premisas: una vez que la «premisa mayor» y la «premisa menor» están suficientemente concretadas y entre sí sintonizadas -para lo cual la lógica formal no es esencial- está cumplida la verdadera tarea del jurista; a partir de ese momento la conclusión se extrae, por así decir, automáticamente[22], y hasta este acto último, la «subsunción»[23], no es en modo alguno de índole puramente lógico-formal, sino que consiste en una parte esencial, si bien a menudo no explicitada, en una coordinación ligada a valoraciones[24]. En consonancia con esto, tenemos que en la Jurisprudencia raramente se dan cadenas deductivas lógicamente complicadas[25]. Y tenemos también que todas las supuestas conclusiones lógicamente forzosas se pueden desenmascarar muy fácilmente como pseudológicas, mostrando cómo el error radica en las premisas, sobre las cuales la lógica se comporta neutralmente. Así, por mencionar dos conocidos ejemplos, en modo alguno es «lógico» que un contrato nulo no pueda ser impugnado o que en caso de adquisición por un no legitimado de un adquirente de buena fe, es el (anteriormente) no legitimado y no el (anteriormente) legitimado el que debe adquirir el derecho. Aquí todo depende más bien de la formación de la premisa mayor, y sobre ese punto sólo deciden puntos de vista teleológicos.

Lo mismo vale, aún en mayor medida, para los habituales modos de «inferencia jurídica», como la analogía, la reducción teleológica, el argumentum e contrario, el argumentum a fortiori y el argumentum ad absurdum. KLUG ha expuesto estos modos de argumentar con los medios de la lógica moderna[26], pero es dudoso que con ello se gane nada esencial para el trabajo jurídico. El elemento *decisivo* de este proceder jurídico no es lógico, sino, sin excepción, de naturaleza teleológica y axiológica, al igual que su justificación metodológica tampoco se puede exponer con los medios de la lógica, sino únicamente mediante su reconducción al valor de la justicia y al principio de igualdad (positiva o negativa) contenido en aquél[27]. Cuando la

---

21 *Vid.* al respecto también *supra* § 2III y § 7 III.

22 No sólo desde el punto de vista psicológico, sino también metodológico; *vid.* también *supra,* nota 19.

23 Sobre si es preferible el concepto amplio de subsunción aquí empleado, o el más estricto, que se limita a un procedimiento puramente lógico-formal, *vid.*, por un lado, ENGISCH, *Einführung in das juristische Denken,* 3.ª ed. 1964, p. 199, nota 47 con ulteriores referencias, y, por otro lado, LARENZ, *op. ult. cit.,* p. 210, nota 1.

24 Sobre la problemática de la subsunción vid. por todos ENGISCH, *op. ult. cit.,* pp. 54 y ss., con referencias; LARENZ, *op. ult. cit.,* pp. 210 y ss.; *vid.* también ya en SIGWART, *op. ult. cit.,* pp. 737 y s.

25 Correctamente VIEHWEG, *op. cit.,* p. 71 y otras.

26 *Vid. op. cit.,* pp. 97 y ss., 124 y ss., 132 y s.; *vid.* también SCHREIBER, *Logik des Rechts,* 1962, pp. 47 y ss., que explica los mencionados procedimientos como reglas de inferencia inadmisibles; sobre la analogía *vid.* en especial HELLER, *Logik und Axiologie der analogen Rechtsanwendung,* 1961, pp. 10 y ss., 24 y ss., 44 y ss.

27 Para la analogía *vid.* por ejemplo COING, *Grundzüge der Rechtsphilosophie,* cit., p. 270; LARENZ, *op. ult. cit.,* pp. 283, 288 y 296, así como lo citado en CANARIS, *Die Feststellung*

investigación de KLUG sobre la estructura lógica de la analogía finaliza con la afirmación -indiscutible- de que la respuesta a la cuestión, «tan esencial en la praxis» (se puede decir: la *única* esencial en la praxis), acerca de la respectiva admisibilidad o inadmisibilidad de una determinada analogía no puede darse con los medios de la lógica, sino que depende de la definición del correspondiente «círculo de semejanza», definición que sólo puede derivar de criterios ideológicos[28], queda claramente patente lo poco que la lógica formal (en su forma «clásica» o «moderna») puede aportar a la Jurisprudencia. Tan pronto como está determinado el «círculo de semejanza», está -muy similarmente a lo que ocurre en la llamada subsunción- resuelto lo esencial[29]; el resto se sigue, por así decir, automáticamente por sí mismo. Si no ¿qué problema queda por resolver metodológicamente si, por ejemplo, se ha establecido que la ratio legis del parágrafo 463 párrafo 2 del BGB radica en el aprovechamiento malicioso del error del comprador sobre el estado de la cosa y que esta ratio no sólo «se adecúa» al silencio sobre un defecto, sino «exactamente igual» a la simulación de una cualidad positiva? Y lo mismo se puede exponer sobre las otras «conclusiones» presentadas: una vez establecido cuál sea la ratio de un precepto y por qué esa ratio no «se adecúa» a un determinado supuesto excepcional, por qué una valoración «perfectamente» «es aplicable» a un caso no expresamente regulado o por qué un supuesto es valorativamente tan diferente de otro que la consecuencia jurídica no puede ser la misma[30], está ya decidido que viene a cuento una reducción teleológica, un argumentum a fortiori o una conclusión a sensu contrario. Por doquier el mismo resultado: el hallazgo y precisión de las premisas es la tarea jurídica decisiva y, comparativamente, la ejecución de inferencias lógico-formales es de escasa importancia -por no hablar del «tercer peldaño» del argumentar jurídico, la justificación con ayuda de principios generales del derecho, a partir de la naturaleza de la cosa, etc., donde lo dicho vale aún en mayor medida-. En consecuencia, ya no puede hoy dudarse de que un sistema lógico-formal no puede en modo alguno dar cuenta ni de la esencia del derecho ni de las tareas específicas del jurista.

---

von Lücken, cit., p. 72, nota 47; para la reducción teleológica, LARENZ, *op. ult. cit.*, p. 296; para el argumentum a fortiori y el argumentum e contrario, CANARIS, *op. ult. cit.*, p. 78, 45. Para el argumentum ad absurdum vale lo mismo: sólo puede mantenerse con sentido que una determinada postura conlleva «pura arbitrariedad» o que conduce a un resultado en crasa contradicción con otros valores legales, es decir, incompatible con el principio de igualdad, sobre la base de un uso de este argumento no puramente negativo (meramente refutador), sino positivo (fundamentador de un determinado resultado): que cualquier resultado distinto del propuesto lleva a «pura arbitrariedad» o a una crasa contradicción valorativa; también aquí la fuerza persuasiva no se mide por el valor de verdad, sino por el de justicia.

[28] *Vid. op. cit.*, p. 123; para el argumentum a fortiori *vid.* p. 137, para el argumentum ad absurdum *vid.* p. 138.

[29] *Vid.* también la crítica a las consideraciones de KLUG en SIMITIS, *op. ult. cit.*, pp. 66 y ss.

[30] Sobre la limitación del argumentum e contrario para este caso y sobre su separación frente a la prohibición de analogía, *vid.* CANARIS, *op. cit.*, pp. 44 y ss. (46 s).

b) El sistema axiomático-deductivo en el sentido de la lógica

El rechazo de un sistema lógico-formal conduce consecuentemente al rechazo también de un *sistema axiomático-deductivo*[31], pues éste presupone que todos los enunciados válidos dentro de un determinado sector objetivo se pueden inferir de los axiomas por la vía de una *deducción puramente lógico-formal*[32]. Puesto que esto, como se ha mostrado, es incompatible con la esencia de la Jurisprudencia, el método axiomático deductivo queda por esa razón excluido para nuestra disciplina[33], contrariamente a lo que opina KLUG[34]. Pero también por otros motivos parece quedar excluida la obtención de un sistema axiomático-deductivo del derecho. Es dudoso que en la Jurisprudencia sea posible la formación con sentido de los axiomas. Como es sabido, para los axiomas se plantean al menos dos[35] exigencias: la ausencia de contradicción[36] y la plenitud[37], y si ya la realizabilidad de la primera es sumamente problemática, la de la segunda se puede negar sin objeción posible.

Primeramente, en lo que a la ausencia de contradicción se refiere, queda garantizada en la medida en que generalmente se reconoce que una contradic-

---

[31] Sobre el sistema axiomático-deductivo *vid.* ante todo HILBERT-ACKERMANN, *Grundzüge der theoretischen Logik,* 3.ª ed. 1949, pp. 31 y ss. y 74 y ss.; FRAENKEL, *Einführung in die Mengelehre,* 3.ª ed. 1928, pp. 268 y ss. y, sobre todo, pp. 334 y ss.; CARNAP, *Abrijl der Logistik,* 1929, pp. 70 y s. y *Einführung in die symbolische Logik,* 1954, pp. 146 y ss.; una breve y fácil presentación se encuentra en BOCHENSKI, *Die zeitgenössische Denkmethoden,* 1954, pp. 81 y s. y en POPPER, *Logik der Forschung,* 1966, p. 41.

[32] *Vid.* FRAENKEL, *op. cit.,* p. 334 y 347; CARNAP, *Symbolische Logik,* cit., p. 147; *vid.* más ampliamente, por ejemplo, HÄRLEN, *ARSP 39* (1951), pp. 478 y s.; VIEHWEG, *op. cit.,* p. 55; ENGISCH, *Stud. Gen. 10* (1957), p. 174, columna 1 y 12 (1959), p. 86, columna 2; KLUG, *op. cit.,* p. 181; BULYGIN, *ARSP 53* (1967), pp. 329 y s.

[33] En ese sentido se expresa toda la opinión dominante, *vid.* las referencias en *supra,* nota 13.

[34] Este propugna la axiomatización del derecho, *vid. op. cit.,* pp. 172 y ss. *(vid.* también KRAFT, *op. cit.,* p. 263; HÄRLEN, *op. cit.,* pp. 477 y ss.). Se puede apreciar en ello una contradicción, por cuanto Klug ve claramente los límites de la lógica en la Jurisprudencia y destaca expresamente la importancia del elemento teleológico (*vid.* por ejemplo pp. 123, 137, 138, 176 y ss.); pero en verdad no hay tal contradicción, pues Klug quiere desplazar del procedimiento conclusivo el elemento teleológico y llevarlo a la -lógicamente no abarcable- formación de las premisas (a ese respecto no es en mi opinión acertada la objeción de DIEDERICHSEN, *NJW, 66,* p. 700, nota 40 contra la comprensión de la intención de Klug por parte de RAISER), y en esto no se puede estar de acuerdo con Klug debido al elemento de opción valorativa que se contiene en toda «conclusión» jurídica.

[35] Además se suele exigir también la «independencia», es decir, la no deducibilidad de los axiomas entre sí (*vid.* por ejemplo HILBERT-ACKERMANN, *op. cit.,* pp. 33 y s.; FRAENKEL, *op. cit.,* pp. 340 y ss.). Sin embargo, este postulado puede ser dejado de lado en este contexto, pues tiene que ver con la economía del pensamiento y tal vez es también de tipo estético, y, en cualquier caso, podría cumplirse en la Jurisprudencia en el supuesto de que en ella se alcanzara en lo demás una axiomatización.

[36] *Vid.* HILBERT-ACKERMANN, *op. cit.,* pp. 31 y s., 74 y ss.; FRAENKEL, *op. cit.,* pp. 356 y ss.; CARNAP, *AbriB,* cit., pp. 70 y s. y *Symbolische Logik,* pp. 148 y s.; LEINFELLNER, *Struktur und Aufbau wissenschaftlicher Theorien,* 1965, p. 208; HÄRLEN, *op. cit.,* pp. 477 y s.; ENGISCH, *Stud. Gen.* 70 (1957), p. 174; KLUG, *op. cit.,* p. 176; BULYGIN, *op. cit.,* p. 330.

[37] *Vid.* HILBERT-ACKERMANN, *op. cit.,* pp. 31, 33 y ss. (35); FRAENKEL, *op. cit.,* pp. 347 y ss.; CARNAP, *AlriB,* cit., pp. 70 y s. y *Symbolische Logik,* cit., p. 149 *(vid.* también p. 147); HÄRLEN, *op. cit.,* pp. 477 y s.; ENGISCH, *op. cit.,* p. 174; KLUG, *op. cit.,* p. 176; BULYGIN, *op. cit.,* p. 330.

ción entre dos normas debe ser eliminada en cualquier circunstancia, y la metodología jurídica ha desarrollado un instrumenta- rio que posibilita esa eliminación[38] (en caso extremo mediante la asunción de una «laguna de colisión»[39]). De todos modos, esto vale para auténticas contradicciones de *normas,* mientras que no es posible eliminar sin excepción las contradicciones entre valoraciones y entre principios[40]. En consecuencia, el postulado de ausencia de contradicción sólo se puede cumplir en un sistema de *normas,* pero no en uno de *valores* o *principios.* Ahí radica una objeción no fácil de superar, pues el sistema debe ser la expresión de la unidad que asocia las normas particulares, por lo que difícilmente podrá consistir sólo en normas, sino que habrá de apoyarse en las valoraciones que subyacen a las normas o que en ellas se contienen[41]. Además, en un sistema de normas la ausencia de contradicción sólo se lograría si el rango de axioma lo tuvieran no sólo las normas básicas, sino también todas las excepciones que limitan a éstas, y tales excepciones pueden ser tan numerosas que habría que preguntarse si en verdad no se trataría de una axiomatización puramente aparente. Es más que cuestionable que se pueda razonablemente designar como axiomas a enunciados como «los negocios jurídicos son libres en su forma, salvo que la ley preceptúe una forma» o «los contratos se han de mantener, salvo que la ley reconozca una excepción o una objeción»[42]. Si añadimos que no es raro que las excepciones sean «no escritas» y se establezcan, bajo ciertas circunstancias, por la vía del «desarrollo judicial del derecho», queda plenamente claro qué dificultades plantea ya el postulado de la ausencia de contradicción.

Completamente imposible es el cumplimiento de la segunda nota, la de «plenitud»[43]. Por tal se entiende, al menos según HILBERT-ACKERMANN[44], «que del sistema de axiomas se pueden obtener todas las fórmulas correctas de un cierto ámbito de contenidos»[45]. Admitido que fuera de los axiomas no cabe introducir ningún enunciado como contenido material independiente, sino que más bien todos los «teoremas» han de resultar de operaciones puramente lógico-formales[46], tenemos que el postulado de plenitud exigiría, en consecuencia, que no sólo las normas básicas de una ley, incluidas sus excepciones, sino que *casi todos los preceptos (escritos y no escritos) sean elevados al rango de axiomas,* pues casi todas las disposiciones legales contienen un contenido

[38] Sobre esto vid. por todos ENGISCH, *Einheit,* cit., pp. 46 y ss. y *Einführung,* cit., pp. 158 y s.
[39] *Vid* sobre esto, más ampliamente, *infra* § 6 1 4 a.
[40] *Vid.* al respecto extensamente infra § 6 I, en especial pp. 135 y ss., pp. 142 y ss., pp. 147 y s.
[41] *Vid.* más ampliamente en infra, pp. 57 y ss.
[42] *Vid.* también ENGISCH, *Stud. Gen. 10* (1957), p. 176.
[43] De esta nota no se ha ocupado bastante, en mi opinión, la crítica hasta ahora realizada a la posibilidad de un sistema jurídico axiomático-deductivo.
[44] Más restrictivamente hablan HILBERT-ACKERMANN de la plenitud de los axiomas «cuando mediante la introducción de una fórmula hasta ahora no derivable surge una contradicción con el sistema de las fórmulas básicas» (*vid. op.cit.,* p. 35).
[45] *Vid. op. cit.,* p. 35.
[46] *Vid. supra* y nota 32.

material independiente y modifican o concretan las decisiones jurídicas básicas en un sentido o en otro. En otro caso serían superfinas, lo cual de pocas normas puede decirse, incluso cuando se trata de leyes defectuosamente enunciadas. Es cierto que no cabe establecer reglas fijas en cuanto al número de axiomas que un sistema axiomático puede ostentar, pero, por otro lado, tal número no es totalmente indiferente[47]. Ese número debería ser considerablemente menor que el número de los «teoremas» a derivar. Sin embargo, mediante la combinación de enunciados jurídicos particulares cabe formular un número comparativamente escaso de nuevos enunciados jurídicos, aun cuando se incluya en el campo de mira la concreta «premisa mayor» respectivamente formada para la decisión de un determinado caso particular[48].

Se puede tal vez prescindir de esta objeción como cuestión puramente terminológica, pero no cabe eludir una segunda objeción. Si todos los enunciados de un ordenamiento jurídico deben, como se exige, poder ser derivados a partir de los axiomas, también deben estar contenidos en éstos los enunciados jurídicos empleados para colmar *lagunas.* Pero esto presupondría que aquéllos fueran *sin excepción* inmanentes al derecho válido -¡a partir del cual se desarrollan los axiomas!- lo cual, por su parte, sería un puro azar y resulta en la práctica totalmente inviable. Hay un determinado tipo de lagunas en las que la falta de plenitud de la ley resulta indudablemente de la índole misma del derecho válido, y en las cuales, sin embargo, del establecimiento de la laguna nada se sigue sobre la posibilidad de que sean colmadas[49], en cuyo caso, por tanto, todo el resto del ordenamiento jurídico no contiene ninguna indicación para rellenar la laguna. El ejemplo clásico es la ausencia de un precepto sobre el estatuto de obligación en el derecho internacional privado alemán. Puesto que la axiomatización del derecho presupondría que para todos los casos de lagunas se hallara en el ordenamiento jurídico una valoración que las colmara, nos conduciría al *postulado de una clausura teleológica del derecho.* No sólo la teoría de la clausura *lógica* se ha rebatido sin réplica posible, sino que también una clausura *teleológica* es una pura utopía[50]. Finalmente, en estrecha interrelación con esta objeción está el que la ley contiene toda una amalgama de cláusulas generales «necesitadas de complemento valorativo», como buena fe, buenas costumbres, exigibilidad, cuidado exigible en el tráfico, etc. En estos casos la concreción de la valoración y la formación de enunciados jurídicos sólo puede derivar *en atención al caso concreto* o a determinados grupos de casos que en el transcurso de la evolución jurídica se han decantado como típicos, y tales normas no son, por ello, en modo alguno susceptibles de axiomatización.

---

47 *Vid.* también ENGISCH, *Stud. Gen. 12* (1959), p. 86 y el diálogo con KLUG que allí se presenta.

48 Cuestión distinta es que con ayuda de estos enunciados se pueda decidir un infinito número de «casos vitales».

49 *Vid.* más ampliamente CANARIS, *Die Feststellung von Lücken,* cit., pp. 144 y ss., donde tal tipo de laguna se denomina como «laguna de disposición» o «laguna de denegación de derecho».

50 *Vid.* más ampliamente CANARIS, *op. cit.,* p. 173.

Pero el tránsito entre tales cláusulas necesitadas de complemento valorativo y los demás preceptos es fluido, y a fin de cuentas puede decirse que casi todas las disposiciones legales necesitan en un sentido o en otro una concreción dependiente de valoraciones. Esta complejidad y variabilidad del sentido se opone, por tanto, a la axiomatización.

Por consiguiente, la construcción de un sistema axiomático-deductivo no es posible[51] y contradice la esencia del derecho. Tal intento nos lleva, como claramente han mostrado las consideraciones sobre la exigencia de «plenitud» de los axiomas, a la utopía de que todas las decisiones valorativas exigibles en el seno de un ordenamiento jurídico se pueden formular de modo concluyente, en suma a un típico prejuicio positivista[52] que hoy se puede tener por definitivamente rebatido.

4. El sistema como entramado de problemas

a) El concepto de sistema de Max Salomon

Desde el lado contrario, por así decir, se plantea el intento de dibujar *el sistema como entramado problemas.* Este intento lo emprendió *Max Salomon*[53], y puesto que una tal concepción indudablemente vuelve hoy a poseer especial actualidad, será tratada más de cerca en lo que sigue. El punto de partida de Salomon era el objetivo de fundamentar el carácter científico de la Jurisprudencia. Pero, en su opinión, como ciencia sólo puede denominarse aquella empresa que se dirige a un objeto imperecedero[54]. La Jurisprudencia carece de un objeto tal en la medida en que se ocupe de un determinado ordenamiento jurídico histórico, con lo que Salomon se sitúa inconfundiblemente en la vía de la conocida conferencia de VON KIRCHMANN sobre «La ausencia de valor de la Jurisprudencia como ciencia», con cuya frase, casi un adagio, «tres autorizadas palabras del legislador y bibliotecas completas se convierten en desecho»[55], Salomon enlaza expresamente[56]. Como única salida ve Salomon el que la Jurisprudencia se ocupe de los *problemas* (imperecederos), no que se ocupe de sus *soluciones* (perecederas). Ciertamente esto excluye sin más del círculo de la ciencias aquello a lo que hasta ahora se llama ciencia jurídica[57], es decir, el tratamiento metódico de un determinado ordenamiento jurídico positivo, y como objeto de la auténtica ciencia jurídica queda sólo la formación del «sistema de los problemas de la legislación posible»[58].

---

51 En el mismo sentido los autores citados en *supra,* nota 13.
52 En esa medida vale el reproche al positivismo contra el que se defiende KLUG, *op. cit.,* pp. 173 y s.
53 *Grundlegung zur Rechtsphilosophie,* 2.ª ed. 1925, en especial pp. 26 y ss. y 54 y ss; coincidentemente BURCKHARDT, *Methode und System des Rechts,* 1936, p. 131, nota 24.
54 *Vid. op. cit.,* pp. 11 y ss., 18 y ss. (21).
55 *Die Wertlosigkeit der Jurisprudent als Wissenschaft,* 1848, p. 17.
56 *Vid. op. cit.,* p. 13 y p. 21.
57 Esta es también la opinión de SALOMON, *vid.,* por ejemplo, pp. 24, 54 y ss., 63 y otras.
58 *Vid.* pp. 54 y ss., 67.

Está claro a primera vista que un tal sistema de los problemas y de su interrelación es inapropiado para presentar la unidad y coherencia internas del ordenamiento jurídico, ya que el derecho no es una suma de problemas, sino una suma[59] de *soluciones* de problemas, de modo que su unidad de sentido puede encontrarse solamente en los puntos de vista que aportan *éstas,* no antes, en las preguntas aisladas. Por tanto, el concepto de sistema de Salomon no es útil para la aclaración del tema planteado en la presente investigación.

Yendo más allá, también se debe discutir que sea posible desarrollar un sistema de problemas[60]. Un «sistema» tal es más bien una contradicción en sí mismo, pues carece necesariamente de la unidad, de la interrelación interna que es ineludible para el concepto de sistema[61]. Los problemas como tales no son nada en cuanto preguntas aisladas que se puedan seleccionar arbitrariamente, por lo que necesitan poder ser puestos en una relación sistemática, necesitan un elemento que funde su sentido y su unidad, elemento que sólo puede hallarse fuera de ellos mismos. Así, ya el primer problema pensable, la cuestión acerca de cuáles sean las tareas de un ordenamiento jurídico, exige que en cierta manera se sepa o se presuponga qué es el derecho. No caben cuestiones totalmente exentas de presupuestos, pues ya el planteamiento de la pregunta encierra en sí siempre una determinada «perspectiva». Esto puede comprobarse a lo largo de todos los escalones de una cuestión. Así, por ejemplo, la problemática de la autonomía privada y del negocio jurídico surge solamente cuando la cuestión previa acerca del orden de las relaciones humanas ha sido *respondida* de una determinada manera, concretamente en favor del establecimiento de un derecho privado[62]; esta respuesta arroja nuevas preguntas, como las relativas a la necesidad de forma de los actos de autonomía privada, al tratamiento de perturbaciones, como, por ejemplo, errores, o a los límites de la autonomía privada; y de las respuestas vuelven a surgir nuevos subproblemas; por ejemplo, de la negación básica de que sea obligatoria la forma surge el problema de las eventuales excepciones y del sentido de su diferenciación -de la afirmación básica de la toma en consideración de los errores surge el problema de determinar qué errores son relevantes, del modo de acreditar el error y de la compensación del daño de la confianza de la otra parte-, de la afirmación básica de los límites de la autonomía privada surge el problema de su fijación, por ejemplo por la vía de normas rígidas, como en el parágrafo 134 BGB o por la vía de reglas flexibles, como en el parágrafo 138 BGB, lo cual, a su vez, plantea el problema de su formulación en particular, ya sea en forma positiva o en forma negativa (la con razón elegida en el parágrafo 138)[63], etc., etc. En suma, resulta indiscu-

---

59 Ciertamente, no una suma meramente aditiva, sino entendida como interrelación de sentido.

60 Sobre lo que sigue *vid.* también la magnífica crítica de BINDER, *Kantstudien 25* (1921), pp. 321 y ss.

61 La opinión contraria de SALOMON, *op. cit.,* pp. 58 y ss., se queda en mera afirmación.

62 *Vid.* al respecto F. v. HIPPEL, *Das Problem der rechtsgeschäftlichen Privatautonomie,* 1936.

63 No debe por tanto preceptuarse que el negocio jurídico esté en consonancia con las buenas costumbres, sino que no las contradiga.

tible que no es posible un sistema de meros problemas. Lo único posible es solamente *dibujar un entramado de pregunta y respuesta, nuevas preguntas (que surgen con ello) y nuevas respuestas, etc.* Con ello, el objetivo de una ciencia que no quiera atarse a un determinado derecho positivo debería ser el tratamiento de las respectivas soluciones *posibles* para los problemas, soluciones cuyo número es limitado, así como preguntas subordinadas que respectivamente resultan y sus posibles respuestas subordinadas correspondientes, y la limitación en la posibilidad de elección para las respuestas subordinadas, resultante de la respuesta a las preguntas previas. Contra el carácter científico de tal empresa no podrían ciertamente aducirse las objeciones de Salomon[64].

b) La concepción de Fritz von Hippel

Emparentada con las ideas de SALOMON está la muy discutida[65] investigación de Fritz VON HIPPEL sobre la formación del sistema jurídico[66]. Este autor se ha esforzado por sacar a la luz el «entramado inmanente de problemas» que necesariamente va unido al reconocimiento de la autonomía privada, y en desarrollar sobre la base de este ejemplo ideas generales sobre la formación del sistema. En el centro de su concepción está la importancia de aquel «entramado inmanente de problemas»; dice que «si lo conocemos, conocemos la sistemática jurídico-privada»[67]. Esto no es inequívoco, pero sugiere la idea de que VON HIPPEL, al igual que Salomon, ve el sistema *exclusivamente* en el entramado de problemas. De hecho así es como VIEHWEG ha entendido sus afirmaciones y las ha resumido en la siguiente frase: «por tanto, este entramado inmanente de problemas conforma la sistemática jurídico-privada que se buscaba»; su peculiaridad radicaría, por consiguiente, en que no es buscada «por el lado del derecho positivo», sino que forma el «contrapunto» de éste, y «se muestra como estructura fragmentaria»[68].

---

64 Tampoco se adecúan frente a una Jurisprudencia que se ocupa de un determinado ordenamiento jurídico, en la medida en que el derecho establecido sea visto como una de las posibles soluciones a los problemas «eternos» de la justicia bajo las exigencias de una concreta situación histórica. Por ello es también desacertada la frase de v. KIRCHMANN sobre las bibliotecas científicas que se convierten en desecho. La mejor réplica es la historia toda del derecho privado y en especial el surgimiento del BGB, que sería impensable sin los trabajos previos de la ciencia. Las ideas desarrolladas por la ciencia jurídica en modo alguno dejan de ser valiosas «mediante un plumazo del legislador», sino que son «superadas» (en sentido hegeliano) en el desarrollo sucesivo del derecho, o pasan a enriquecer, como en reserva, el «eterno» stock de posibles soluciones de problemas. El hecho de envejecer lo comparten las obras en que esas ideas se expresan con todos los trabajos científicos, pues en otro caso todo progreso científico sería impensable.

65 *Vid.* por ejemplo VIEHWEG, *op. cit.*, pp. 66 y ss.; ESSER, *Grundsatz und Norm*, cit., pp. 5 y s.; ENGISCH, *Stud. Gen. 10* (1957), p. 179; DIEDERICHSEN, *NJW1966*, p. 699.

66 *Vid. Zur Gesetzmässigkeit juristischer Systembildung*, 1930; citado por F. v. HIPPEL, *Rechtstheorie und Rechtsdogmatik*, 1964, pp. 13 y ss.

67 *Ibid.*, p. 19.

68 *Op. cit.*, p. 67.

Un sistema tal quedaría expuesto a todas las objeciones que arriba se han traído a colación contra Salomon, y, por ello no podría en verdad pretender el nombre de sistema. Sin embargo, es dudoso que Viehweg haya entendido rectamente a VON HIPPEL[69], pues éste en ningún modo deja de lado el *aspecto de las respuestas,* sino que, en el lugar citado, continúa así[70]: «podemos en adelante ordenar y concebir la masa del saber jurídico-privado como respuestas históricas a determinadas preguntas permanentes de un determinado entramado de problemas». VON HIPPEL también ha recalcado con suficiente claridad que ese entramado de problemas no surge a priori, sino sobre la base de una determinada *respuesta,* de la decisión en favor de la autonomía privada. Contrariamente a Salomon, es VON HIPPEL por tanto consciente de la inescindible interrelación entre respuesta y problema, nueva respuesta y nuevo problema. No ha dicho que el entramado de problemas «conforme» la sistemática y sea idéntico con ésta, como VIEHWEG le atribuye, sino sólo que «conocemos» la sistemática desde el momento en que podemos clasificar las diferentes soluciones.

Queda siempre una cierta impresión ambivalente, incluso cuando se tiene en cuenta que von Hippel debió acentuar el aspecto del problema como lo verdaderamente novedoso de su investigación. Dice con toda razón que en cuanto el legislador «responde a estas cuestiones elabora un código civil»[71], pero tiene que añadir que «*justamente* cuando las *responde* elabora también un sistema». Lo que von Hippel no dice es qué sea lo que da a esas respuestas su sentido agrupador, con qué supraordenados puntos de vista valorativos soluciona el legislador el problema[72], y, por ello, von Hippel tampoco proporciona verdade-

---

69 Tal es la objeción de DIEDERICHSEN, *op. cit.* Ciertamente no basta la mera referencia a la intención de v. Hippel de proyectar un sistema, pues aquélla puede tener que ver con una mala comprensión de la idea de sistema; pero, por otro lado, la evidencia con que v. Hippel pone en la base de su construcción la idea de sistema debería haber hecho a Viehweg dudar sobre la corrección de su interpretación; en el mismo sentido que Viehweg y contra Diederichsen se manifiesta también WIEACKER, *Privatrechtsgeschichte der Neuzeit,* 2.ª ed. 1967, p. 597, nota 48.

70 Merece resaltarse que las dos frases están enlazadas por dos puntos, lo que muestra de manera especialmente clara su estrecha vinculación.

71 *Op. cit.,* p. 22.

72 En la línea de esta objeción está también el que la crítica que v. HIPPEL hace del sistema de la Ilustración no es totalmente convincente. En esta propuesta de sistema estaba siempre viva la idea de que la unidad de sentido a la que todo derecho está esencialmente unido sólo se puede obtener sobre la base de unos pocos principios jurídico-morales fundamentales, y en esto consistía su indudable grandeza. Que estos principios fueran unilateralmente sobrevalorados o que al menos hoy nos parezca que en nuestro sistema necesitan ser complementados con la asunción de otros principios básicos (al respecto vid. sobre todo COING, *Festschrift für Dölle,* 1963, vol. I, pp. 25 y ss., especialmente 29 y ss.), sólo significa que la elección del orden aconteció (de modo históricamente comprensible) de modo unilateral, pero no que se desconocieran «las legalidades de la formación jurídica del sistema»; esa propuesta de la Ilustración puede comprenderse como respuesta al problema fundamental de la justicia -contrariamente por ejemplo a la por v. HIPPEL denominada «teoría del hecho jurídico», que de hecho confunde la esencia de la formación jurídica del sistema (y que, además, no puede ser equiparada globalmente a la «sistemática del siglo XIX», pero *vid.* v. HIPPEL, *op. cit.,* p. 36).

ramente el cuadro de un auténtico sistema[73]. Más bien se limita, en plena correspondencia con el título de su trabajo, a hacer meramente consideraciones «sobre la *legalidad* de la *formación* del sistema jurídico» mientras saca a la luz el entramado inmanente de problemas necesariamente ligado con una determinado decisión básica -es decir, con lo que es ya una *solución* de un problema-. Que tal entramado de problemas existe es indudable y por ello las ideas de von Hippel merecen aquiescencia. Lo que no ha dado es una determinada concreción del *concepto* de sistema, que es de lo que en este parágrafo se trata[74].

5. El sistema de las relaciones vitales

Del mismo modo que el entramado de problemas como tal no basta para formar el sistema, tampoco bastan para ello las *relaciones vitales* y su orden inmanente[75]. Estas son meramente objeto del derecho y son configuradas por éste en su forma específica; por tanto, no pueden formar por sí mismas la interna unidad de sentido del derecho o llevarla inserta en sí mismas. Naturalmente esto no quiere decir que, por su parte, no puedan influir como «naturaleza de la cosa» sobre el derecho y, con ello, en ciertas circunstancias, también sobre su sistema, pero éste no está aún plenamente plasmado en las relaciones vitales. Por supuesto, tampoco se debe negar que el orden de las relaciones vitales tiene una influencia esencial sobre el sistema «externo» del derecho -piénsese meramente en la relación de sectores jurídicos como el derecho de familia y sucesorio, el derecho mercantil, laboral o de autor o los particulares tipos del derecho especial de obligaciones, con los correspondientes fenómenos vitales[76]-. Sólo debe advertirse decididamente contra una *identificación* de este orden con el específico entramado de las normas jurídicas, pues ahí radicaría un sociologismo que desatiende el valor jurídico[77].

---

73 Si él lo pretendía es dudoso; véase el título de su trabajo y lo que al respecto dice en el texto. En favor de la respuesta afirmativa a esta cuestión habla el que él coloca siempre su concepción conceptualmente en el mismo nivel que los sistemas de la Ilustración y del siglo XIX; *vid.* p. 23 y 36.

74 Enlazando con sus consideraciones se podría dar la definición de que el sistema es la solución de un determinado entramado de problemas; pero sigue siendo dudoso si von Hippel realmente quería incluir la «parte de las respuestas» en el concepto de sistema y, por otro lado, se trataría de una definición insuficiente, pues en ella no se contienen los esenciales elementos conceptuales de la unidad y el orden.

75 LARENZ (*op. ult. cit.*, p. 57, p. 362) atribuye a HECK la concepción de que el sistema interno está «ya dado en el contexto vital». Aunque es cierto que se encuentran en HECK trabajos en esa dirección (*vid.* por ejemplo HECK, *op. cit.*, pp. 149 y s. y 158), este aspecto del modo de ver el sistema cede ante la idea de un «sistema de decisiones de conflictos» (al respecto véase en el texto *infra* 6). Aquella idea sería ciertamente la prosecución consecuente del punto de vista sociológico de la «teoría genética de los intereses» (*vid.* también infra nota 101), pero también se muestra aquí que la Jurisprudencia de intereses no mantiene dicho punto de vista, sino que se ocupa del significado de la -no causalmente determinada- valoración del legislador.

76 También aquí se muestra una estrecha relación, mediada por la naturaleza de la cosa, entre sistema «externo» e «interno».

77 Un ejemplo de tal es la posición de EHRLICH, quien niega la «unidad del derecho en sus enunciados jurídicos» (*vid. Die juristische Logik*, 2.ª ed. 1925, p. 137) y sólo la reconoce como «unidad en el contexto de la sociedad» (*vid.* p. 146). Consecuentemente, Ehrlich tuvo que llegar al concepto de sistema que antes hemos rechazado; *vid.* también *infra* nota 100).

6. El «sistema de decisiones de conflictos» en el sentido de Heck y de la Jurisprudencia de intereses

Queda por investigar un último concepto de sistema, *el de Heck y la Jurisprudencia de intereses.* Conocido es que de HECK proviene la valiosa distinción entre el sistema «externo» y el «interno»[78]. Para el descubrimiento de la unidad y coherencia del ordenamiento jurídico viene al caso solamente el sistema interno, pues su misión ha de consistir, en palabras de Heck, en la aprehensión de una «interrelación objetiva», de un «orden inmanente»[79] ¿En qué consiste, pues, este sistema «interno» en opinión de Heck?

a) La posición de la Jurisprudencia de intereses respecto a la idea de unidad del derecho

Heck rechaza expresamente la idea -por lo demás próxima[80]- de que los elementos del orden inmanente hayan de verse en los particulares intereses[81] y designa el sistema como *«sistema de decisiones de conflictos»*[82]. La pregunta sobre en qué medida ese sistema realiza la unidad y coherencia internas del ordenamiento jurídico conduce inmediatamente a la cuestión previa acerca de cómo ve la Jurisprudencia de intereses la idea de unidad del derecho —y con ello a un punto crítico en las bases iusfilosóficas de esta doctrina— Aquí la Jurisprudencia de intereses ofrece flancos débiles a sus críticos, con lo que su relación con la idea de unidad del derecho ha sido una y otra vez objeto de crítica. Ya en 1914, KRETSCHMAR, en su excelente discurso rectoral, soberanamente ponderador de las debilidades y los puntos fuertes tanto de la Jurisprudencia de conceptos como de la Jurisprudencia de intereses, reprochó a ésta el abandono de la idea de unidad[83]. Similarmente, HEGLER más tarde acusó a la Jurisprudencia de intereses de destacar solamente el juicio de valor que se expresa en la norma *particular* y los valores jurídicos supremos como justicia, equidad, etc., y de dejar de lado «los fines básicos y específicos de la parte del derecho de que se trate, fines situados en un plano intermedio entre la norma particular y los supremos valores»[84], o, como hoy diríamos, los principios generales del derecho; y significativamente, asocia con esto el reproche de una deficiente formación del sistema. Y también OERTMANN ha expresado en términos elocuentes la acusación de que, a pesar de todas las «observaciones particulares acertadas y ampliamente convincentes» no ha podido encontrar en la Jurisprudencia de intereses «ningún todo» ni ha podido obtener «jamás

---

78 *Vid. Begriffsbildung und Interessenjurisprudenz,* 1932, pp. 139 y ss. (142y s.).
79 *Vid. op. cit.,* p. 143.
80 *Vid. supra,* nota 75.
81 *Vid. op. cit.,* p. 150.
82 *Vid. op. cit.,* pp. 149 y ss.
83 *Über die Methode der Privatrechtswissenschaft,* 1914, en especial pp. 39 y ss.; *vid.,* también KRETSCHMAR, *Grundfragen der Privatrechtsmethodik, Jher. Jb. 61* (1917), pp. 233 y ss., especialmente pp. 271 y ss., 285 y s., 291 y ss.
84 Zwtn *Gedächtnis von Max Rümelin,* Kanzlerrede 1931, p. 19.

un unitario cuadro de conjunto», de modo que no ha podido sustraerse a «un cierto sentimiento de desesperación científica»[85]. Por último, COING ha resumido en las siguientes palabras esas objeciones contra la Jurisprudencia de intereses: «Para la Jurisprudencia de intereses el derecho no es un orden ni lógica ni moralmente unitario. Carece totalmente de unidad»[86].

¿Pero qué dicen sobre esa cuestión los propios sostenedores de la Jurisprudencia de intereses? Las tomas de postura son escasas, pero contienen claras proclamaciones de la idea de unidad del derecho[87]. Lo que cabe preguntarse es qué entienden por tal. Dos expresiones de Heck vienen al caso en este contexto. La primera muestra que equipara la unidad del derecho con la ausencia de contradicción[88]; éste es sin duda un elemento esencial, pero plantea sólo lo que podemos llamar el lado negativo de la idea de unidad y no permite reconocer en qué radica la unidad de sentido del derecho en su aspecto positivo[89]. La segunda observación se refiere a la interrelación interna del ordenamiento jurídico, y busca ésta en la aplicación de las normas a «partes de la vida que están entre sí entrelazadas a través de múltiples interrelaciones y coincidencias»[90]; que con esto no basta, ya fue pormenorizadamente mostrado más arriba[91]. Pero, más allá, también es infructuoso el *medio* con cuya ayuda quiere Heck captar la unidad del derecho. Para ese fin sólo considera apropiada la formación de «grupos de conceptos» clasificatorios y «de generalidad creciente»[92]. Pero conceptos generales abstractos son inapropiados para aprehender la siempre concreta unidad de sentido del derecho[93], y son para ese fin completamente inútiles cuando sólo se les asigna la rudimentaria función que Heck atribuye a sus «grupos de conceptos». Estos han de servir solamente a dos «necesidades»: por una parte, deben «facilitar» la «comprensión» de lo diverso, pues «el espíritu humano sólo puede captar simultáneamente un

---

85 *Vid. Interesse und Begriff in der Rechtswissenschaft,* 1931, p. 40; *vid.* al respecto la réplica de HECK, *op. ult. cit.,* pp. 207 y ss., 212 y ss. En cuanto a la interpretación de la carta de los estudiantes puede tener razón HECK en cierta medida *(vid.* p. 216s.), pero en lo demás su contraposición pasa de largo de modo muy característico sobre la demanda de OERTMANN. ASÍ, su reducción de la pregunta por la unidad interna a la cuestión de la «vista panorámica» (pp. 207 y ss.) y la explicación de la interrelación general del ordenamiento jurídico como basada únicamente en las «necesidades vitales» (p. 214), confirman la opinión, en el texto manifestada, de que HECK acaba por admitir, sin comprenderla, la idea de la unidad de sentido del derecho.

86 *Vid. System, Geschichte und Interesse in der Privatrechtswissenschaft, JZ 1951,* p. 481ss. (484); coincidentemente LARENZ, *Methodenlehre,* p. 133; en lo esencial es positivo también el juicio de BINDER, ZHR 100, pp. 63 y s.

87 *Vid.* sobre todo STOLL, *Begriff und Konstruktion in der Lehre der Interessenjurisprudenz, Festgabe für Heck, Rümelin und Schmidt,* 1931, p. 96; HECK, *op. cit.,* pp. 87 y s. y p. 149 y s.

88 *Op. cit.,* p. 87 y s.

89 *Vid.* en este contexto *supra* § 1 II 2 y nota 31.

90 *Op. cit.,* pp. 149 y s.; *vid.* también la referencia a los «conflictos vitales» (en lugar de a los criterios determinantes para su solución), p. 158.

91 *Vid.* apartado 5.

92 *Op. cit.,* p. 150.

93 *Vid.* más ampliamente *infra* p. 58.

número limitado de ideas particulares», y, por otra parte, deben «facilitar el recuerdo»[94]. Es evidente que con una tal «subjetivización», por no decir «psicologización» de la importancia de los conceptos, que los rebaja a un mero vehículo auxiliar para las limitaciones de la capacidad humana de captación y recuerdo, no se puede ver de modo alguno la *objetiva* unidad de sentido y coherencia de sentido del derecho.

Queda sólo un último punto de apoyo: la referencia de Heck al «efecto lejano» de los juicios de valor legislativos[95], que en sí mismo estaría a sólo un paso de la «presupuesta consecuencia interna del derecho»[96]. Está fuera de toda discusión que el tratamiento de este momento constituye una de las esenciales aportaciones metodológicas de la Jurisprudencia de intereses. Pero la pregunta que surge es dónde ve esos juicios de valor: ¿sólo en las valoraciones *particulares* del legislador o también en los estratos más profundos del derecho? Probablemente Heck respondería en el segundo sentido[97], pero aún así vale en lo básico el reproche de Hegler de que la Jurisprudencia de intereses deja de lado «lo intermedio». Esto se ve con claridad tanto en su instrumentario metodológico como en sus trabajos prácticos. Desde el punto de vista metodológico, la Jurisprudencia de intereses conoce en lo esencial solamente los dos primeros «niveles» de la obtención del derecho, el de la interpretación y el de la analogía y restricción; de ahí se sigue ya sin transición la «valoración propia» del juez. Por contra, apenas reconoce una función esencial al tercer «nivel», el del trabajo con los «específicos fines básicos»[98], es decir, las ideas fundamentales que determinan un sector del derecho y los «principios generales del derecho». Para la Jurisprudencia de intereses, tras la lex y la ratio legis se encuentran sin más los valores jurídicos supremos, como justicia, equidad y seguridad jurídica. Y en lo que se refiere al trabajo práctico-dogmático de los representantes de la más antigua Escuela de intereses, quién podría no sentir en amplios pasajes[99] la desazón de Oertmann al ver que de todas las «acertadas y ampliamente convincentes observaciones puntuales» no se sigue «ningún cuadro de conjunto unitario»? No cabe duda de que la fuerza de la Jurisprudencia de intereses radica en la discusión del problema particular, no en la elaboración de «grandes inter relaciones»[100] -lo que, por lo demás, es

---

94 *Vid. op. cit.*, pp. 82 y s.

95 *Vid. op. cit.*, p. 150; fundamental sobre el «efecto a distancia» HECK, *Gesetzesauslegungund Interessenjurisprudenz*, 1914, p. 230ss.

96 *Vid.* § 1 nota 27.

97 Así, remite la interpretación legal (*op. cit.*, p. 231s), por ejemplo, al efecto lejano del principio de igualdad en derecho civil; posiblemente no es coincidencia que aquí Heck no haya elegido una valoración *particular*, sino el principio de igualdad, uno de los supremos valores jurídicos, no un principio «intermedio». *Vid.* también en el texto.

98 *Vid.* HEGLER, *ibid*, (y nota 83).

99 Naturalmente, existen excepciones. Piénsese por ejemplo en los trabajos, aún hoy en muchas partes ejemplares tanto en lo metodológico como en el contenido, de MÜLLER-ERZBACH sobre la responsabilidad por riesgo, o de STOLL sobre impedimentos de la prestación.

100 Frente a los ataques de OERTMANN y HEGLER, indica HECK que él, en su Manual de Derecho de Cosas, ha comenzado por una parte general, pero, en mi opinión, en esa parte general se

comprensible, desde el punto de vista de la historia de la metodología, como contramovimiento frente a los excesos de la época anterior-. En resumidas cuentas, quizá deberá confirmarse el crudo juicio de Coing, sobre todo en lo que corresponde a la posición sociológica de la «teoría genética del interés»[101].

b) Las debilidades del concepto de sistema de la Jurisprudencia de intereses

Con estas consideraciones sobre las ideas de unidad en la Jurisprudencia de intereses se ha alcanzado el presupuesto para que pueda recaer también un juicio sobre su *concepto de sistema:* tal concepto es muy poco apto para abarcar la unidad y coherencia internas del ordenamiento jurídico. Un «sistema de decisiones de conflictos» no expresa en verdad nada sobre la unidad de sentido del derecho, por mucho que Heck insista en la necesidad de tener en cuenta «en las decisiones de conflictos las coincidencias y las diferencias»[102]. Las ideas básicas de, por ejemplo, nuestro derecho privado, que forman su sistema, como los principios de la autodeterminación, de la autorresponsabilidad, de la protección de la confianza, etc[103]., no son idénticas con las decisiones de conflictos, sino que están en la base de éstas, les dan el «sentido», y serían mal entendidas en su sustancia si se las quisiera reducir a meras «decisiones de conflictos»[104]: *se les privaría de su contenido ético-jurídico.* Así, se muestra también en la postura de Heck ante particulares problemas prácticos del sistema, lo ajeno que en lo fundamental le resultaba la interrelación entre el sistema y la idea de unidad de sentido del derecho. Traigamos un sólo ejemplo a colación en este punto[105], el de la «teoría de los títulos valor», que el mismo Heck siempre designó como especialmente típica de su modo de entender el sistema. Heck ve como decisivo el que los enunciados jurídicos válidos surgen a partir de necesidades de la vida y por

---

aclara muy poco sobre la «interna unidad de sentido» de nuestro derecho de cosas y sobre principios básicos que la soportan. Por el contrario, se podría replicar a HECK que no es coincidencia, sino que va unido a la comprensión de la unidad y del sistema por parte de la Jurisprudencia de intereses, el que los grandes tratados de la *parte general* del derecho civil generalmente no proceden de típicos representantes de la Jurisprudencia de intereses, sino que, desde v. TUHR, pasando por NIPPERDEY, FLUME y LARENZ, provienen de científicos cuyo pensamiento va mucho más allá de las -por lo demás comparativamente estrechas- fronteras metodológicas de la Jurisprudencia de intereses; de hecho en ninguna parte podrían mostrarse tan claramente esos límites como frente a las exigencias de la «parte general».

101 *Vid.* en este contexto también supra nota 75. Consecuentemente también EHRLICH, *Logik, cit.,* cuando partiendo de sus planteamientos sociológicos llega al resultado de que no existe una unidad del derecho como unidad de sus normas, y prosigue: «la única científica, la interpretación histórica» -¡esto se corresponde exactamente con la postura de HECK!- «cada enunciado jurídico es una individualidad, un ser independiente que vive su propia vida y tiene su propia historia» (p. 137). Partiendo de esta base, el derecho de hecho sólo puede tener una unidad «en el contexto de la sociedad en la que (los enunciados jurídicos) surten efecto» (*vid. ibid.,* p. 146).

102 *Vid. op. cit.,* p. 150.

103 *Vid.* más detenidamente *infra* p. 57 y s. y pp. 62 y ss.

104 Lo que tampoco hace HECK; él más bien las deja totalmente de lado.

105 *Vid.* más ampliamente *infra* § 5 III.

ello quiere reducir todo el debate teórico a una mera «cuestión de formulación»[106], con la consecuencia de que en gran medida la posibilidad de formulaciones que suenan distintas pero tienen el mismo respaldo den como resultado una *«equivalencia de construcciones científicas»*[107]. Apenas cabe un equívoco mayor que éste. Verdaderamente se trata ni más ni menos que de la garantía de la unidad de sentido de nuestro derecho privado, esto es, de la pregunta acerca de si para una especial materia parcial se ha de romper el principio contractual, dominante de modo general en lo demás, en favor de la posibilidad de obligaciones unilaterales, poniendo así en peligro la unidad, o si, por el contrario, el principio contractual debe ser reconocido, garantizando así la unidad y simplemente complementándolo con el principio de apariencia de derecho, inspirador por lo demás de amplios sectores, en su relación con el principio de autorresponsabilidad, el cual se cuenta también entre los fundamentos. En estrecha relación con esto está la incomprensión de Heck sobre el hecho de que las decisiones sistemáticas encierran valoraciones, cuestión sobre la que volveremos más detenidamente[108].

En suma, el concepto de sistema de la Jurisprudencia de intereses no es plenamente satisfactorio, pero, por otro lado, se debe admitir que, debido a numerosas oscuridades y equivocidades en la postura de sus partidarios, la crítica no es fácil, y que tampoco las anteriores consideraciones pueden pretender proporcionar una completa explicación de esta cuestión, altamente interesante desde el punto de vista de la historia de la metodología[109]. Pero, yendo más allá, hay que destacar que la Jurisprudencia de intereses proporciona en todo caso valiosos trabajos previos también en el ámbito de la problemática del sistema[110] y, ante todo con las ideas del sistema «interno» y la referencia a su carácter teleológico ha proporcionado esenciales puntos de partida que se han de asumir y proseguir[111].

---

106 *Vid. Grundriss des Schuldrechts,* 1929, § 137.

107 *Vid. ibid.*, p. 473, nota 2, bajo expresa referencia a § 137. Por contra, con razón, Stoll, *op. cit.*, p. 117, con nota 2 *(vid.* también p. 110), a cuyo planteamiento no hace Heck justicia en su réplica (*Begriffsbildung,* cit., p. 211), pues sigue atado por completo al error básico de un modo de observación causal; igualmente insatisfactorio lo que Heck, *op. cit.*, pp. 100 y ss., alega contra los ataques plenamente justificados de Lehmann; al respecto *vid.* también *infra* p. 110 y s.

108 *Vid. infra,* § 5 III.

109 Desgraciadamente, a este respecto es totalmente insatisfactoria la reciente obra de Edelmann, *Die Entwicklung der Interessenjurisprudenz,* 1967; en todo caso, se puede resaltar las consideraciones de la página 102 y s., en las que, sin embargo, es digno de mención como curiosidad el que Edelmann cite precisamente la inusual extensión del comentario del parágrafo 242 BGB por Weber en Staudinger como prueba de los esfuerzos de la ciencia jurídica en torno a la «construcción sistemática» (¿o se trata de ironía?).

110 La comprensión del sistema hoy predominante, y representada también por este trabajo, está mucho más próxima a Stoll que a Heck (*vid.* STOLL, *op. cit.*, pp. 77 y s., 96, 110), pues las ideas de Stoll fueron en muchos aspectos más relevantes hacia el futuro que las de Heck, y tal vez no es casual que fuera Stoll quien forjó la expresión «jurisprudencia de valoraciones» (*vid. op. cit.*, p. 67, nota 1 y p. 75, nota 5), con lo que dio la palabra clave a la actual dogmática civilista.

111 Sobre el sistema teleológico *vid.* también infra II 1.

II. El desarrollo del concepto de sistema a partir de la idea de coherencia valorativa y unidad interna del ordenamiento jurídico

Las consideraciones críticas hasta aquí expuestas han sentado al mismo tiempo, en buena medida, las bases para el desarrollo de un concepto de sistema adecuado para abarcar la coherencia y unidad internas del ordenamiento jurídico.

1. El sistema como ordenamiento axiológico o teleológico

Puesto que éste, en correspondencia con su deducción a partir del mandato de justicia[112], es de naturaleza *valorativa,* así también el sistema que le corresponde sólo puede ser un ordenamiento *axiológico* o *teleológico* -teniendo en cuenta que aquí teleológico no se usa en el sentido restringido de la mera asociación medio-fin[113], sino en el más amplio sentido, referido a toda realización de fines y valores, esto es, en el sentido en que la «jurisprudencia de valoraciones» se equipara también con jurisprudencia «teleológica»-. Que quepa un tal sistema teleológico no es algo que resulte obvio sin más. Así, por el contrario, pudo por ejemplo la Jurisprudencia de conceptos partir de que sólo puede existir un sistema lógico o no existe ninguno. Y en esa misma idea podría tener quizá su fundamento la limitación de STAMMLER a los conceptos básicos «puros» y su resignada renuncia frente a una sistematización de un determinado ordenamiento jurídico positivo[114]. También Walter BURCKHARDT, en 1936, diferencia estrictamente entre la «corrección lógica» y «ética» del derecho y limita el sistema a la aprehensión de la primera[115]. Por último y más recientemente, mencionemos a Ulrich KLUG, que ve la importancia de la idea de sistema como prueba esencial del peso del pensamiento lógico-formal en la Jurisprudencia, pues ya «el mismo concepto de sistema es un específico término lógico» y «sólo la lógica es capaz de establecer dónde nos hallamos ante un auténtico sistema»[116].

---

112 *Vid. supra* § 1 II 2.

113 No es raro que la expresión se use también en este sentido; *vid.* por ejemplo BINDER, *ZHR 100,* pp. 62 y s.; ENGISCH, *Einführung in das juristische Denken,* pp. 161 y s. y *Stud. Gen.* 70 (1957), pp. 178 y s.

114 STAMMLER contempla su sistema como un sistema lógico-formal, formado a partir de conceptos generales abstractos; expresamente rechaza la posibilidad de diseñar un sistema «cargado de contenido» y referido a un determinado ordenamiento jurídico; *vid. Theorie der Rechtswissenschaft,* 2.ª ed., 1923, pp. 222 y ss., y *Lehrbuch der Rechtsphilosophie,* 3.ª ed., 1928, pp. 278 y ss.

115 *Vid. Methode und System des Rechts,* 1936, pp. 121 y ss. y 241 y ss.

116 *Vid. op. cit.,* p. 5; *vid.,* más ampliamente, SIGWART, *op. cit.,* p. 695: «La *sistemática* tiene como misión presentar la totalidad de los conocimientos alcanzados en un determinado momento como un todo cuyas partes se enlazan sin excepción en *relaciones lógicas»* (subrayado en el original). Hay que resaltar aquí la limitación al sistema de los conocimientos (en contraposición con el sistema objetivo). Para una equiparación de sistema y sistema axiomático, ARNDT, *NJW 63,* pp. 1277 y s.

Esta limitación del concepto de sistema al sistema lógico-formal no está exenta de una cierta arbitrariedad[117]. En la medida en que se trate meramente de una cuestión de *terminología* se puede, por supuesto, discutir sobre la justificación de una tal restricción terminológica; como salida se ofrece, siguiendo a COING[118], el distinguir entre un concepto estricto y un concepto amplio de sistema, de modo que el estricto coincidiría con el sistema lógico-formal, mientras que dentro del concepto amplio habría sitio también para un sistema teleológico. Por contra, en la medida en que se trate de la *problemática objetiva,* la limitación del concepto de sistema al sistema lógico-formal es una hipótesis de ningún modo justificada, por no decir una petitio principii, pues un sistema no significa sino el intento de abarcar y presentar *con medios racionales* la unidad y el orden de un determinado sector objetivo, y negar la posibilidad de un sistema no lógico-formal equivale a afirmar que la lógica formal presenta el único medio pensable para ese fin. Una tal restricción del ámbito dentro del que es posible un *razonamiento y argumentación racionalmente dirigidos*[119] tiene que ser rechazada por el jurista[120] como inaceptable. Ya que las verdaderas dificultades del pensamiento jurídico no pueden superarse con los medios de la lógica formal[121], tendríamos ahí una sentencia de muerte no sólo sobre la

117 De hecho las más de las veces se reconoce expresamente la posibilidad de un sistema teleológico, sin que se aprecie en todas las ocasiones su problemática científico-teórica. *Vid.* por ejemplo RADBRUCH, *Zur Systematik der Verbrechenslehre, Frank-Festgabe I,* 1930, p. 159; HEGLER, *op. cit.*, pp. 216 y ss; ENGISCH, *Stud. Gen. 10* (1957), pp. 178 y ss.; en el fondo también HECK, quien a este respecto varias veces destaca expresamente su coincidencia con HEGLER, *vid. op. cit.*, pp. 147, 155, 160 y otras. En estas ocasiones la expresión «teleológico» es en parte usada también en el sentido estricto mencionado supra en la nota 113. También en la literatura no jurídica se habla en ocasiones de «sistema de valores» y similares, *vid.* por ejemplo KRAFT, *Die Grundlagen einer wissenschaftlichen Wertlehre,* 1951, pp. 21 y ss., con referencias; STARK, *Die Wissenssoziologie,* 1960, pp. 59 y ss., 92 y ss., 144 y ss., 252 y ss. y otras (*vid.* índice temático bajo «sistema de valores»), donde diferenciadamente se emplea también el término «sistema axiológico», *vid.* por ejemplo pp. 93, 146, 252; *vid.* en este contexto también, si bien sin expresa referencia a la problemática del sistema, LEINFELLNER, *Einführung in die Erkenntnis- und Wissenschaftstheorie,* 1965, pp. 178 y ss.

118 *Vid. Zur Geschichte des Privatrechtssystems,* p. 9.

119 No siempre se aprecia claramente si una tal restricción efectivamente se corresponde con la concepción de los partidarios de un sistema lógico-formal o axiomático-deductivo. En cualquier caso, merece resaltarse que *Klug, op. cit.,* sólo contrapone la intuición al análisis lógico de problemas jurídicos (*vid.* Prefacio de 1950). Con ello no se responde a la cuestión sobre la importancia de la lógica formal para la Jurisprudencia, pues la intuición es imprescindible en todas las ciencias -si no, no podrían existir genios científicos y el progreso científico sería completamente «fabricable»- y, por supuesto, tampoco cabe el jurista sin «fantasía científica»; la pregunta no se orienta a la alternativa entre lógica formal e intuición, sino a aquel «ámbito intermedio», a la posibilidad y la relevancia de una específica metodología jurídica no lógico-formal, pero racional, de una «teleología formal», con arreglo a lo expuesto en el texto. Sin embargo, en otros lugares resalta Klug la necesidad de un complemento teleológico de la lógica formal, *vid.* las referencias supra, nota 27.

120 Pero también por cualquier otro científico del espíritu y filósofo. La abundancia de los intentos de conseguir una lógica *material* muestra con suficiente claridad cuan fuerte es la necesidad de un complementar de la lógica formal mediante otro tipo de pensamiento racional.

121 *Vid.* al respecto supra, pp. 30 y ss.

Jurisprudencia como ciencia, sino, en general, sobre todo intento de entender la aplicación del derecho como un proceder racionalmente orientado. Según esto, los juicios de los juristas habrían de medirse, tal como de hecho no raramente se afirma, en lo esencial por la regla de algún tipo de «sentimiento jurídico» que, como tal, es siempre irracional y sobre cuyos «enunciados» no hay, por ello, al menos en el presente, un entendimiento, una pretensión para la que se pueda buscar un cierto grado de vinculatoriedad general. Dicho de otro modo: quien rechaza la posibilidad de un sistema teleológico, niega con ello, al mismo tiempo, la posibilidad en general de captar racionalmente la coherencia del pensamiento teleológico[122], y con ello también la posibilidad de cultivar racionalmente la Jurisprudencia en su ámbito decisivo, pues el sistema, en el sentido que aquí lo comprendemos, es (en cuanto esté en este punto sometido a discusión[123]) ex definitione meramente la aprehensión racional de la coherencia de un entramado jurídico de valoraciones.

En consecuencia se debe afirmar, al menos como *hipótesis,* la posibilidad de un sistema axiológico o teleológico, si no se quiere negar radicalmente el modo habitual de entender la Jurisprudencia como empresa metódicamente orientada y referida a la argumentación racional. Vale, pues, para la idea de sistema en especial lo que Binder dijo para el carácter científico de la Jurisprudencia en general: así como Kant no se preguntó *si* hay una ciencia de la naturaleza, sino que la *presupone* y trata de aprehenderla, así se debe también partir «de que existe una ciencia del derecho y preguntar solamente cuál es su sentido y en qué se fundamenta su pretensión de cientificidad»[124]. De hecho se ganaría mucho para la moderna discusión metodológica en la Jurisprudencia (y en las ciencias del espíritu en general) si se adoptara este -desgraciadamente poco observado- punto de partida de Binder y, en lugar de poner en duda constantemente la cientificidad de los específicos modos de trabajar las ciencias del espíritu, en particular el pensamiento hermenéutico y teleológico, se tratara de captar las peculiaridades de estos métodos y la cuestión de la cientificidad se plantease sólo al final[125]. La discusión pronto retornaría, de los dos extremos entre los que hoy generalmente oscila, hacia aquella posición intermedia que es la única adecuada para las específicas tareas de la Jurispru-

[122] En consecuencia, se debería, por ejemplo, considerar imposible una fundamentación racional de cualquier conclusión por analogía que vaya más allá de la mera exposición de su estructura lógico-formal y que penetre en el núcleo decisivo, la cuestión de la «adecuación» a la ratio legis.

[123] Es decir, en cuanto a la nota del orden, no a la de unidad.

[124] *Vid. Philosophie des Rechts,* 1925, p. 836ss (837) y *Der Wissenschaftscharakter der Rechtswissenschaft,* Kantstudien 25 (1921), pp. 321 y ss., especialmente pp. 352 y ss.; un curioso paralelismo se encuentra (referido a la aprehensión científica de valores en general, no específicamente jurídica) en Leinfellner, *Einführung, op. cit.,* pp. 180 y s.

[125] Para lo cual no se puede poner en la base el ideal científico del positivismo, que no puede hacer justicia al pensamiento hermenéutico y a cualquier forma de teleología -ya que aquel ideal se corresponde con otro modelo al que está orientado, el de la matemática y las ciencias naturales-. Con razón, por tanto, es por ejemplo una de las ideas centrales de la metodología de Larenz la polémica contra la validez exclusiva de ese concepto de ciencia.

dencia: de la esterilidad de las investigaciones meramente lógicas y logicísticas, por un lado[126], y de la no vinculatoriedad de la pura tópica, por otro[127], hacia una teleología y hermenéutica que con medios racionales proporciona resultados racionalmente comprobables y, por ello, vinculantes -aun cuando no se alcance aquel grado de rigor que es característico de las ciencias naturales o de la matemática.

¿Resulta tan dificultosa la verificabilidad de las hipótesis en cuestión? Quizá no tanto. Así, por ejemplo, la ciencia literaria -si se permite este juicio a un diletante (en el doble sentido de la palabra)- ha realizado sorprendentes progresos y conseguido resultados de la más alta evidencia desde que ya no se entiende a sí misma exclusiva o preponderantemente como ciencia *histórica*[128], sino que ha hecho objeto de sus investigaciones la obra de arte en sí misma, en su específica y propia legalidad, bajo el lema de la «interpretación inmanente a la obra» o del «análisis estructural», convirtiéndose así en una ciencia *hermenéutica.* De modo similar puede la moderna Jurisprudencia teleológica reclamar indiscutibles éxitos. No se debe prestar atención tan sólo y permanentemente a las cláusulas generales[129], sino que se debe incluir también a aquellas partes, como, por ejemplo, los sectores «constructivos» Derecho de cosas, Derecho de sucesiones o Derecho de títulos valores, en los que en un gran número de casos cabe sobre el resultado el juicio de «falso» o «correcto» y no se puede hablar de «defendible», etc. Igualmente, no se debe perder de vista la cantidad de interpretaciones «forzosas», de analogías «forzosas», de restricciones «forzosas», y no se puede elevar a criterio de la fiabilidad del método jurídico solamente los problemas del «libre» (es decir, no orientado ya por valoraciones inmanentes a la ley) desarrollo del derecho. Por último, no puede ser casual que tanto a los legos como también a menudo a los juristas mismos el pensamiento jurídico les parezca un caso típico de pensamiento «lógico»; si se tiene en cuenta que en verdad no es el pensamiento lógico-formal sino el teleológico el que se adecúa a los problemas específicos de la Jurisprudencia y el único que es capaz de dar cuenta de su argumentación, queda claro lo que hay por detrás de ese juicio: una especial evidencia de la coherencia y de la fuerza racional de convicción del pensamiento *axiológico* y *teleológico.* Por mucho que su estructura no haya sido aún suficientemente aclarada, podrá de todos modos decirse lo siguiente: *la hipótesis de que la coherencia del pensamiento axiológico-jurídico o teleológico es de tipo racional y, por consiguiente, racionalmente fundamentable, y de que con ello se puede abarcar en un*

---

126 *Vid.* también *supra,* pp. 30 y ss.

127 *Vid.* también *infra* § 7 II 1 b.

128 También aquí el concepto positivista de ciencia ha provocado graves daños, pues, dado que, además de las ciencias naturales y la matemática, sólo era reconocida como ciencia la historia orientada a los «hechos positivos», se creyó que la ciencia literaria sólo era posible como ciencia histórica y se excluyó del ámbito de la investigación científica lo específico que conforma una obra de arte.

129 Y también su concreción ha experimentado, en parte, sorprendentes progresos -piénsese, por ejemplo, en los trabajos de Siebert y Wieacker sobre el parágrafo 242 BGB-.

correspondiente sistema, está suficientemente corroborada como para que pueda ser útil como premisa científica. Es la condición de posibilidad del pensamiento jurídico y especialmente el presupuesto de un cumplimiento racionalmente orientado y racionalmente revisable del mandato de justicia de tratar lo igual de modo igual y lo desigual de modo desigual con arreglo a la medida de su diferencia.

Al respecto, una peculiaridad necesita aún ser expresamente destacada: cuando aquí constantemente se habla de la coherencia del valorar, se hace referencia a lo que literalmente se dice. No se trata, por tanto, de la «corrección» (Richtigkeit) material, sino únicamente de la «coherencia» (*Folgen*richtigkeit) formal de una valoración -donde «formal» aquí, naturalmente, no se ha de entender en el sentido de «lógico-formal», sino en el sentido en que se habla también del carácter «formal» del principio de igualdad-. Dicho de otro modo: tarea del pensamiento teleológico es, en la medida en que viene al caso en este contexto, no la de hallar el *contenido* a priori de una «correcta» regulación -por ejemplo en el sentido del derecho natural o en el sentido de la doctrina del «derecho justo»- sino únicamente el pensar hasta sus últimas consecuencias una valoración (primaria) previamente sentada, trasladarla a casos comparables, eliminar contradicciones con otras valoraciones sentadas y evitar contradicciones a la hora de establecer nuevas valoraciones[130]. Y garantizar esta coherencia formal es, correspondientemente, tarea también del sistema «teleológico»[131], en consonancia con su justificación a partir del principio «formal» de igualdad.

2. El sistema como ordenamiento de «principios generales del derecho»

Con la caracterización del sistema como orden teleológico queda aún por responder la segunda pregunta esencial: la que hace referencia a los *elementos determinantes* en los que se hace visible la unidad y coherencia internas del ordenamiento jurídico. Entretanto ha quedado aclarado que se ha de tratar de *valoraciones,* pero esta no puede aún ser la respuesta última, pues surge al mismo tiempo la pregunta ulterior: ¿*cuáles* son esas valoraciones? ¿son todas o sólo determinadas valoraciones? Si se decide en el primer sentido, llegaríamos a un concepto de sistema que sería muy parecido a lo que Heck llama «sistema de decisiones de conflictos» y ante el que existirían las mismas objeciones: no podría hacer visible la *unidad,* pues se trata de encontrar elementos que hagan clara la interna interconexión en el seno de la pluralidad de valoraciones singulares y que, por tanto, no pueden ser idénticos con su mera suma.

Más bien se debe traer en este lugar a la memoria nuevamente la característica principal de la idea de unidad, reseñada al comienzo[132]: la reconducción

---

[130] Sea por vía de legislación o por vía de desarrollo del derecho.

[131] Sobre la cuestión de en qué medida con ello se realiza al mismo tiempo la justicia material *vid. infra* § 5 IV 3.

[132] *Vid.* § 1 I.

de la diversidad de lo particular a unas pocas ideas básicas determinantes. Pero esto significa que al revelar el sistema teleológico no podemos detenernos en las «decisiones de conflictos» y en las valoraciones *singulares*, sino que se ha de penetrar en las valoraciones *básicas* que radican más profundamente y, por tanto, en los *principios generales* de un ordenamiento jurídico; se trata, pues, de rastrear la ratio iuris subyacente más allá de la lex y de la ratio legis. Sólo así pueden las valoraciones singulares ser liberadas de su aparente aislamiento y ser puestas en la interconexión «orgánica» que se trata de hallar, sólo así se alcanza aquel nivel de generalidad en que se hace patente la *unidad* interna del ordenamiento jurídico en el sentido descrito al comienzo[133]. *Por tanto, el sistema se puede definir como un ordenamiento axiológico o teleológico de principios generales del derecho*[134], donde con la nota de orden teleológico se alude más[135] al elemento de la coherencia valorativa y con la nota de los principios generales de alude más a la unidad interna.

---

133 *Vid.* § 1 I.

134 Sobre la función de los principios como conformadores del sistema *vid.* sobre todo Esser, *Grundsatz und Norm*, cit., pp. 227 y s. y 323 y ss. Por lo demás, el concepto de sistema que aquí se defiende puede verse como muy próximo al de Coing y al de Larenz (pero importantes aportaciones ya en Stoll, *op. cit.*, pp. 77 y s. y 96), *vid.* sobre todo Coing, *Grundzüge der Rechtsphilosophie*, 1950, pp. 275 y ss., *JZ* 1951, pp. 481 y ss (484s), *Geschichte und Bedeutung des Systemgedankens*, pp. 9 y ss. y *Dölle-Festschrift*, pp. 25 y ss.; Larenz, *Festschrift für Nikisch*, 1958, pp. 299 y ss. y *Methodenlehre*, pp. 133 y ss. y 367 y ss. Por otro lado, ambos ven el sistema no *exclusivamente* en el contexto de los principios generales del derecho, sino en parte también en contextos vitales, valores, instituciones, etc. (*vid.* Coing, *JZ*, cit., p. 485, *Rechtsphilosophie*, cit., p. 278; Larenz, *op. cit.*, pp. 136 y s. y p. 367). Pero en esto podría haber sólo una contraposición relativamente débil con la concepción representada en el texto. En primer lugar, en lo que se refiere a la *importancia de los contextos vitales* hay que separar nítidamente el sistema externo y el sistema interno: para la construcción del sistema externo son de gran importancia inmediata, para la construcción del interno, por contra, pueden tornarse relevantes sólo de modo mediato, a través de la «naturaleza de la cosa» y de los puntos de vista valorativos y ordenadores tomados de ésta por el derecho y, por tanto, traducidos a una específica forma jurídica; es decir, se hacen relevantes a través de principios jurídicos. Algo similar vale para las «diferencias estructurales», como la diferencia entre Derecho de obligaciones y Derecho de cosas; también aquí está la clave en separar sistema externo e interno e invocar para el último sólo aquellos elementos bajo los cuales se encierran valoraciones materiales. En cuanto a los demás elementos, como conceptos, institutos jurídicos o valores, *vid.* en el texto bajo a). Un sistema en el que todos o varios de estos elementos se contengan con el mismo rango, en el que, por ejemplo, conceptos, institutos, valores, contextos vitales, etc. se hallen en el mismo nivel junto a los principios, me parece que tiene poco sentido (pero *vid.* Coing y Larenz, *op. cit.*). En la medida en que no se entremezclen incorrectamente el sistema externo y el interno, se tratará en todo caso de la equiparación de elementos que radican en distintos niveles. Según las circunstancias se podrá construir también el sistema interno a partir de valores, conceptos, institutos, etc. (vid. al respecto en el texto, bajo a), pero en ese caso se debería basar el sistema respectivamente sólo sobre *uno* de estos elementos y no cambiar constantemente de nivel. De esta manera se podría, según las circunstancias, desarrollar varios sistemas situados en distintos estratos sucesivos o en niveles superpuestos, sistemas que se pueden reformular entre sí, pero que seguirían siendo *distintos* sistemas («científicos»), es decir, modos distintos de ver y de aprehender el sistema («objetivo») del ordenamiento jurídico (sobre la relación entre el sistema «objetivo» y su formulación en el sistema «científico» *vid. supra* p 21.

135 *Vid. supra* § 1 I y notas 13 y 14.

Cuándo un principio ha de valer como «general» es algo que no se puede fijar de antemano; también aquí se trata de un criterio totalmente relativo. Por ejemplo, para el conjunto de todo nuestro ordenamiento jurídico no se podrán ver como «fundadores de unidad» y, con ello, determinantes del sistema todos los principios a los que corresponde esa función para el derecho privado, y, a su vez, para éste no son determinantes del sistema todos los principios que lo son para, por ejemplo, el Derecho de obligaciones, el Derecho de cosas, el Derecho de sucesiones, etc., y en el seno de estos sectores cabe formar ulteriores subsistemas más pequeños con sus propios principios «generales», como el sistema de los actos ilícitos, el del enriquecimiento injusto, el de los impedimentos de la prestación o el de la protección de la confianza. En todo caso una parte de los principios constitutivos del sistema más pequeño encaja como «general» en el sistema más amplio, y, a la inversa, por lo general el sistema más pequeño sólo puede construirse basándose en parte en los principios del sistema más amplio[136]. De este modo, la «generalidad» de un principio se modifica con la altura de la perspectiva; en última instancia es siempre decisiva la pregunta acerca de qué ideas jurídicas se han de ver como constitutivas para la interna unidad de sentido del sector parcial en cuestión, de modo tal que el orden de éste se modificaría *en su «contenido esencial»* si se modificase uno de esos principios. Para el Derecho civil en vigor se podrían reconocer como constitutivos del sistema[137] -sin pretensión de exhaustividad- por ejemplo los principios de autonomía, de responsabilidad por los propios actos, de protección del tráfico y de la confianza, de respeto de la esfera personal y de libertad de los otros y de restitución del enriquecimiento injusto.

El significado de los principios generales del derecho para la formación del sistema necesita aún una explicación más detallada en algunos puntos.

a) Las ventajas de los «principios generales del derecho» para la formación del sistema, frente a normas, conceptos, institutos jurídicos y valores

En primer lugar, no es evidente sin más que el sistema haya de estar integrado precisamente por *principios*. Más bien surge la pregunta acerca de si no se puede apoyar también en otros elementos «generales», como, por ejemplo, en *normas, conceptos, institutos jurídicos o valores*. La respuesta no es sencilla y estará determinada en alguna medida por los criterios de la adecuación y de la perspectiva.

En lo que se refiere a un *sistema de normas*, no tiene mucho sentido cuando lo que se ha de buscar es precisamente la interrelación que liga a las normas y ésta difícilmente podrá consistir en precisamente una norma; de hecho,

136 Por lo general principios no se ciñen suficientemente al objeto como para contener todos los puntos de vista valorativos determinantes para el sector del ordenamiento más estrecho, *vid.* ampliamente *infra*, pp. 66 y s.

137 No es objeto de esta investigación la exposición del *contenido* del sistema del derecho privado actual (vid. al respecto ante todo COING, *Ddlle-Festschrift*, cit.); aquí más bien se trata solamente del aspecto *metodológico* de esta problemática, y por ello los principios mencionados en el texto sirven únicamente como ilustración ejemplificativa.

las ideas jurídicas que fundan el sentido y la unidad sólo en una escasa proporción pueden ser formuladas en la forma de normas, normas configuradas bajo la forma típica de supuesto y consecuencia. Esas ideas se manifiestan más bien bajo el modelo, más flexible, de los principios.

En lo que se refiere a *un sistema de conceptos jurídicos generales*, éste ciertamente no es sólo pensable como un sistema puramente formal de conceptos generales fundamentales[138], sino quizá también como sistema, teleológicamente «rellenado», de un determinado ordenamiento jurídico. Los conceptos deberían ser conceptos teleológicos o «conceptos valorativos»[139]; tampoco podrían ser invocados para la formación del sistema los conceptos generales *abstractos*[140], sino sólo los conceptos generales *concretos* en el sentido de HEGEL[141], pues sólo estos últimos parecen apropiados para incorporar la plenitud de sentido que conforma la unidad interna[142]. Sea como sea, que resulte posible un sistema de conceptos jurídicos no quiere decir que sea el adecuado. Esto es dudoso para la terea aquí planteada. Un sistema debe dejar ver la coherencia valorativa y la unidad interna del derecho, y para ello los conceptos son muy poco apropiados. Los conceptos, aun cuando hayan sido correctamente formados contienen la valoración de modo mediato, como encerrada, mientras que el princi-

---

138 *Vid.* al respecto *supra* § 212.

139 El término es usado por COING, *Rechtsphilosophie,* cit., p. 272.

140 *Vid.* LARENZ, *op. cit.*, pp. 139 y s.

141 Sobre la importancia para la Jurisprudencia del concepto general concreto es básico LARENZ, *op. cit.*, pp. 139 y s.

142 BINDER, en su póstuma «Wissenschaftslehre» postuló un sistema de conceptos generales concretos, *vid.* pp. 351 y ss. (355) del Manuscrito que se haya en posesión del Seminario de Staatsphilosophie und Rechtspolitik de la Universidad de Colonia. En su «Philosophic des Rechts», de 1925, habla BINDER de un sistema de «conceptos generales empíricos», *vid.* pp. 921 y ss. (924), que contrapone a los conceptos jurídicos «puros»; estos conceptos son «empíricos» en cuanto han de ser desarrollados a partir «del contenido de los singulares ordenamientos jurídicos históricamente dados». La relación entre estos «conceptos *generales* empíricos» y los «conceptos *individuales* históricos» (en sentido de RICKERT), que BINDER contempla como determinantes para la ciencia jurídica (*vid.* especialmente *op. cit.*, pp. 841 y ss. y 888 y ss.), no queda clara (sobre las dificultades de la formación de los conceptos en BINDER *vid.* también LARENZ, *op. cit.*, pp. 106 y s.). BINDER podría haber visto la solución en el concepto concreto-general de Hegel, al que Binder en este contexto se remitió ocasionalmente también en su «Philosophic des Rechts» (p. 842, *vid.* también p. 888). BINDER hizo infatigablemente hincapié, como nadie, en que los conceptos han de ser de tipo *teleología), vid.* por ejemplo *op. cit.*, pp. 886, 890, 897 y ss.
LARENZ opina que el sistema del concepto concreto-general es el de la filosofía jurídica, no el de la dogmática jurídica (*vid.* p. 367), es decir, no el de un determinado ordenamiento jurídico. Si esto es acertado y si es coherente con el resto de la concepción de Larenz me resulta dudoso. Es escasamente convincente el argumento de que la ciencia del derecho válido necesita de los conceptos generales-abstractos para cumplir su tarea, debido a su aptitud para la subsunción. Esto ciertamente es correcto, pero no es misión del sistema la de ofrecer la posibilidad de la subsunción inmediata; tampoco principios, institutos jurídicos o contextos vitales son susceptibles de subsunción. Al contrario, susceptibles de subsunción son normas, pero el sistema debe descubrir las conexiones de sentido que están «detrás» o «en» las normas, y no puede, por ello, ser a su vez susceptible de subsunción.

pio la muestra claramente. Así por ejemplo, la valoración en el principio de autonomía es esencialmente visible de modo más inmediato que en el *concepto* (subordinado) de negocio jurídico, y la valoración que en sí encierra el concepto de derecho subjetivo se halla mediante reflexiones comparativamente más dificultosas. Por tanto, se puede decir que *en el concepto (correctamente formado) la valoración está implícita, mientras que el principio, por el contrario, la hace explícita,* y por ello éste es más apropiado para reflejar la unidad valorativa del derecho. Además, no se debería olvidar que no se han elaborado los conceptos correspondientes a todas las valoraciones fundamentales de nuestro ordenamiento jurídico y que tal tarea resultará esencialmente más difícil que la formulación de principios jurídicos generales. Por lo demás, ni que decir tiene que no por ello es superfina la formación de conceptos. Al contrario, es imprescindible para la preparación de la sub- sunción, y por ello a los principios se debe subordinar un correspondiente sistema de conceptos jurídicos. Pero nunca se ha de olvidar que éstos son de naturaleza teleológica y que, por ello, en los casos dudosos se requiere el recurso a las valoraciones en ellos contenidas, lo que quiere decir al correspondiente principio; si, por ejemplo, resulta dudoso si un determinado acto se ha de calificar como negocio jurídico, o una posición jurídicamente protegida se ha de calificar como derecho subjetivo, hay siempre que preguntarse si en los casos en cuestión la regulación aparece en virtud de la autonomía de la voluntad privada o si se adecúan aquí las valoraciones que rigen para los derechos subjetivos reconocidos.

Algo parecido vale también frente a un *sistema de institutos jurídicas*[143]. Tampoco éstos dejan ver de modo inmediato la valoración que funda la unidad. Y sobre todo, no hacen generalmente referencia a una valoración en particular, sino a la unión de varias ideas jurídicas distintas. Así, el complejo regulativo de la autonomía privada, que puede ser contemplado como «instituto» de nuestro derecho privado, se ha de entender como el efecto conjunto de los principios de autonomía, de responsabilidad por los propios actos y de protección del tráfico y la confianza[144], y un similar «entrelazamiento» de diferentes ideas básicas se puede poner de relieve en casi todos los «institutos jurídicos». Un sistema que se forme a partir de ellos puede expresar como máximo fragmentariamente la unidad del ordenamiento jurídico, pues de tal modo no es visible la interrelación más profunda que existe también entre los institutos. Al contrario, que los mismos principios, como el de responsabilidad por los propios actos o el de protección de la esfera de libertad, son en parte constitutivos para distintos institutos[145], muestra que en la búsqueda de

[143] Con éste se corresponde sobre todo el concepto de sistema de Savigny, *vid. System des heutigen römischen Rechts,* 1840, § 5 (pp. 10 y s.); sobre el «instituto» como factor conformador de sistema vid. por lo demás Esser, *Grundsatz und Norm,* cit., pp. 324 y ss. y Larenz, *Methodenlehre,* cit., pp. 137 y ss.

[144] *Vid.* más ampliamente *infra,* pp. 64 y s.

[145] *Vid.* también Larenz, *op. cit.,* p. 139: «... los principios ético-jurídicos que, abarcando los singulares institutos, fundamentan la interreíación de sentido de un complejo normativo amplio».

la unidad del derecho nos vemos en última instancia remitidos siempre de nuevo a los principios jurídicos generales, con lo que el sistema no resulta ciertamente de su mera enumeración carente de interrelación, sino que está constituido mediante su juego simultáneo y su interna jerarquía[146], con lo que se compone de modo similar a los institutos. La misma objeción que cabe frente a un sistema de institutos vale también frente a uno de conceptos, pues también estos generalmente encierran en sí varios aspectos valorativos; así, lo que antes se ha dicho sobre el instituto de la autonomía privada rige también y de modo completamente similar para el concepto de negocio jurídico, y también en el concepto de acción ilícita y sus elementos singulares (tipicidad, antijuridicidad, culpa) se ocultan *varias* valoraciones, entre sí distintas, o varios principios.

La propuesta que aquí hacemos se podría considerar muy próxima al intento de un *sistema como ordenamiento de valores*[147]. Por supuesto, también esto sería básicamente posible, pues en última instancia todo ordenamiento jurídico remite a algunos valores superiores a cuya protección sirve. Pero también aquí hay buenas razones en contra. El paso entre valor y principio es sumamente fluido, pero, si se quiere introducir una distinción que sea mínimamente practicable, se podrá decir que el principio está un grado más concretado que el valor: *a diferencia de éste, el principio contiene la división entre supuesto y consecuencia jurídica, característica del enunciado jurídico*[148]. Así por ejemplo, detrás del principio de autonomía negocial se halla el valor de la libertad; mientras que éste por sí solo aún no contiene ninguna indicación sobre las consecuencias jurídicas que se han de derivar, aquél expresa ya algo relativamente concreto, como es que la protección de la libertad está garantizada mediante la legitima-

---

146 *Vid.* más ampliamente *infra*, pp. 62 y 64 y ss.

147 Sobre esto *vid.* ante todo COING, *op. cit.* (y nota 133).

148 *Vid.* más ampliamente CANARIS, *op. cit.*, pp. 123 y s. Esto no quiere decir que también en lo demás presente la forma del enunciado jurídico. Más bien se diferencia de éste en que generalmente no está suficientemente concretado como para permitir una subsunción, por lo que necesita la «normativización», *vid.* al respecto *op. cit.*, pp. 160 y ss. Pero, contra la opinión de BYDLINSKI (öJB1. 1968, p. 223) esto no es óbice para la corrección de la distinción propuesta entre principio y valor, piles el principio, a diferencia del valor, siempre indica, al menos, la orientación para la consecuencia jurídica (*vid. op. cit.*, pp. 161 y ss.), aun cuando deje abiertos sus pormenores. En lo que en especial se refiere al ejemplo mencionado por BYDLINSKI, el principio de que debe quedar asegurada la conservación del capital social de una sociedad anónima, en él es ya reconocible en su esquema básico la división entre supuesto («el capital social») y consecuencia jurídica («debe sr mantenido»); en este caso no parece tampoco que tenga mucho sentido hablar de un «valor», pues la conservación del capital social no se requiere por razón de sí mismo, sino para la protección de «los que estén detrás» y, por tanto, de diferentes «valores». Por lo demás, naturalmente se ha de admitir que los valores jurídicos se pueden reformular con relativa facilidad en los correspondientes principios y que, por ello, el tránsito es fluido -se trata de distintos niveles en un proceso continuado de concreción (el cual en siguiente fase prosigue del principio a la norma, mostrando también aquí nuevamente lo fluido del tránsito). Por el contrario, lo que BYDLINSKI, *op. cit.*, dice sobre la diferencia entre analogía y principio general del derecho es convincente y representa un importante avance en esta cuestión.

ción del particular para la privada regulación autónoma de sus relaciones con los demás. Por tanto, el principio mantiene el justo medio entre el valor, por una parte, y el concepto, por otra: frente a aquél tiene la ventaja de que está suficientemente fijado como para contener ya una manifestación sobre la consecuencia jurídica y permitir con ello una específica revestidura jurídica; frente a éste tiene la ventaja de que no está aún suficientemente fijado como para encubrir la valoración. Sea como sea, hay que repetir nuevamente, para evitar malentendidos, que se trata ante todo de una cuestión de adecuación y de perspectiva. Un sistema de conceptos teleológicos, de institutos jurídicos o de valores superiores debería en todo caso parecerse fuertemente a un sistema de principios, *el uno debería poder reformularse en gran medida, sino completamente, en el otro.*

b) El modo de operar de los «principios generales del derecho» en la formación del sistema

Una vez que la decisión de elegir principios generales del derecho como elementos portadores de unidad se acredita como bien fundamentada, surge la tarea ulterior de *explicar con más precisión la manera en que los principios cumplen esa función de sostén del sistema.* Al respecto se pueden destacar *cuatro características:* los principios no rigen sin excepción y pueden entrar entre sí en contraposición o contradicción[149]; no comportan la pretensión de exclusividad; despliegan su verdadero contenido de sentido en un intercambio de recíproca complementación y limitación; y para su realización necesitan la concreción mediante principios subordinados y valoraciones singulares con contenido material propio.

Los principios no rigen sin excepción y pueden entrar entre sí en contraposición o contradicción. Esta característica apenas necesita mayor explicación, pues para el jurista es una imagen habitual que decisiones básicas del ordenamiento jurídico están sometidas a abundantes excepciones y que principios particulares no es raro que conduzcan a decisiones contrapuestas. Piénsese en las excepciones que experimentan principios como los de libertad de forma de los contratos obligacionales, del carácter informal del apoderamiento, de la tendencia a admitir la representación en los negocios jurídicos o a establecer condiciones en los negocios jurídicos, de la libre aprobación de los negocios del representante legal, etc. O piénsese en las numerosas limitaciones que para el principio de autonomía de la voluntad negocial resultan de tener en cuenta principios que operan en sentido opuesto y en las contraposiciones que de ello resultan, como, por ejemplo, la limitación de la libre conclusión del contrato por medio de distintos tipos de contrato forzoso, de la libertad de contenido de las obligaciones contractuales por la protección en caso de extinción en el derecho de arrendamientos sociales y en el Derecho del trabajo, de la libertad de testar por el derecho de legítima,

[149] Sobre la diferencia entre contraposición y contradicción *vid. infra* § 6 I 2 d.

etc., etc. Entre la mera asunción de un principio y una contraposición de principios el paso es fluido. Habrá que tener en cuenta si la valoración que lleva a postular la limitación posee suficiente generalidad y jerarquía como para, a su vez, valer como principio sostenedor del sistema. No es tal el caso, en los anteriores ejemplos, en cuanto a las ideas jurídicas que están detrás de los distintos preceptos formales, esto es, de la protección frente a la extralimitación o el esclarecimiento de la situación probatoria. El BGB no otorga a tales valoraciones una importancia tal que permita aquí hablar de un principio sostenedor del sistema del derecho civil o, ni siquiera, del derecho de obligaciones, por lo que estamos meramente ante excepciones al postulado de la libertad de forma. Por contra, las ideas de protección del trabajador y de protección de la familia que están detrás del derecho de protección frente al despido y del derecho de legítima tienen sin duda una función de sostén del sistema de nuestro derecho del trabajo o sucesorio y, con ello, del derecho privado todo, con lo que estamos ante contraposiciones entre principios.

Los principios no comportan la pretensión de exclusividad. Esto significa que la misma consecuencia jurídica que es característica para un determinado principio puede estar asociada también a otro principio. Esto debería tenerse por evidente. Sin embargo ha sido a menudo desconocido, al menos para ciertos principios, y esa confusión ha resultado en parte un grave obstáculo para el desarrollo de nuestro derecho privado. Así, por ejemplo, no se reconocía de modo general que las pretensiones de reparación por daños no *sólo* podían surgir de la violación culposa del derecho; hoy ya no se discute que junto a esto hay una serie de otros principios de imputación, también sostenedores del sistema, como el principio de riesgo, el de confianza o el de privación y que los preceptos con ellos relacionados, como los supuestos de responsabilidad por riesgo o los de los parágrafos 122, 179, 307 del BGB o el 904, párrafo segundo BGB no son en modo alguno supuestos excepcionales «contrarios al sistema», sino, por contra, expresiones (en parte imperfectas) de principios generales. Cierto es que al principio de reparación en caso de ilícito culposo le corresponde siempre una cierta posición dominante, basada en parte en su importancia histórica y, sobre todo, en su especial evidencia ética; pero esto en modo alguno justifica atribuirle una pretensión de exclusividad, sino que lleva, al reconocer otros criterios de imputación, a examinar con especial cuidado su fuerza de convicción. Es evidente que esa perspectiva cambiante es de la mayor importancia para la interpretación y el desarrollo del derecho[150]. Una problemática similar a la de la causación culposa surge también respecto al principio de autonomía privada, y ésta posee aún hoy gran actualidad. No es raro que parezca predominar el malentendido de que pretensiones «como las que surgen del negocio jurídico», especialmente pretensiones de cumplimiento, *sólo* pueden básicamente derivarse de negocios jurí-

---

150 *Vid.* también *infra* pp. 81 y ss. y 113 y ss.

dicos[151]. Esto se opondría, por ejemplo, al reconocimiento de la responsabilidad por confianza como un principio con el mismo rango, en la medida en que de éste nacen no sólo pretensiones de resarcimiento sino pretensiones de cumplimiento, tal como ocurre también con la responsabilidad por la apariencia jurídica. Verdaderamente no es posible fundamentar una tal pretensión de exclusividad del principio de autonomía negocial[152], de modo que éste no se oponga al reconocimiento de pretensiones de cumplimiento basadas en la responsabilidad por la confianza o en otros supuestos de «imputación objetiva»[153]. Por tanto, se puede en términos muy generales decir lo siguiente: los principios no pueden ser traídos a colación con un planteamiento de exclusividad y, en consecuencia, tampoco pueden ser formulados bajo el esquema «*sólo* si... entonces...».

Los principios despliegan su verdadero contenido de sentido en un juego de recíproca complementación y limitación[154]. También aquí se encuentran ejemplos por doquier. Así, la doctrina del negocio jurídico, y en especial la regulación del error en el BGB, resulta comprensible solamente a partir de la unión de los tres principios de autonomía, de responsabilidad por los propios actos y de la protección del tráfico y la confianza. Autonomía sólo es posible en relación con responsabilidad por los propios actos[155], del mismo modo que, en general, la auténtica libertad incluye siempre la vinculación ética. Correspondientemente, quien es capaz de responsabilidad debe según las circunstancias responder legalmente si su autonomía está viciada; aquí el principio de responsabilidad por los propios actos aparece como principio complementario. Este principio, a su vez, está estrechamente ligado con la idea de protección de la confianza, pues, en general, sólo frente al tercero de buena fe hay razón para mantener el negocio jurídico pese a sus vicios de la autonomía, acogiéndose al principio de responsabilidad por los propios actos. Por ejemplo, en el postulado de la interpretación objetiva aparece el principio de responsabilidad por los propios actos en la medida en que se trate de que (al menos provisionalmente) se pueda imputar al declarante el significado objetivo, y surge también el principio de protección de la confianza en cuanto que se trate de cómo podría la otra parte entender razonablemente la declaración.

---

151 Esta podría ser ante todo la opinión de FLUME, razón por la que despacha las correspondientes manifestaciones o bien como supuestos especiales no susceptibles de ulterior explicación, como, por ejemplo, la doctrina de la confirmación escrita del acuerdo empresarial (*vid. Allg. Teil II*, 1965, § 36) o bien las rechaza por incompatibles con el derecho válido y en especial con la doctrina del negocio jurídico, como, por ejemplo, el apoderamiento aparente (*vid. op. cit.*, § 49, 4, *vid.* ante todo p. 834: «... de modo que (!) tampoco intervienen las reglas sobre el negocio jurídico»).

152 *Vid.* más ampliamente CANARIS, *die Vertrauenshaftung im deutschen Privatrecht,* 1971, pp. 431 y ss.

153 *Vid.* al respecto sobre todo HÜBNER, *Zurechnung statt Fiktion einer Willenserklarung,* en Nipperdey-Festschrift, 1965, pp. 373 y ss.

154 Son fundamentales los trabajos de WILBURG, *vid.* al respecto *infra,* § 4.

155 *Vid.* al respecto, por todos, LARENZ, *Die Methode der Auslegung des Rechtsgeschäfts,* 1930; FLUME, *op. cit.*, § 4, 8 y 21, 1.

De modo similar, una unión de los tres principios subyace por ejemplo al parágrafo 123 II BGB, mientras que la consideración sin excepción de una amenaza con arreglo al parágrafo 123 I remitiría a una postergación del principio de confianza frente al de autonomía, el cual aquí, debido a la especial gravedad del defecto -según la valoración del BGB- no es modificado por la idea de responsabilidad por los propios actos. Responsabilidad por los propios actos y protección del tráfico (no protección de la confianza) subyacen también al postulado de validez provisional de un negocio jurídico celebrado bajo error evitable, responsabilidad por los propios actos y protección de la confianza dan su sentido al parágrafo 122 BGB. La idea de protección del tráfico desempeña un papel significativo también en la regulación de la capacidad negocial, donde esa idea, junto con la estrechamente emparentada de claridad jurídica, ha conducido al establecimiento de rígidos límites de edad; así, esa idea modifica tanto el principio de autonomía como el de responsabilidad por los propios actos: el negocio jurídico de una persona de veinte años carece de efectos aun cuando haya sido realizado con plena capacidad de juicio y, por tanto, aun cuando exprese una autonomía responsable y carente de vicios, y, al revés, la regulación llevada a cabo por una persona de veintiún años intelectualmente inmadura tiene efectos aunque no se pueda hablar en verdad de una autonomía responsable de los propios actos.

Junto a tal *complementación* está la recíproca *limitación*. Esto ya se ha indicado más arriba al discutir el primer criterio. De este modo, el significado del principio de autonomía en nuestro ordenamiento jurídico sólo puede valorarse plenamente cuando se tienen en cuenta los principios limitadores que operan en sentido contrario, así como los márgenes de aplicación que a éstos se les asignan, como ocurre por ejemplo en los supuestos de contratación forzosa, de protección frente a la extinción o de derecho de legítima. Dicho de otro modo: la comprensión de un principio es siempre, al mismo tiempo, la comprensión de sus límites[156].

El juego conjunto de los principios lleva a ciertas dificultades a la hora de formular el sistema. Aparecen bajo la mirada distintos aspectos según que se describa *dónde* tiene significado un principio en *distintos* lugares del ordenamiento jurídico o que se explique *cómo* opera en un *determinado* lugar. Que, por ejemplo, los principios de imputación del riesgo y de protección del tráfico desempeñen un papel no sólo en el marco de la doctrina del negocio jurídico, sino también en el derecho de enriquecimiento y de reparación del daño es, sin duda una característica del derecho válido que afecta al sistema. Del mismo modo afecta al sistema el que esos principios en el ámbito del negocio jurídico se hayan conducido al postulado de interpretación objetiva, en el derecho de enriquecimiento a la conocida prohibición de dirigirse frente al tercero en las relaciones a tres bandas, y en el derecho de daños a la objetivación

[156] Tanto los inmanentes como los «externos», es decir, condicionados por la contraposición frente a otros principios.

del criterio de negligencia. Ambos aspectos conjuntamente hacen ver por completo al sistema, sin que se pueda siempre reflejar o formular ambos *al mismo tiempo.* Se comportan entre sí como *complementarios,* por usar un término que también es empleado en el ámbito de la teoría científico-natural[157]

Para su realización los principios necesitan la concreción mediante principios subordinados y valoraciones singulares con contenido material propio. No son normas y, por tanto, no son susceptibles de aplicación inmediata[158] sino que deben antes ser fijados en forma de supuesto, «normativizados». Para ello es imprescindible la inserción de nuevas valoraciones independientes. Nuevamente mostraremos esto a través de ejemplos. Cuando se sabe que la imposición de una determinada obligación remite al principio de responsabilidad por los propios actos, se está aún lejos de una norma susceptible de subsunción, pues responsabilidad por los propios actos no significa más que imputación, pero la imputación presupone un determinado principio de imputación. Como tal el Derecho civil vigente conoce el principio de culpabilidad, el principio de riesgo y -conforme a un punto de vista extendido, pero erróneo[159]- el principio de motivación, y hay que comenzar por elegir entre ellos. Pero con ello el proceso de concreción no estará todavía finalizado. Si, por ejemplo, la decisión recae en el principio de endeudamiento, surge la ulterior pregunta acerca de las formas de culpa; estando éstas precisadas como dolo y negligencia, hay que aclarar qué se ha de entender por tales y nuevamente se requieren valoraciones independientes, por ejemplo en lo relativo del tratamiento de los errores de prohibición, en cuanto a la cuestión de si el concepto de negligencia se ha de entender de modo objetivo o subjetivo y sobre la determinación en cuanto al contenido de lo que en una determinada situación sea «el cuidado exigible en el tráfico». También aparecen nuevas valoraciones al establecer la medida de la responsabilidad, es decir, en la cuestión de en qué grado debe responder el culpable: sólo en caso de dolo, sólo hasta el límite de la negligencia grave o sólo por diligentia quam in suis, etc. Algo parecido ocurre cuando la cuestión del principio de imputación se decide en favor del principio de riesgo. También aquí se plantean específicos problemas de valoración, cuando se trata de saber qué riesgo debe ser imputado y hasta qué límite alcanza la obligación de reparación; piénsese meramente en la escala de posibilidades de una responsabilidad en relación a la fuerza mayor, la cual pasa por varias formas intermedias hasta la total exoneración de responsabilidad cuando se esté ante un «suceso inevitable», en el sentido del parágrafo 7 II de la Ley de tráfico. Lo mismo se puede mostrar también a propósito de la responsabilidad por confianza. Así, cuando se afirma como postulado la protección de la confianza, surge de inmediato la pregunta acerca de en qué forma debe seguirse: ¿me-

---

[157] *Vid.* al respecto Weisskopf en *Rücblick in die Zukunft,* 1981, pp. 203 y s. (en referencia a Niels Bohr).

[158] Básico sobre la diferencia entre principio y norma, Esser, Grundsatz und Norm in der richterlichen Fortbildung des Privatrechts, 2ª ed., 1964.

[159] *Vid.* Canaris, *Die Vertrauenshaftung,* cit., pp. 474 y ss.

diante el aseguramiento de una pretensión de reparación por daños y perjuicios, como, por ejemplo, en los parágrafos 122, 179 II, 307 BGB, o mediante el aseguramiento de una pretensión de cumplimiento, como, por ejemplo, en los casos de responsabilidad por la apariencia jurídica? Está claro que esto no puede responderse sobre la única base de la idea de confianza, con lo que otra vez han de hallarse nuevos puntos de vista materiales, con cuya invocación, según las circunstancias, surgirán ulteriormente similares problemas. Si se acepta que la responsabilidad por confianza generalmente implica una unión entre los principios de protección de la confianza y de responsabilidad por los propios actos, y que el último, a su vez, como antes se ha mostrado, ofrece una completa escala de distintas posibilidades de concreción, queda claro el gran número de supuestos pensables a partir de la combinación de las distintas variantes y subvariantes -lo cual de hecho se confirma contemplando el derecho válido, con su gran número de tipos distintos de responsabilidad por confianza.

Por consiguiente, se muestra por doquier que de la mera combinación de los distintos principios con relevancia sistemática casi nunca se puede extraer de modo inmediato la consecuencia jurídica, sino que en los particulares niveles de la concreción penetran una y otra vez nuevos puntos de vista valorativos independientes. Atribuir a éstos el rango de elementos conformadores del sistema no es en general factible, debido a su escasa generalidad y a que en la mayoría de las ocasiones poseen un débil peso ético: no son constitutivos para la unidad de sentido del sector jurídico de que se trate, en el caso de los ejemplos mencionados, el derecho privado[160].

c) Las diferencias entre «principios generales del derecho» y axiomas

Volviendo, para acabar, a la problemática del sistema axiomático-deductivo[161], tras lo expuesto ha quedado claro sin más que los principios generales del derecho no son aptos como base de un tal sistema. La segunda y, al menos en parte, la tercera de las características mencionadas se adecúan también a los axiomas, pues éstos, en su esencia, tampoco deben edificarse con arreglo a la fórmula «sólo si..., entonces...», sino que dejan abierta la posibilidad de que el mismo resultado pueda ser deducido de otro axioma[162]; por mucho que sea inmanente a un sistema axiomático una cierta tendencia a la reducción a

---

[160] Pero pueden ser constitutivos para la unidad de sentido de una parte de un sector -a menudo pequeño-. Así, por ejemplo, una idea jurídica puede ser vista como constitutiva para un «sistema de la responsabilidad por confianza», sin que posea ese rango para el sistema del derecho de obligaciones o para todo el derecho privado. Designar a un principio como «relevante para el sistema» es, por tanto, una expresión relativa, *vid.* más ampliamente *supra* pp. 56 y s.

[161] Sobre éste vid., en lo demás, ampliamente § 2 I 3 b.

[162] Cuestión distinta es la de si un axioma puede ser deducible a partir de otro o de la unión de varios otros; esto se ha de negar, pues en ese caso tal axioma sería superfino. Pero una premisa en modo alguno es superfina por el hecho de que a partir de ella se pueda derivar el mismo resultado que a partir de otra premisa con contenido diverso.

relativamente pocas premisas -una tendencia, por lo demás, que muestra todo sistema, debido al elemento de unidad y que también resulta inconfundible en un sistema de principios generales del derecho- no por ello un axioma plantea necesariamente una pretensión de exclusividad. Y también en lo que se refiere a la tercera característica, la recíproca *complementación* de los principios, surge un paralelismo con los axiomas, pues también éstos despliegan su verdadero significado cuando se los interrelaciona a fin de obtener la pluralidad de los «teoremas» a partir de varias premisas axiomáticas.

Sin embargo, la coincidencia acaba ya en lo que se refiere al elemento de recíproca *limitación* y a la característica de la ruptura por obra de excepciones y de contradicciones entre principios. Los axiomas exigen validez *sin excepción* y si se incluyeran en la formulación del axioma todas las excepciones que vengan al caso estaríamos ante una axiomatización aparente[163]. Mientras que los principios incluyen en su fórmula la palabra «en principio», tan característica de los juristas, los axiomas deben poder formularse según el esquema «*siempre* que..., entonces...». Esto no es en modo alguno casual, sino, por el contrario, es característico del pensamiento teleológico frente al pensamiento lógico-formal. Pues, como dice ESSER[164], «los principios sólo pueden funcionar cuando se los puede quebrar atendiendo a los hechos». Totalmente incompatible con un sistema axiomático es la posibilidad de *contradicciones entre principios.* Que puede haberlas se reconoce generalmente[165] y de hecho no puede negarse[166]. No siempre pueden superarse, con lo que un sistema de principios generales del derecho no puede satisfacer el postulado de total ausencia de contradicción. Por ello no son los principios útiles como base de un sistema lógico-axiomático, pues la ausencia de contradicción entre los aximas es ineludible[167]. Por contra, la posibilidad de contradicciones entre principios no se opone en modo alguno a la formación de un sistema teleológico y, todo lo más, impide la plenamente satisfactoria conformación de tal sistema[168].

Por último, también la cuarta característica sirve para diferenciar los principios generales del derecho de los axiomas, pues a partir de los axiomas deben poder deducirse los «teoremas» mediante el uso exclusivo de las leyes de la lógica formal y sin introducir nuevos puntos de vista materiales[169], mientras que en la concreción y normativización de los principios generales del derecho, como se ha mostrado, se hacen necesarias en cada nivel valoraciones parciales independientes.

---

163 *Vid.* también *supra* pp. 36 y s.
164 *Vid. Grundsatz und Norm,* p. 7.
165 *Vid.* por todos ENGISCH, *Einführung in das juristische Denken,* pp. 162 y ss., con abundantes referencias en nota 206a.
166 *Vid.* ampliamente *infra* § 6 I 3-5.
167 *Vid. supra* y nota 35.
168 *Vid.* más ampliamente *infra* § 6 I 5.
169 *Vid.* las referencias *supra,* nota 31.

§ 3. El carácter abierto del sistema

Con la definición del sistema como orden teleológico de principios generales del derecho, el concepto de sistema ha quedado fijado en sus notas más importantes, pero necesita aún ser precisado en algunos puntos. En la moderna discusión jurídica sobre el sistema juegan un creciente papel dos propiedades del sistema que no han sido aludidas todavía hasta aquí y que han de ser investigadas en lo que sigue: la «apertura» y la «movilidad» del sistema. ¿Qué significan?

En lo que se refiere, en primer lugar, a la «apertura», hay en la doctrina dos modos diferentes de referirse a ella. Por un lado, se identifica la contraposición entre sistema abierto y cerrado con la diferencia entre un ordenamiento jurídico casuísticamente formado, edificado sobre el derecho judicial, y un ordenamiento jurídico dominado por la idea de codificación[1]; en este sentido, el sistema del derecho alemán actual ha de verse, según su estructura básica[2], indudablemente como cerrado. Por otro lado, por apertura se entiende el carácter no cerrado, la capacidad de evolución, la modificabilidad del sistema[3], y en este sentido puede el sistema de nuestro actual ordenamiento jurídico ser designado como abierto. Es un hecho generalmente conocido y reconocido que el ordenamiento está sujeto a una constante mutación y que, por ejemplo, nuestro sistema de derecho privado se presenta hoy como esencialmente distinto al que siguió inmediatamente al BGB o al de hace sólo treinta años. Esta transformación, en cuyo transcurso ha encontrado reconocimiento una serie de «nuevos» principios, ha sido a menudo descrita[4] y basta aquí con mencio-

---

1 *Vid.* Esser, *Grundsatz und Norm,* pp. 44, 218 y s. y otras en referencia a Fritz Schulz, *History of Roman Legal Science,* 1946, p. 69, cuya terminología, sin embargo, no está claramente orientada en este sentido; *vid.* también Lerche, *DVBl.* 1961, p. 692.

2 Que la contraposición no es excluyente, sino meramente tipológica, que, por tanto, los dos sistemas convergen, puede considerarse hoy, tras las consideraciones de Esser, *op. cit.,* passim, como generalmente reconocido; *vid.* también Zajtay, *AcP 165,* pp. 97 y ss. (106).

3 *Vid.* Sauer, *Juristische Methodenlehre,* 1940, p. 172; Engisch, *Stud. Gen.* vol. 10 (1957), pp. 187 y s.; Larenz, *Methodenlehre,* pp. 134 y 367; Emge, *Philosophie der Rechtswissenschaft,* 1961, p. 290; Raiser, *NJW* 1964, p. 1204; Flume, *Allg. Teil des Bürgerlichen Rechts,* vol. 2, 1965, pp. 295 y s.; Mayer-Maly, *The Irish Jurist,* vol. II part. 2, 1967, p. 375; Kriele, *Theorie der Rechtsgewinnung,* 1967, pp. 122, 145, 150. Esta terminología coincide con la científica general, *vid.* las referencias infra, nota 8.

4 *Vid.* por todos Wieacker, *Das Sozialmodell der klassischen Privatrechtsgesetzbücher und die Entswicklung der modernen Gesellschaft,* 1953, *Das Bürgerliche Recht im Wandel der Gesellschaftsordnungen, JT-Festschrift,* vol. 2, 1960, pp. 1 y ss. y *Privatrechtsgeschichte der Neuzeit,* 1967, pp. 514 y ss., 543 y ss.; F. v. Hippel, *Zum Aufbau und Sinnwandel unseres Privatrechts,* 1957.

narla. Así, en la responsabilidad por peligro se ha impuesto como factor determinante del sistema o modificador del sistema el principio de riesgo, en la responsabilidad por la apariencia jurídica y en la doctrina de la culpa in contrahendo el principio de confianza, en el instituto de la base del negocio el principio de equivalencia material, y de modo similar el principio de buena fe ha desplegado una imprevista capacidad modificadora del sistema en lo referente a la excepción de dolo, en la doctrina de la prescripción o en la serie de obligaciones de comportamiento de él derivadas.

¿Dónde radica el fundamento de estas transformaciones del sistema, en qué sentido es, por tanto, abierto el sistema? La respuesta sólo puede alcanzarse cuando se separan claramente las dos caras del concepto de sistema, es decir, el sistema científico y el sistema objetivo[5].

I. La apertura del «sistema científico» como carácter inconcluso del conocimiento científico

En lo que se refiere al primero, esto es, al sistema de proposiciones doctrinales de la Jurisprudencia, la apertura del sistema significa aquí el *carácter inconcluso y provisional del conocimiento científico.* De hecho el jurista, como cualquier otro científico, debe estar siempre dispuesto a poner en cuestión el sistema hasta el momento elaborado y a ampliarlo o modificarlo sobre la base de un mejor conocimiento. De esa manera, todo sistema científico es siempre tan sólo un *proyecto* de sistema que expresa simplemente el actual estado del conocimiento y, por ello, no es definitivo y «cerrado», por cuanto que en el sector de que se trate es siempre posible un nuevo desarrollo científico y un progreso. En consecuencia, nunca puede ser misión del sistema la de fijar en un determinado estadio a la ciencia o al desarrollo jurídico, sino tan sólo exponer el conjunto global de todos los conocimientos del momento, garantizar la derivación de unos a partir de otros y de ese modo facilitar la averiguación de qué repercusiones tiene sobre otro punto una modificación (del conocimiento o del objeto) en un determinado punto, con arreglo al mandato de consistencia interna.

De todos modos, quizá nadie sostendrá que el fenómeno de la «apertura» del sistema se explique en la Jurisprudencia solamente por la provisionalidad del conocimiento científico. Sería pura utopía pensar que las mencionadas transformaciones del sistema tienen que ver únicamente con progresos en el dominio científico de la materia jurídica. Pero esto lleva consecuentemente a la conclusión de que también el *sistema objetivo,* es decir, la unidad de sentido del ordenamiento jurídico mismo, está sometido a transformaciones y ha de ser, por ello, «abierto».

---

5 Sobre esta diferencia *vid.* supra p. 21.

II. El carácter abierto del «sistema objetivo» como mutabilidad de las valoraciones fundamentales del ordenamiento jurídico

Esto, de hecho, es indiscutible y resulta sin más de que el derecho positivo, incluso en un ordenamiento jurídico edificado sobre las ideas de la codificación, es reconocidamente susceptible de desarrollo desde distintos puntos de vista. A esto no pueden en principio ser excepción las valoraciones básicas, y con ello habrá de variar al mismo tiempo el sistema que encarna su unidad y coherencia. Así pues, hoy pueden tener validez y determinar el sistema principios nuevos y distintos a los de hace unas pocas décadas. En última instancia esto se deriva de que el sistema, como unidad de sentido de un concreto ordenamiento jurídico, comparte su modo de existir, es decir, que no es estático, sino dinámico y, por tanto, acredita la estructura de la historicidad[6].

No se debería enmascarar este hecho de modo tal que en lugar de partir de un sistema cambiante y, por ello, abierto, se parta de una sucesión de distintos sistemas estáticos y, por ello, cerrados. Ciertamente en la teoría se podría aceptar que siempre que alcanza validez un nuevo principio determinante para el sistema, surge también un nuevo sistema que supera el anterior, pero con ello no se haría justicia al fenómeno al que nos estamos refiriendo. Esta modificación del derecho no acontece en nítidos cortes, sino que transcurre en un desarrollo paulatino y continuado, y así es incluso cuando no se trata de un desarrollo judicial del derecho, sino de la intervención del legislador: por el hecho de que éste, por ejemplo, ha introducido cada vez más supuestos nuevos de responsabilidad por peligro y de esa manera ha elevado un nuevo principio jurídico al rango de elemento constitutivo del sistema, no se ha suprimido la identidad de nuestro sistema de derecho privado, sino que éste meramente se ha modificado -de modo no distinto a como por cambios con el transcurso del tiempo no se elimina la identidad de un ser individual, si se permite la comparación[7]-. Por supuesto que con esto no se discute que el legislador puede establecer un sistema completamente nuevo en lugar del anterior, pero no es éste el problema del que aquí se trata.

III. El significado del carácter abierto del sistema para la posibilidad del pensamiento sistemático y de la formación de sistema en la Jurisprudencia

Con esto, a la apertura como *carácter inconcluso del conocimiento científico* se suma la apertura como *susceptibilidad de transformación del ordenamiento jurídico mismo.* Ambas formas de apertura son esencialmente propias del sistema

[6] Sobre la historicidad del derecho, *vid,.*, por ejemplo, G. HUSSERL, *Recht und Zeit,* 1955; Arthur KAUFMANN, *Naturrecht und Geschichtlichkeit,* 1957, y *Das Schuldprinzip,* 1961, pp. 86 y ss.; LARENZ, *Methodenlehre,* pp. 189 y ss.; HENKEL, *Einführung in die Rechtsphilosophie,* 1964, pp. 36 y ss.

[7] *Vid.* al respecto por ejemplo HENKEL, *op. cit.,* p. 40, que expresamente atribuye «individualidad propia» al ordenamiento jurídico.

jurídico y nada sería más equivocado que plantear el carácter abierto del sistema como objeción contra la importancia de la formación de sistema en la Jurisprudencia, o designar a un sistema abierto como una contradicción en los términos. La apertura del sistema *científico* se sigue más bien de las condiciones básicas del trabajo científico, que en cada momento puede solamente aportar configuraciones provisionales, siempre que en el ámbito en cuestión aún sea posible el progreso y, por tanto, el trabajo científico. Esta apertura la comparte el sistema jurídico, por ello, con el sistema de todas las demás disciplinas[8]. Pero el carácter abierto del sistema *objetivo* resulta de la esencia del objeto de la Jurisprudencia, esto es, de la esencia del derecho positivo como manifestación situada en el proceso de la historia y, por ello, mutable. Esta forma de apertura no necesita imprescindiblemente valer también para todas las demás disciplinas[9], ya que su objeto puede ser inmutable; es más, aquí puede incluso radicar una especificidad de la Jurisprudencia, pero esto de ningún modo justifica que se ponga en duda la fertilidad de la idea de sistema para la ciencia jurídica: a las peculiaridades de nuestro objeto deben corresponder las peculiaridades de nuestro concepto de sistema, en otros y un sistema (en sentido objetivo) sometido a constante modificación es tan pensable como una unidad de sentido en permanente transformación[10]. De esto resulta también que la formación jurídica del sistema -posiblemente a diferencia de lo que ocurre en otras ciencias- nunca puede alcanzar un final, sino que es esencialmente un proceso nunca acabable[11], y ahí radica también un cierto significado práctico de la idea de que el sistema jurídico es abierto. A fin de cuentas es evidente que esto no tiene en la moderna discusión sobre el sistema una im-

[8] La idea del carácter abierto del sistema es habitual en la más reciente teoría de la ciencia, *vid.*, por ejemplo RICKERT, *System der Philosophic I,* 1921, p. 350; PLESSNER, «Zur Soziologie der modernen Forschung und ihrer Organisation in der deutschen Universitt», en *Versuche zu einer Soziologie des Wissens,* editado por Max Scheier, 1924, pp. 407 y ss. (413); JASPERS (y Rossmann), *Die Idee der Universität, für die gegenwärtige Situation entworfen,* 1961, p. 44; FREYER, *Die Wissenschaften des 20. Jahrhundert und die Idee des Humanismus, Merkur,* 156 (1961), pp. 101 y ss. (113); SCHELSKY, *Einsamkeit und Freiheit, Idee und Gestalt der deutschen Universität und ihrer Reformen,* 1963, pp. 287 y s.

[9] *Vid.,* por ejemplo, respecto a la física en este contexto C.F. VON WEIZSÄCKER, *Abschluss und Vollendung der Physik,* impreso en: Süddeutsche Zeitung de 25 de octubre de 1966, n.° 255.

[10] La cuestión encuentra por lo demás su paralelismo en la discusión sobre el carácter científico de la Jurisprudencia, en cuanto éste es negado con el argumento de que el jurista se ocupa de un objeto «evanescente». En última instancia podría tratarse en ambos casos de una poco relevante cuestión de definición.

[11] En tanto un ordenamiento jurídico está vigente se modifica, y tan pronto como queda sin vigencia ya no es objeto de la dogmática jurídica como ciencia del derecho válido, sino objeto de la historia jurídica. Pero el modo de trabajar del historiador no es, contra lo que piensa GADAMER *(Wahrheit und Methode,* 2.ª ed., 1965, pp. 307 y ss.), el mismo que el del dogmático, pues no se ocupa de lo que para el dogmático es esencial, la aplicación del derecho a un caso actual y su desarrollo; que Gadamer desconozca esto obedece ante todo a la equivocidad de su concepto de «aplicación», *vid.* WAGNER, *AcP 165,* pp. 535 y s., quien en este contexto objeta con razón a Gadamer el incurrir en una confusión conceptual; contra Gadamer también, convincentemente, BETTI, *Die Hermeneutik als allgemeine Methodik der Geisteswissenschaften,* 1962, pp. 44 y ss. y WIEACKER, *Notizen zur rechtshistorischen Hermeneutik,* 1962, p. 21 (*vid.* también pp. 8 y ss., 19 y s.).

portancia tan fundamental como parece; en especial la apertura del sistema carece de cualquier significación para la admisibilidad del desarrollo judicial del derecho: éste no es admisible porque el sistema sea abierto, sino que el sistema es abierto porque el desarrollo judicial del derecho es -por razones radicadas fuera de la problemática del sistema- admisible.

IV. Los presupuestos de las transformaciones del sistema y la relación entre transformaciones del sistema objetivo y transformaciones del sistema científico

No se agotan las cuestiones relativas al carácter abierto del sistema con la mera yuxtaposición del carácter inconcluso del sistema científico y la capacidad de transformación del sistema objetivo, por mucho que esa diferenciación sea básicamente correcta. Más bien ocurre que el problema más significativo en la práctica, el de *bajo qué presupuestos son admisibles las modificaciones en cada uno de los dos sistemas,* sigue hasta aquí sin explicación, al igual que sucede con la cuestión, estrechamente relacionada, acerca de *en qué relación se encuentran verdaderamente entre sí los dos sistemas (o las dos caras del sistema) y qué influencia, correspondientemente, tienen las modificaciones dentro del uno sobre el otro.* A primera vista puede parecer que la respuesta no resulta difícil: el sistema científico ha de modificarse o bien cuando sobre el derecho válido se obtienen conocimientos nuevos y más correctos, o bien cuando el sistema objetivo, con el que el sistema científico ha de corresponderse, se ha modificado; pero el sistema objetivo se modifica cuando cambian las valoraciones básicas constitutivas del derecho válido. Consecuentemente, el sistema científico está en relación de estricta dependencia con el sistema objetivo y siempre se modificará conjuntamente con éste, mientras que, por su parte, el sistema objetivo no resulta influido por los cambios en el sistema científico.

Pero un examen más minucioso muestra que la problemática no es tan sencilla y nos lleva de inmediato a dos cuestiones previas altamente complejas: al problema de la validez y de las fuentes del derecho[12], así como, en cierta relación con ello, al problema de la relación entre el derecho «objetivamente» válido y su conocimiento y aplicación. Y ello porque la pregunta por los presupuestos y factores de una transformación del sistema objetivo es idéntica con la pregunta por la admisibilidad de una modificación del derecho válido y, por tanto, con el problema de las fuentes del derecho, y la pregunta por la relación entre el sistema objetivo y el científico es sólo un problema subordina-

[12] Validez y fuente del derecho han de entenderse aquí, por supuesto, en sentido normativo y no en sentido fáctico, es decir, como manifestación acerca de qué enunciados jurídicos deben ser correctamente aplicados y no como constatación de qué enunciados jurídicos son habitualmente aplicados de facto. Esta diferenciación es -la terminología cambia según el caso- en mi opinión fundamental para la doctrina de las fuentes del derecho y de la validez y no debería prescindirse de ella u oscurecerla por muchas que sean siempre las críticas *(vid.* también infra, nota 36) -sobre los distintos tipos de conceptos de validez, vid. por todos HENKEL, *Einführung in die Rechtsphilosophie,* pp. 438 y ss., con referencias.

do a la cuestión general acerca de la relación entre el derecho «objetivamente» válido y su conocimiento. Puesto que ambas no son cuestiones específicas de la problemática del sistema, resulta evidente que en el marco del presente trabajo no pueden ser discutidas en todos sus extremos; más bien en lo que sigue solamente se perfilará brevemente el propio punto de vista[13], en la medida en que ello es necesario para hacer visible la problemática de la apertura del sistema en todo su alcance.

1. Transformaciones del sistema «objetivo»

Dediquémonos primeramente a las transformaciones del sistema objetivo. Coincidiendo con la doctrina tradicional de las fuentes del derecho, hay que partir de que el primer llamado a una tal modificación es el *legislador*. Como ejemplo recuérdese nuevamente el paulatino ensanchamiento de la responsabilidad por peligro y la modificación de nuestro sistema de derecho privado que con ello se operó. Pero no es necesario que se dé siempre una tal repercusión inmediata. Más bien puede ocurrir que se sigan modificaciones del sistema también a partir de actos legislativos que primariamente afectan a otras partes del derecho, y aquí incluso se hace especialmente patente el postulado de unidad valorativa y, con ello, la fuerza de la idea de sistema. Uno de los ejemplos más notorios que se dan en ese contexto es la doctrina de la eficacia horizontal de los derechos fundamentales, que sólo se entiende plenamente sobre el trasfondo de la idea de unidad del ordenamiento jurídico y que, ya sea en la forma de la eficacia horizontal inmediata o mediata, ha modificado esencialmente nuestro sistema de derecho privado; el lema «derecho general de la personalidad» deja ver esto de modo suficientemente claro. Más allá, corresponde indudablemente al *derecho consuetudinario* fuerza modificadora del sistema. Así, el sistema de nuestro derecho de cosas fue modificado por el reconocimiento de la transmisión en garantía, la cual, pese a todos los intentos de justificación, quizá deba ser contemplada como desarrollo contra legem del derecho y, por ello, apoyada solamente en la fuerza derogatoria del derecho consuetudinario.

¿Son legislación y derecho consuetudinario los únicos factores que resultan relevantes para las transformaciones del sistema objetivo? La doctrina tradicional de las fuentes del derecho tenía consecuentemente que afirmarlo así, por lo que surge la pregunta de cómo se han de explicar todas aquellas transformaciones del sistema que remiten al *desarrollo judicial del derecho*. ¿Qué ocurre, pues, a este respecto con, por ejemplo, la culpa in contrahendo y la responsabilidad por apariencia jurídica, la infracción positiva de las obligaciones y el contrato con efectos de protección para tercero, la excepción de dolo y la prescripción, la contratación forzosa y la doctrina del fundamento del negocio, el desarrollo de la obligación de cuidado y lealtad en derecho del

---

[13] Se asume pues conscientemente la renuncia a la detallada discusión de perspectivas contrapuestas, así como ciertas inevitables simplificaciones del problema.

trabajo y derecho de sociedades o la doctrina de la sociedad de hecho o la relación de trabajo defectuosa? Estos institutos han surgido generalmente con independencia de cualquier intromisión del legislador y apoyar su validez solamente en el derecho consuetudinario es sumamente insatisfactorio, aunque sólo sea porque sus presupuestos -aun cuando hoy puedan darse- en ningún modo estaban ya dados en el momento de su primer reconocimiento, de modo que se deberían ver como originariamente no «válidos» y ulteriormente legitimados por un derecho consuetudinario derogatorio. Por tanto, sólo queda una salida: en estos casos habría que negar toda modificación del sistema *objetivo* y afirmar que el desarrollo de los mencionados institutos simplemente habría conducido a una transformación del sistema *científico.* Puesto que, con arreglo a la opinión aquí defendida, el sistema objetivo consta de valoraciones fundamentales o principios generales del derecho, esto presupondría que aquellas nuevas figuras jurídicas tienen que ver con valoraciones que eran *de antemano inmanentes* a nuestro derecho privado, con lo que la problemática desemboca en la pregunta sobre el fundamento de validez de los principios generales del derecho[14].

Como tal se ha de nombrar en primer lugar el derecho legal, a partir del cual a menudo se pueden obtener principios generales por la vía de la «analogía jurídica» o, mejor dicho, por inducción. Así, algunas de las mencionadas innovaciones de hecho se deducen sin más de valoraciones contenidas en la ley. Tal es el caso, por ejemplo, de la responsabilidad por apariencia jurídica, pues su muy ramificado edificio se puede desarrollar casi[15] por completo, mediante analogías singulares o globales, sobre la base de los relativamente escasos puntos de apoyo que ofrecen los parágrafos 171, 172, 405, 794 BGB[16]; también es el caso sin duda de la infracción positiva de las obligaciones, y posiblemente también de la doctrina de la sociedad de hecho[17]. En tales casos, el reconocimiento de un nuevo instituto no significa, por tanto, una modificación del sistema objetivo, sino sólo una modificación del sistema científico, ya

14 Esta pregunta está relativamente poco tratada; un intento de avanzar en esta dirección lo hice en *op. cit.,* pp. 95 y ss. (97 y ss., 106 y ss., 118 y ss.) y en él se basan las consideraciones que siguen.

15 Una excepción se da quizá con el llamado «apoderamiento aparente», el cual es sumamente problemático también debido a la contradicción valorativa con la regulación legal de la ausencia de la conciencia de la declaración; *vid.* más ampliamente *infra,* p 112.

16 *Vid.* CANARIS, *Die Vertrauenshaftung im deutschen Privatrecht,* 1971, pp. 106 y s., 107 y ss. y 133 y ss.

17 En lo que se refiere a la infracción positiva de la obligación, se sigue sin más de la analogía con los casos legalmente regulados de impedimentos para la prestación. En cuanto a la sociedad de hecho, resulta, en lo que se refiere a las relaciones exteriores, del principio de apariencia jurídica, inmanente a nuestro ordenamiento (*vid.* en el texto), y para las relaciones internas, del hecho de que los parágrafos 812 y siguientes del BGB no se adaptan tipológicamente a la sociedad, por lo que mediante una reducción teleológica quedan excluidos de la aplicación y han de ser reemplazados por la aplicación analógica de los preceptos relativos a la liquidación como regulación equilibradora más acorde; sobre este modo de entender la problemática de la sociedad de hecho *vid.* LARENZ, *Methodenlehre,* pp. 298 y s. y *Schuldrecht,* B.T. § 56 VII.

que las valoraciones decisivas estaban ya previamente contenidas en la ley y simplemente ocurría que no habían sido reconocidas en modo alguno o en todo su alcance.

No todos los institutos mencionados pueden ser de tal manera apoyados en las valoraciones de la ley; varios de ellos más bien no están «exigidos» por la teleología inmanente a la ley, sino como máximo «incitados» por ella[18], y de otros ni siquiera puede decirse esto. Hay por tanto, tal como acertadamente ha formulado Wieacker, un «ordenamiento jurídico extralegal»[19] y también de éste pueden derivarse transformaciones del sistema. Ejemplos al respecto proporcionan la mayoría de las nuevas formas antes mencionadas, para las que por regla general se encuentra un «sustento» jurídico-positivo (así para la culpa in contrahendo el parágrafo 307 BGB y preceptos emparentados, o para la excepción de dolo y la prescripción el parágrafo 242 BGB), pero no puede darse una verdadera legitimación con base en la ley. ¿Se puede decir también en tales casos que las valoraciones subyacentes son en sí mismas ya inmanentes a nuestro ordenamiento jurídico y son simplemente «descubiertas», con lo que también aquí se trataría tan sólo de modificaciones del sistema científico, pero no del objetivo? La respuesta sólo puede darse si se pregunta por qué aquellas valoraciones, pese a no estar contenidas en la *ley*, han de formar parte sin embargo del *derecho*, es decir, se ha de plantear nuevamente la pregunta sobre su fundamento de validez. Puesto que como tal la ley y el derecho consuetudinario quedan excluidos, ya que no se adaptan a las peculiaridades del asunto, surge la necesidad inevitable de un desarrollo de la doctrina tradicional de las fuentes del derecho[20], y tal desarrollo sólo puede discurrir en dos direcciones: o se decide elevar el *derecho judicial* al rango de una fuente jurídica independiente[21], junto a la ley y al derecho consuetudinario, o se deben reconocer *«criterios «extrapositivos» de validez,* y como tales se ofrecen sobre todo la «idea del derecho» y la «naturaleza de la cosa».

Pero la primera solución es incompatible con la posición del juez en nuestro ordenamiento jurídico: el enunciado jurídico que un tribunal sitúa como base de una decisión no vale por el hecho de ser invocado por el juez, sino porque está convincentemente fundamentado, es decir, suficientemente derivado de criterios de validez ubicados fuera del fallo judicial. Esta opinión no sólo se corresponde con la opinión dominante[22], sino que se solapa

---

18 Así la oportuna formulación de Larenz, *Nikisch-Festschrift,* p. 276.

19 *Vid.* el subtítulo de su trabajo Gesetz und Richterkunst, 1958: «Sobre el problema del ordenamiento jurídico extralegal».

20 Esta conclusión la extrae expresamente también Wieacker, *op. cit.,* sobre la base del descubrimiento del «ordenamiento jurídico extralegal».

21 En sentido normativo; que el fallo judicial es «fuente» del derecho fácticamente válido, es decir, del derecho que efectivamente es aplicado, no se discute (sobre la distinción *vid. supra,* nota 12).

22 De la literatura sobre el derecho judicial *vid.,* entre la más reciente sobre todo Hirsch, *JR,* 1966, pp. 334 y ss., con abundantes referencias; Esser, *Festschrift für F.v. Hippel,* 1967, pp. 95 y ss.; H. P. Schneider, *Richterrecht, Gesetzesrecht und Verfassungsrecht,* 1969.

también con la autocomprensión de la jurisprudencia y de la doctrina: la primera generalmente parte en sus decisiones, incluso cuando conscientemente «desarrolla» el derecho, de que los enunciados jurídicos de base no alcanzan validez mediante el fallo judicial, sino que poseen previamente tal validez y son meramente «descubiertos»; y la doctrina, cuando propugna un instituto jurídico nuevo y modificativo del sistema, aparece con la pretensión de que la solución que defiende es derecho válido y no representa simplemente una propuesta no vinculante para la jurisprudencia, propuesta cuya aceptación por la jurisprudencia sea cuestión de mera conveniencia o de libre arbitrio. Por tanto, de hecho sólo resta el segundo camino y éste podría ser transitable, si bien su problemática hasta ahora ha sido poco reflexionada: los principios generales del derecho pueden tener su fundamento de validez, además de en la ley, también en la idea del derecho, de la cual representan concreciones históricas, así como en la naturaleza de la cosa[23], y estos dos criterios han de ser reconocidos como fuentes del derecho -subsidiarias frente a la ley y al derecho consuetudinario—[24]; a partir de ellos cabe desarrollar, en un ciertamente muy complicado proceso de concreción, enunciados jurídicos materiales, claramente perfilados en su contenido y altamente convincentes[25].

¿Qué significa todo esto para la cuestión planteada al principio? Significa en primer lugar que a transformaciones en el sistema *objetivo* pueden llevar, además de la ley y el derecho consuetudinario, también aquellos principios generales del derecho que se presentan como emanaciones de la idea del derecho y de la naturaleza de la cosa[26], pues no cabe imaginar estos criterios como ahistóricos y, por así decir, estáticos[27]; más bien ocurre que los principios que se remiten a la idea del derecho obtienen su concreta conformación en todo caso únicamente mediante la referencia a una determinada situación histórica y en contacto con la respectiva «conciencia jurídica general»[28], y lo mismo vale

[23] Recalquemos una vez más que aquí sólo se pretende un bosquejo del punto de vista propio, que ha sido presentado y fundamentado en otro lugar (*vid.* las remisiones en notas 14 y 25), por lo que se renuncia conscientemente a una discusión pormenorizada.

[24] Esto significa que las ideas jurídicas que a partir de ellos se desarrollen sólo pueden pretender validez en cuanto no contradigan las valoraciones de la ley y del derecho consuetudinario, *vid.* más ampliamente Canaris, *op. cit.*, pp. 95 y s.

[25] En cuanto a los pormenores, especialmente también en cuanto a los ejemplos, nuevamente he de limitarme a una remisión a mis explicaciones *op. cit.*, pp. 93 y ss. y pp. 160 y ss. (*vid.* también el resumen en pp. 170 y s.).

[26] Los principios *inmanentes a la ley* no son en general, como antes se ha mostrado, vías para transformaciones del sistema *objetivo*, pero naturalmente existen transiciones; ante todo, la generalidad de un principio contenido en la ley sólo se fundamentará convincentemente mediante el recurso adicional a criterios como la idea del derecho o la naturaleza de la cosa, y al menos en estos casos están los principios sometidos a ciertos cambios; *vid.* también *infra*, nota 38.

[27] *Vid.* al respecto ante todo Esser, *Grundsatz und Norm in der richterlichen Fortbildung des Privatrechts*, passim; Larenz, *Nikisch-Festschrift*, pp. 299 y ss., en especial pp. 301 y 305, así como *Methodenlehre*, pp. 314 y ss.

[28] El concepto se entiende aquí en el sentido de Larenz, *Methodenlehre*, pp. 192 y s.

para la «naturaleza de la cosa»[29]. A través de la mutabilidad de estos «puntos de referencia» alcanzan también aquellos criterios un carácter relativo y, con ello, cambiante. Así, cabe ver por ejemplo el «principio de confianza», que posiblemente ningún ordenamiento puede dejar completamente de lado[30], como emanación de la idea del derecho, y es precisamente este principio un caso prototípico de capacidad para el cambio en sus contenidos: no se puede fijar a priori de modo que aporte soluciones claras de los problemas jurídicos, sino siempre únicamente en atención a una determinada situación histórica que, además, está esencialmente determinada por el derecho legal y por la situación de la «conciencia jurídica general» -y así se podrá decir por ejemplo que la doctrina de la culpa in contrahendo o la de la prescripción no en todo momento podían fundamentarse en el principio de confianza y, por tanto, no eran «válidas» desde el principio, sino sólo una vez que un determinado cambio de la conciencia jurídica general, que condujo a una más fuerte acentuación de valores ético-jurídicos, hizo que pudieran pretender reconocimiento como legítimos desarrollos del derecho-. Algo similar se puede exponer para los ejemplos de argumentación basada en la naturaleza de la cosa. Así por ejemplo, las concepciones sobre la «naturaleza» de la relación de trabajo están sometidas a fuertes modificaciones y, consiguientemente, la de ella derivada[31] obligación de cuidado y muchas derivaciones particulares que hoy se extraen de ésta no habrían formado parte desde el principio (objetivamente y no meramente por no reconocimiento) de nuestro derecho privado, sino que han alcanzado validez en un proceso paulatino[32]. Finalmente, lo mismo se puede decir en lo esencial para las *cláusulas generales «necesitadas de relleno valorativo»*, como las remisiones a las buenas costumbres o a la buena fe, en las cuales la ley misma deja espacio para la penetración de valoraciones extralegales y necesariamente cambiantes: también ahí radica un punto de apoyo para una modificación del sistema *objetivo*, modificación que transcurre de modo muy similar a lo que sucede en la concreción de principios generales del derecho (a los que, precisamente, a menudo remiten las cláusulas generales).

2. Transformaciones del sistema «científico»

Así pues, si el cambio en el contenido de aquellos principios jurídicos no extraídos de la ley está fuertemente determinado por las transformaciones de la «conciencia jurídica general», por otro lado esto no excluye que tales princi-

---

29 Esta es designada por Radbruch como razón de la «diversidad en la formación de derechos históricos y nacionales», *vid. Festschrift für R. Laun*, 1948, p. 158. De la inabarcable literatura sobre la naturaleza de la cosa *vid.* en los últimos años sobre todo Schambeck, *Der Begriff der Natur der Sache*, 1964, con extensas referencias; Arthur Kaufmann, *Analogie und Natur der Sache*, 1965; Dreier, *Zum Begriff der Natur der Sache*, 1965.

30 Al menos, en cuanto se toma conciencia de él.

31 Así con razón Larenz, *Nikisch-Festschrift*, pp. 284 y s.

32 Ese proceso está influido no sólo por el cambio en la conciencia jurídica general -cambio que ésta provoca en parte y que también repercute de retorno en ella misma-, sino por supuesto también por otros factores, como los avances en la protección legal del trabajador y similares.

pios en general no sean «sentados» o «postulados», sino «descubiertos» o «hallados»[33]. Para la relación entre sistema objetivo y sistema científico esto significa que también aquí la transformación del primero ha de anteceder a la modificación del segundo[34], pues también en tales casos la jurisprudencia y la doctrina sólo expresan, al menos en teoría, lo que «en sí» tiene ya validez. Cierto es que aquí se hace especialmente patente que la relación entre el derecho objetivo y su conocimiento y aplicación -al menos allí donde se trata de concreción valorativa y no de mera subsunción- sólo se puede entender como relación dialéctica[35]: en la argumentación basada en un principio jurídico general se presupone siempre la validez de éste, pero, por otro lado, el principio alcanza mayor concreción en el proceso de su aplicación[36] -así por ejemplo, el reconocimiento de la doctrina de la prescripción o de nuevos institutos similares no sólo presupone una transformación de la conciencia jurídica general, sino que también expresa esa transformación y la impulsa[37].

En resumen, se puede decir lo siguiente: las transformaciones del sistema *objetivo* en lo esencial[38] responden a modificaciones en la legislación, a innovaciones provocadas por el derecho consuetudinario, a la concreción de normas necesitadas de complemento valorativo y a la irrupción de principios generales del derecho de carácter extralegal que encuentran su validez en la idea del derecho o en la naturaleza de la cosa. Las modificaciones del sistema *científico* resultan, por un lado, de los progresos en el conocimiento de los valores básicos del derecho válido y, por otro, presentan el reflejo de las transformaciones del sistema objetivo. Por tanto, las modificaciones del sistema científico siguen por regla general a las modificaciones en el sistema objetivo, pero también el sistema objetivo y el científico están ligados por la dialéctica general entre el sistema objetivamente válido y su aplicación.

---

33 Así, con razón, LARENZ, *Methodenlehre,* p. 315.

34 Naturalmente, otra cosa es en lo que se refiere al derecho *fácticamente* válido, al «law in action», en el cual generalmente la nueva comprensión se da conjuntamente con la aplicación modificada o, incluso, antecede a ésta (sobre la diferencia entre validez normativa y fáctica *vid. supra* nota 12).

35 Básico al respecto LARENZ, *Methodenlehre,* pp. 189 y ss. (193y s.).

36 En esta dialéctica se supera también en parte la contraposición entre el derecho normativamente válido y el fácticamente válido (*vid.* supra nota 12), pues ambas formas de validez se influyen mutuamente en el proceso de la aplicación jurídica. Además, su relación está garantizada sobre todo por el derecho consuetudinario: una regulación que posea validez fáctica, pero no normativa, puede alcanzar también esta última por medio del derecho consuetudinario, y al revés, una regulación que posee validez normativa pero que carece de validez fáctica por no ser aplicada, puede perder también la validez normativa por obra de la desuetude propia del derecho consuetudinario, de modo que el derecho consuetudinario a la larga impedirá las más de las veces el divorcio entre ambos tipos de validez.

37 Sobre la base de esta dialéctica podría quizá explicarse el que a menudo los principios generales del derecho son adecuadamente formulados bastante más tarde de su primera «aplicación» y, aún más frecuentemente, permanecen muchos años ocultos bajo fundamentaciones engañosas.

38 También de la interpretación habitual pueden derivarse transformaciones del sistema porque y en la medida en que la interpretación está penetrada por la «conciencia jurídica general» y, por ello, sometida a modificaciones.

§ 4. La movilidad del sistema

Con el «carácter abierto» del sistema se identifica su «movilidad». Tal terminología sería en sí misma posible, pues también la palabra «movilidad» expresa gráficamente la provisionalidad y mutabilidad del sistema[1], pero no es recomendable, pues el término ha quedado fijado con otro sentido por obra de Wilburg[2], y, para evitar malentendidos, se debería usar del modo por Wilburg establecido. Por tanto, en lo que sigue se diferenciará entre «movilidad» y «carácter abierto» y sólo se hablará de un «sistema móvil» allí donde se den las notas esenciales del concepto de sistema de Wilburg.

1. Las notas del «sistema móvil» en el sentido de Wilburg

Cuáles sean esas notas resultará claro a la luz de un ejemplo mediante el cual Wilburg ha desarrollado su concepción: su teoría del derecho de indemnización por daños. Wilburg rechaza la búsqueda de un principio unitario que resuelva todas las cuestiones de la responsabilidad por daños, y en su lugar coloca una pluralidad de puntos de vista que designa como «elementos» o como «fuerzas motrices». Tales son: «1. Una falta por parte del responsable y que sea causal para el acontecimiento dañoso. Esta falta tiene distinta gravedad, según que proceda del responsable o de sus cooperadores de modo culposo o sin culpa, como cuando, por ejemplo, se trata de un no cognoscible defecto material de una máquina. 2. Un riesgo que el damnificador ha provocado mediante una acción o mediante la posesión de una cosa y que condujo a la realización del daño. 3. La proximidad de la interacción causal que existe entre la causa en que se funda la responsabilidad y el daño producido.

4. La ponderación social de la situación patrimonial del damnificado y del danmificador»[3]. La consecuencia jurídica se sigue -y esto es lo decisivo- «de la interacción de estos elementos según su número y fuerza»[4], y ha de ser

---

[1] En este sentido la utiliza por ejemplo Zippelius, *NJW* 1967, p. 2231, columna 2; quizá también Zimmerl, *Aufbau des Strafrechtssystems,* 1930, prefacio, p. V; *vid.* también las citas en *infra* nota 9.

[2] Básico, *Entwicklung eines beweglichen Systems im Bürgerlichen Recht, Grazer Rektoratsrede,* 1950.

[3] *Vid. op. cit.,* pp. 12 y s. en conexión con *Die Elemente des Schadensrechts,* 1941, especialmente pp. 26 y ss. y 283 y ss.; *vid.* también *Zusammenspiel der Kräfte im Aufbau des Schuldrechts, AcP 163,* p. 346.

[4] *Vid. AcP 163,* p. 347.

establecida por el juez «con arreglo a una medición flexible»[5]. Las «fuerzas» no son, por tanto, «magnitudes absolutas, rígidas, sino que lo decisivo es el efecto conjunto de su juego variable»[6], y según las circunstancias puede bastar con que se dé un sólo elemento, siempre y cuando que éste aparezca «con especial fuerza[7].

Así pues, característico de la movilidad del sistema es, por una parte, el rechazo por Wilburg de la fijación de una determinada jerarquía entre los «elementos», con los que los sitúa al mismo nivel, y, por otra parte, el que no tienen por qué darse todos en todo caso, sino que pueden reemplazarse entre sí. Por tanto, las características esenciales del «sistema móvil» son *la básica igualdad de rango y la recíproca intercambiabilidad* de los decisivos principios o criterios de justicia -pues de tales se trata en realidad allí donde Wilburg habla de «elementos» o de «fuerzas móviles»[8], *al mismo tiempo que se renuncia a una conformación rígida del supuesto de hecho.* Esto, como fácilmente se aprecia, no tiene nada que ver con el carácter abierto del sistema[9]: la mutabilidad de las valoraciones y principios que es característica de éste no ha de darse necesariamente en un sistema móvil, pues los «elementos» determinantes pueden estar fijados de una vez por todas, y, al revés, el carácter abierto del sistema no tiene necesariamente como consecuencia la igualdad jerárquica y la intercambiabilidad de sus principios ni la renuncia a la formación de supuestos de hecho rígidos; un sistema móvil, por tanto, puede ser abierto o cerrado[10], un sistema abierto puede ser móvil o inmóvil.

II. Sistema móvil y concepto general de sistema

WILBURG con su concepción de ningún modo quiere prescindir por completo de la idea de sistema, sino conformarlo de otra manera, precisamente

5 *Vid. Entwicklung eines beweglichen Systems,* p. 22.

6 *Vid., op. cit.,* p. 13.

7 *Vid. op. cit.,* p. 13.

8 Esta terminología podría ser poco afortunada, pues ambas expresiones recuerdan demasiado a categorías científico-naturales (elementos químicos, fuerzas físicas), *vid.* también *op. cit.,* p. 17, donde se habla del «efecto energético» de la confianza contractual), y con éstas no se solucionan adecuadamente los problemas jurídicos -lo cual, por lo demás, no desconoce WILBURG (*vid.* por ejemplo su crítica al método «histórico-natural» de JEERING, *op. cit.,* pp. 4 y s.)-. Por ello sería mejor tal vez emplear el término «principios de valoración» o «criterios de justicia», pues con ello el nombre se referiría a aquello de lo que realmente se trata y, al mismo tiempo, se expresaría claramente la posición histórico-metodológica de Wilburg: en realidad Wilburg deja atrás los planteamientos de la vieja Jurisprudencia de intereses y del «pensamiento jurídico causal», con el que constata un cierto parentesco (*vid. op. cit.,* p. 5) y que de hecho han influido su terminología, y podría contarse entre los primeros y determinantes representantes de la moderna «Jurisprudencia de valoración» (sobre ésta *vid.* LARENZ, *Methodenlehre,* pp. 123 y ss.).

9 Por tanto, no es acertado equiparar, como a menudo se hace, el sistema «móvil» de Wilbug con un sistema abierto; pero *vid.* ENGISCH, *Stud.Gen. 10* (1957), pp. 187 y s.; WIEACKER, *Juristentags- Festschrift,* vol. II, 1960, p. 7; LARENZ, *JuS 65,* p. 379, columna 2; MAYER- MALY, *The Irish Jurist,* vol. II part 2,1967, p. 375 y nota 2.

10 WILBURG mismo podría ver su sistema móvil al mismo tiempo como abierto, pues expresamente destaca que pueden incorporarse «nuevos puntos de vista y fuerzas», *vid. op. cit.,* p. 14.

como sistema «móvil». Por ello sigue usando de modo inequívoco el término «sistema». No obstante, VIEHWEG lo ha alineado sin más entre los representantes del pensamiento tópico[11] -lo que es tanto como decir no sistemático- y cabe preguntar si y en qué medida se puede realmente[12] hablar aquí de un «sistema», o si no ocurre más bien que un sistema «móvil» supone una contradicción en los términos. Tal como al principio se expuso[13], lo característico del concepto de sistema son las notas de unidad y orden. La primera se cumple indudablemente en Wilburg, pues todo su pensamiento se dirige —y esto es algo que debe ser expresamente acentuado frente a malentendidos- a extraer *unas pocas ideas básicas determinantes* de cuya interacción resulte el conjunto de las decisiones singulares; por tanto, el sistema móvil debe hacer visible la *unidad en la pluralidad.* Esto se expresa claramente, por ejemplo, en la exigencia que Wilburg hace al legislador en el sentido de que debería restringir la avalancha de normas particulares inconexas mediante una «clara orientación de las ideas»[14], y también en su polémica contra la orientación del juez a la mera equidad[15], a la que falta el «carácter de principio»[16]. Que Wilburg rehúse reconducir todas las normas jurídicas a una *única* idea jurídica es, por contra, irrelevante, pues un sistema puede constar, y por regla general consta, de varios principios básicos.

Con la nota de unidad debe consecuentemente afirmarse también la de orden, pues aquélla no puede darse sin ésta[17], y así recalca también Wilburg una y otra vez la necesidad de un «orden interno» o de una «cohesión interna» del derecho[18]. Esto no está en contradicción con el hecho de que, como se ha mostrado, contemple los criterios decisivos como básicamente intercambiables, pues no se trata de que cualquier *arbitrario* punto de vista pueda reemplazar a cualquier otro -en realidad esto no sería orden sino caos-, sino que sólo un elemento de un número *limitado* de ellos puede ocupar el lugar de otro *para una concreta materia de regulación;* por ejemplo, para la solución del problema de la reparación extracontractual por daños sólo uno de los cuatro factores arriba mencionados puede ocupar el lugar de otro de ellos. Y tampoco la básica igualdad jerárquica de los criterios de justicia decisivos está en contradicción con la nota de orden, pues la igual jerarquía es también una forma de orden. Cierto es que con el concepto de sistema se suele asociar la idea de una cierta *jerarquía,* pero esa característica no parece imprescindible, en la medida en que

---

11 *Vid. Topik und Jurisprudent,* pp. 72 y ss.; aprobatoriamente WIEACKER, *Privatrechtsgeschichte der Neuzeit,* 2.ª ed. 1967, p. 597, nota 48; *vid.* también *infra* nota 28.

12 Naturalmente, la terminología no es lo decisivo, si bien VIEHWEG no debería haber dejado de lado y sin mención la autocomprensión que se expresa en la terminología de WILBURG, *vid.* también DIEDERICHSEN, *NJW 66,* p. 699.

13 *Vid. supra* § 11.

14 *Vid. op. cit.,* p. 4.

15 *Vid. op. cit.,* p. 22.

16 *Vid. op. cit.,* p. 6.

17 Tal vez, a la inversa, sí es posible orden sin unidad; *vid.* también *supra* pp. 21 y s.

18 *Vid. op. cit.,* p. 12 o p. 22.

su ausencia no haga imposible la existencia de una unidad interna. Esto último no ocurre en el caso de Wilburg, y se le malinterpretaría si se pensara que simplemente ve *todos* los puntos de vista de cualquier manera relevantes en el ordenamiento jurídico como de igual valor; al contrario: la idea de una cierta jerarquía no sería ajena a la concepción de Wilburg, pues a los «elementos» por él elaborados en algunos problemas especiales se han de añadir aún ulteriores criterios resolutivos, a los cuales un pensamiento tan diferenciador como el suyo no puede renunciar, y puesto que éstos frente a aquéllos poseen un escaso peso. Por tanto, sólo entre los principios básicos -fundadores de unidad- existe igualdad jerárquica, e incluso aquí no excluye Wilburg completamente la posibilidad de una jerarquización[19]; al contrario, en la relación entre éstos y los demás criterios decisivos para un problema particular se podría hablar de una cierta jerarquía[20]. En suma, la concepción de Wilburg porta con todo derecho el nombre de «sistema»[21], si bien no se debe desconocer que se trata de un caso límite.

III. Sistema móvil y derecho válido

1. La prioridad básica de las partes no móviles del sistema

El presente trabajo se ocupa de la problemática del sistema en referencia al derecho alemán válido, en especial al derecho privado alemán, por lo que se plantea la pregunta acerca de su relación con las ideas de Wilburg. Un vistazo a nuestro ordenamiento jurídico no deja dudas sobre la respuesta: *el sistema del derecho válido alemán no es básicamente móvil, sino inmóvil,* pues por regla general atribuye a los singulares principios ámbitos de aplicación claramente delimitados, dentro de los cuales no son sustituibles por otros «elementos», y da preeminencia a la delimitación fija de supuestos de hecho, la cual excluye una determinación variable de la consecuencia jurídica en atención a la medición -aunque sea «vinculada»- del juez. Así, por seguir con el ejemplo del derecho de daños, en el derecho alemán está claramente fijado dónde es determinante el principio de culpa y dónde la idea de riesgo, bajo qué presupuestos también se ha de atender excepcionalmente a la situación patrimonial del implicado *(vid.* parágrafo 829 BGB), etc. No queda aquí espacio para una ponderación de los criterios «atendiendo a su número y fuerza», y lo mismo vale, en principio, para todas las demás partes de nuestro derecho privado y de todo nuestro ordenamiento.

---

19 *Vid.* por ejemplo *op. cit.,* p. 15, donde WILBURG (al tratar de un problema de enriquecimiento) quiere, «en casos dudosos», ocuparse de la situación patrimonial del implicado, es decir, sólo allí donde los demás criterios no posibiliten una solución justa y, por tanto, de modo *subsidiario,* lo cual indudablemente implica una relación jerárquica. También en derecho de daños acabó *Wilburg* por manifestar ciertas dudas sobre la admisibilidad de una toma en consideración, al mismo nivel, de la situación patrimonial, *vid. AcP 163,* p. 346, nota 2.

20 Si esto realmente se corresponde con la opinión de WILBURG no podrá saberse de modo indubitado, a falta de una clara toma de postura sobre esta cuestión.

21 *Vid.* también BYDLINSKI, *öJBl.* 1965, p. 369; DIEDERICHSEN, *NJW 66,* p. 699.

2. La existencia de partes móviles del sistema

¡Pero sólo en principio! El vigente derecho alemán de daños contiene también un contraejemplo que deja ver el necesario límite: la ruptura del principio todo-o-nada en el parágrafo 254 del BGB. Con arreglo a este precepto, el importe de la reparación depende «de las circunstancias» en la medida en que por parte del damnificado haya concurrido una culpa o -esto es hoy generalmente reconocido- otro motivo de imputación, sobre todo un imputable riesgo de explotación. Aquí se nos presenta con exactitud la imagen que es característica del sistema móvil de Wilburg: se han de ponderar enfrentadamente distintos factores, pueden reemplazarse entre sí y entre ellos no existe una jerarquía fija. Así por ejemplo, en lugar de una concurrencia de culpas puede también aplicarse un riesgo de explotación concurrente, una leve concurrencia de culpas puede, mediante la presencia en la esfera del damnificado de circunstancias que eleven el riesgo, llevar a una disminución de la pretensión de reparación tan grande como una gran concurrencia de culpas[22], un «especial» o «elevado» riesgo de explotación puede también contrapesar en parte una culpa grave, etc.; un riesgo de explotación concurrente puede también en principio operar rebajando la pretensión frente a la responsabilidad por culpa[23], al igual que puede operar la concurrencia leve de culpas frente a la negligencia grave y, según las circunstancias, incluso frente al dolo, y también, a la inversa, la responsabilidad por riesgo no es necesariamente excluida sin más por la concurrencia de culpas, ni lo es la responsabilidad basada en una «culpa levissima» por una gran concurrencia de culpas. Por tanto, no es posible formar supuestos rígidos, sino que se han de ponderar enfrentadamente, en el sentido de Wilburg, distintos criterios «según su número y fuerza», sin que se pueda fijar de una vez por todas una relación jerárquica entre, por ejemplo, culpa y riesgo; pero, por otro lado, no cualquier punto de vista adquiere relevancia -es indudable que el juez no ha de tener en cuenta la situación familiar o la nacionalidad de los intervinientes, y la situación patrimonial sólo ha de considerarla en el caso excepcional de la aplicación analógica del parágrafo 829 del BGB- sino solamente específicos criterios de imputación establecidos con carácter general, como el grado de culpa, la peligrosidad de una empresa o de una cosa, el grado de adecuación o la «proximidad» de la cadena causal[24] -por tanto, aquellos principios que, por lo demás, dominan

---

22 Pues en el establecimiento del monto de la pretensión de reparación la culpa y su grado son solamente una de las varias circunstancias a ponderar; sobre la cuestión de qué factores son decisivos, *vid.* por todos LARENZ, *Schuldrecht*, parge general, 9.ª ed. 1968, § 15 I e; ESSER, *Schuldrecht*, 3.ª ed. 1968, § 47 IV y VII; SOERGEL-SCHMIDT, 10.ª ed 1968, § 254 número en margen 7 y ss.

23 Esto es hoy doctrina plenamente dominante, *vid.* por ejemplo LARENZ, *op. cit.*, bajo b y ESSER, *op. cit.*, bajo 5, ambos con referencias.

24 No se ha explicado aún en detalle qué factores se han de tener en cuenta; puede quedar fuera de discusión que se trata siempre de criterios de imputación y que no puede aplicarse cualquier arbitrario «topos». *Vid.* sobre esta problemática la literatura indicada supra, nota 22.

nuestro derecho de daños-. El sistema que forman contiene, junto a su básica «inmovilidad», un ámbito parcial en el que los decisivos criterios de valoración son «móviles».

Algo similar se puede mostrar también para otros sectores. Especialmente se encuentran ejemplos de la movilidad del sistema allí donde los supuestos rígidos son completados o suavizados mediante cláusulas generales: al establecer si un despido es antisocial, si concurre una justa causa, si un negocio jurídico o una conducta atentan contra las buenas costumbres, etc. se suele ponderar «según número y fuerza» determinados puntos de vista carentes de una relación jerárquica prefijada[25]. Puede decirse que la formación de supuestos rígidos constituye la regla, mientras que la «movilidad» supone la excepción[26]. *En consecuencia, el derecho válido conoce la convivencia de partes inmóviles y móviles del sistema, con una básica preeminencia de las primeras.*

IV. El significado legislativo y metodológico del sistema móvil

Desde el punto de vista metodológico y iusfilosófico no podemos conformarnos con este resultado. Más bien hay que preguntar cómo se ha de juzgar la concepción de Wilburg, *independientemente de su realización más o menos amplia en un concreto ordenamiento jurídico,* y qué significado tiene, en consecuencia, de lege ferenda, para el legislador.

1. El sistema móvil y la exigencia de diferenciación más fuerte

Para la respuesta debe ponerse primeramente entre paréntesis una nota que es característica del «sistema móvil» de Wilburg, pero que no es específica del mismo, sino que es igualmente pensable en un sistema «inmóvil». Nos referimos a la exigencia de mayor diferenciación, planteada por Wilburg, y su crítica a cualquier absolutización de un determinado principio. En esto se le puede sin duda dar la razón, y más arriba[27] se designó como una característica esencial de la función de los principios como conformadores del sistema el que éstos no plantean la pretensión de validez exclusiva, sino que están más bien abocados a recíproca complementación, es decir, a un «juego conjunto», y para poder configurarse como enunciados jurídicos necesitan una concreción diferenciadora mediante criterios valorativos nuevos e independientes. Si cierto es que esta postura es correcta y encuentra reconocimiento general en la actual dogmática civilista -entre otras cosas por efecto de los trabajos de Wilburg sobre el derecho de enriquecimiento y sobre el derecho de daños-, cierto es también que una tal diferenciación más fuerte no va unida precisamente a un sistema móvil[28]. Cuando por ejemplo Wilburg exige sustituir en

---

[25] Sin embargo, el «sistema móvil» no debe ser identificado con las cláusulas generales, *vid.* más ampliamente *infra* pp. 94 y 96.

[26] No sólo en número sino, ante todo, en importancia.

[27] *Vid.* pp. 62 y ss. y 64 y ss.

[28] Es totalmente incomprensible que Viehweg, *op. cit.*, pp. 72 y ss., especialmente p. 74, vea en la lucha de Wilburg contra la absolutización de determinados principios una «prueba de la

derecho concursal el rígido principio de igualdad de todos los acreedores que no posean garantía real por una «más elástica» interacción de distintas ideas jurídicas, y como tales menciona por ejemplo el criterio de la «reclamación del valor», de la concesión imprudente del crédito y de la protección social de los «pequeños» acreedores[29], ese objetivo puede alcanzarse como mínimo igualmente mediante un sistema inmóvil o mediante uno móvil: cabe formar los correspondientes supuestos *acabados* (como ha sucedido en el derecho concursal alemán en cuanto a la exclusión de la indemninización en el parágrafo 46 KO[30] o en el parágrafo 61 KO en cuanto a determinados acreedores especialmente merecedores de protección) y limitar así, mediante excepciones *claramente perfiladas,* el principio de igualdad de todos los acreedores concúrsales; incluso debería decirse que una tal configuración del derecho concursal, diferenciada pero inmóvil, es esencialmente más apropiada y que difícilmente se podrá renunciar a una *relación jerárquica estable* entre los distintos tipos de exigencias concúrsales y, con ello, entre los diferentes criterios valorativos. Por tanto, diferenciación y lucha contra falsas absolutizaciones de singulares principios no presuponen necesariamente movilidad[31], y, así, la gran potencialidad diferenciadora del pensamiento de Wilburg, como tal, nada esencial nos dice aún sobre el valor de un sistema móvil.

2. Sistema móvil y cláusulas generales

Lo único decisivo son más bien sus especificidades, esto es, la ausencia de una rígida tipificación de supuestos y la recíproca intercambiabilidad y básica igualdad de rango de los principios valorativos. Especialmente la primera de esas notas puede llevarnos a identificar la cuestión con la pregunta acerca de la relación entre supuestos rígidos y cláusulas generales. Pero con ello se malinterpretaría a Wilburg[32], pues es característico de las cláusulas generales el estar necesitadas de relleno valorativo, es decir, que por sí mismas no indican los criterios que para su concreción se necesitan y éstos en princi-

estructura tópica de la civilística actual». Que un principio haya de aspirar siempre a un dominio exclusivo ni siquiera vale para el sistema lógico-axiomático al que Viehweg atiende, por mucho que a éste, como a cualquier sistema, le sea inmanente una cierta tendencia a la reconducción a unas pocas ideas básicas, para corresponderse así con el ideal. Pero la formulación de unas pocas y decisivas ideas básicas es, como en el texto se ha mostrado, justamente la intención de Wilburg, de modo que la mención que Viehweg hace de él parece especialmente desafortunada; más bien podría haberse invocado la renuncia de Wilburg a la formación de supuestos rígidos, pero con ello Viehweg no habría podido probar su tesis de que la Jurisprudencia *en su totalidad* manifiesta una estructura tópica, y habría tenido que limitarse a las cláusulas generales y fenómenos semejantes (con lo que habría estado cerca de lo correcto, *vid.* más ampliamente *infra* § 7 II 2).

29 *Vid. op. cit.,* pp. 6 y ss. en conexión con *ÖJBl.* 1949, pp. 29 y ss.

30 Para la cuestión *de principio* aquí discutida carece de importancia si su conformación en particular se corresponde -sin duda no- con las exigencias de Wilburg.

31 Más bien «apertura», en la medida en que la exigencia de mayor diferenciación no se dirige sólo al legislador, sino también al aplicador del derecho.

32 Por ello, a mi modo de ver, no son plenamente ajustadas a Wilburg las críticas de Esser, *AcP 151,* pp. 555 y s. y *RabelsZ 18* (1953), pp. 165 y ss.

pio sólo pueden establecerse *en atención al respectivo caso concreto;* por contra, la pretensión de Wilburg se dirige a determinar *con carácter general,* según su contenido y número, los «elementos» decisivos, conformando como variable sólo su «relación de entremezclamiento» y haciéndola depender de las circunstancias del caso[33]. Así Wilburg se previene también expresamente frente a decisiones de mera equidad, pues a éstas les faltaría el «carácter de principio»[34] -un argumento muy significativo para su posición; por contra, las cláusulas generales son una y otra vez designadas, y al menos en parte con razón, como «vías de irrupción de la equidad».

3. La posición intermedia del sistema móvil entre cláusulas generales y supuestos rígidos, y la necesidad de un enlace entre estas tres posibles conformaciones

Si bien vemos que el sistema móvil no muestra la misma estructura que las cláusulas generales necesitadas de relleno valorativo, no puede negarse, por otro lado, un cierto parentesco con éstas[35]: *el sistema móvil ocupa una posición intermedia entre supuesto acabado y cláusula general.* De ahí se derivan sus ventajas y sus debilidades. En lo que se refiere primeramente a estas últimas, es evidente que un sistema móvil garantiza la *seguridad jurídica* en menor medida que un sistema inmóvil, estrictamente jerarquizado y con supuestos acabados. En sectores en los que existe una acentuada necesidad de seguridad jurídica se ha de dar, por ello, imprescindiblemente la preferencia a este último, y sin duda ni el mismo Wilburg estaría a favor de disolver en un sistema móvil el orden rígido del derecho de títulos valores y del derecho de cosas[36] o incluso el derecho de sucesiones y el derecho de sociedades. Se puede objetar también que el juez se vería desbordado si se enfrentase *sin excepción* a un sistema móvil y, con ello, se encontrara en *cada* caso ante las dificultades de la ponderación entre el a menudo comparativamente alto número de «elementos»[37]. Y por último, no debería desconocerse tampoco

---

33 WILBURG no atiende, por tanto, meramente a la situación del caso particular, sino «a la situación del caso particular en atención a los puntos de vista expuestos e interactuantes», tal como reza su característica formulación; *vid. op. cit.,* pp. 17, 13, 18 y otras.

34 *Vid. op. cit.,* p. 6; *vid.* también p. 22.

35 Sobre la relevancia del sistema móvil para la concreción de cláusulas generales *vid.* también *infra* p. 96 y nota 45 y, ante todo, pp. 170 y ss.

36 Sobre éstos *vid.* expresamente *op. cit.,* p. 4.

37 Wilburg percibe esta objeción (*vid. op. cit.,* p. 23) y replica que la posición del juez sería aún mucho más difícil «cuando debe aplicar principios que llevan a consecuencias inaceptables». Esto sólo en parte es convincente, pues, en primer lugar, realmente las «consecuencias inaceptables» constituyen una excepción cuando se trata de leyes mínimamente reflexionadas; en segundo lugar, el juez a menudo puede legítimamente hacer frente a esas consecuencias con la ayuda de las cláusulas generales que relativizan el derecho «riguroso»; en tercer lugar, la asunción de una patente iniquidad puede suponer, en ciertas circunstancias, el menor daño si se atiende a otros valores jurídicos, especialmente a la seguridad jurídica; y en cuarto lugar y ante todo, de la preocupación de Wilburg no resulta necesariamente la consecuencia de que el *completo* sistema deba ser móvil, sino sólo

que, además del valor de seguridad jurídica, también el de justicia puede entrar en contradicción con un sistema móvil, pues la *tendencia «generalizado»* del imperativo de justicia, que resulta del principio de igualdad, opera en contra de todo parar mientes en las circunstancias del caso particular y, con ello, en contra de una ponderación de «elementos», por mucho que éstos estén fijados con carácter general.

La justicia no muestra sólo una tendencia generalizadora, sino también una *tendencia individualizado*[38] y sería natural acogerse a ésta para la justificación del sistema «móvil». Pero a tal efecto se impone la prudencia. Por un lado, una cierta individualización es también posible mediante la fuerte diferenciación de un sistema inmóvil y estrictamente jerarquizado; por otro lado, tampoco el sistema móvil permite una individualización ilimitada[39], ya que se levanta sobre un número *limitado* de «elementos». Por todo ello, el sistema móvil no puede subordinarse por completo a ninguna de las dos tendencias de la justicia: en cuanto fija *con carácter generados* criterios determinados de justicia, toma en cuenta la tendencia generalizadora, y atiende a la tendencia individualizadora al hacer la concreta consecuencia jurídica dependiente de la interacción de estos criterios *en el caso concreto.* Ahí se manifiesta su gran ventaja: *el sistema móvil presenta un compromiso especialmente feliz entre los diferentes postulados de la idea del derecho* - también la seguridad jurídica está garantizada en mucha mayor medida que mediante una mera cláusula de equidad-y *equilibra su «polaridad»*[40] *en una ponderada solución «intermedia»;* se mantiene tan alejado del rigorismo de las normas rígidas como de la ausencia de perfiles de las puras cláusulas de equidad.

Pero, como ya se ha dicho, al sistema móvil le faltan, al menos en parte, las ventajas de aquellas otras posibilidades, con lo que la conclusión sólo puede ser que el derecho se edifica *sobre una interacción de todos esos tipos de conformación:* entre la rígida formación de supuestos, por un lado, y la mera cláusula de equidad, por otro, aparece el sistema móvil. Como ya se ha mostrado, la primera no puede faltar de ningún modo en, al menos, determinados sectores, y especialmente puede suponer la solución más adecuada cuando el sistema «inmóvil» muestra fuertes diferenciaciones. Piénsese en el ejemplo antes[41] discutido del derecho concursal o el ejemplo de Wilburg relativo al ámbito de la responsabilidad por riesgo: cuando se trata de la

---

la de que ha de contener como «válvula» *ámbitos parciales* móviles (y también auténticas cláusulas generales) *(vid.* también en el texto).

38 Sobre estas dos tendencias de la justicia y sobre su recíproca remisión *vid.* por todos Henkel, *Recht und Individualität,* 1958, pp. 16 y ss. y *Einführung in die Rechtsphilosophie,* pp. 320, 323 y ss. (325), 351 y ss.

39 En ese caso ya no sería un sistema.

40 Henkel ha expuesto convincentemente que se trata de «polaridad» y no de auténticas antinomias, *op. cit.,* pp. 345 y ss., especialmente pp. 349 y ss.

41 *Vid.* p. 92.

especialmente alta peligrosidad de una cosa, como un avión, ni siquiera la alegación de fuerza mayor exonera al dueño, mientras que si se trata de un objeto menos peligroso, como un automóvil, la mera concurrencia de un suceso «inevitable» proveniente del exterior tiene el efecto de excluir la responsabilidad[42]; ¿debe una tal diferenciación de los motivos de exoneración según el grado de la peligrosidad del aparato -lo cual parece razonable y es también «inmanente al sistema» del derecho alemán- realmente ser dejada al *juez* caso por caso, o parece aquí más apropiado, en interés de la seguridad jurídica y del respeto al imperativo de igualdad, que el *legislador* se ocupe de ellos generalizadoramente con arreglo a claras notas del supuesto (avión, ferrocarril, automóvil, etc.)? ¿Y qué decir finalmente si se trata de la recomendable limitación de la responsabilidad mediante un importe máximo numéricamente fijado, limitación imprescindible para la responsabilidad por riesgo, a fin de hacer calculable y asegurable el riesgo[43]? Resulta difícil rebatir que aquí la «rígida» regulación legal es el mal menor. Pero, a la inversa, tampoco se puede desconocer que la *completa* consideración de *todas* las circunstancias del caso particular puede ser igualmente razonable y no debería, por ello, quedar completamente excluida por el legislador. También la «equidad» es un específico valor jurídico[44], y de ella dan *plenamente* cuenta prescripciones completamente abiertas, como, por ejemplo, la cláusula de exigibilidad. La variedad de los postulados particulares de la idea de derecho pone al legislador en la necesidad de hacer uso de *todas* las mencionadas posibilidades de conformación, y sólo en una ponderada selección entre ellas se asegura frente al problema de la «polaridad» de los supremos valores jurídicos. Qué solución sea en cada caso la preferible no se puede decir con carácter general, sino que depende de la especial estructura de la correspondiente materia de regulación y del valor que para ella se sitúe en primer plano[45]. Al sistema móvil le corresponde a este respecto una tarea especialmente importante, por cuanto que mantiene muy felizmente, como se ha dicho, el punto medio entre el supuesto rígido y la cláusula general, y deja espacio tanto para la tendencia generalizadora como para la tendencia individualizadora de la justicia. Pero es sólo una de entre las formas de conformación que se pueden considerar y, por ello, su capacidad no puede

---

42 *Vid. op. cit.*, p. 13.

43 En este problema podría radicar también una de las objeciones principales contra una cláusula general de la responsabilidad por riesgo; ésta debería al menos ser complementada por una serie de supuestos de hecho especiales que establecieran diferenciada- mente el límite máximo de la responsabilidad y otras cuestiones especiales, de modo que pudieran, al mismo tiempo, ofrecer haremos para la concreción de la cláusula general.

44 Así insistentemente y con razón HENKEL, *op. cit.*, p. 324.

45 No podemos aquí entrar en una discusión más detallada sobre el valor o disvalor de las cláusulas generales y sobre el alcance del ámbito de aplicación que razonablemente les está reservado; *vid.* al respecto, por todos, HEDEMAN, *Die Flucht in die Generalklauseln,* 1933; F. v. HIPPEL, *Richtlinie und Kasuistik im Aufbau von Rechtsordnungen,* 1942; en nuestro tiempo ante todo HENKEL, *op. cit.*, pp. 357 y ss., 360 y ss.

tampoco ser sobrevalorada. Mas, con esta limitación, se ha de decir que la idea de un sistema móvil, tal como ha sido desarrollada por Wilburg, supone un decisivo enriquecimiento del instrumentario legislativo y metodológico[46], por lo que indudablemente se cuenta entre los más relevantes «descubrimientos»[47] jurídicos.

[46] Desde el punto de vista metodológico es importante, por un lado, diferenciar el sistema móvil de las cláusulas generales y, correspondientemente, interpretarlo más restrictivamente, viendo, por ejemplo, en el parágrafo 254 BGB solamente específicos criterios de imputación; por otro lado, a la idea de sistema móvil podría corresponderle también un significativo papel en la concreción de las cláusulas generales, *vid.* al respecto *infra* pp. 170 y ss.

[47] El concepto de «descubrimiento jurídico» proviene de DÖLLE, quien lo ejemplifica exclusivamente con tesis dogmáticas; *vid.* el *Festvortrag vor dem 42. deutschen Juristentag* vol. II de las «Verhandlungen», *Tübingen,* 1959.

§ 5. Sistema y obtención del derecho

El concepto y la peculiaridad del sistema jurídico han quedado suficientemente claros como para poder pasar a la discusión de aquella cuestión que es en última instancia decisiva para la importancia de la idea de sistema en la jurisprudencia: la cuestión de la relevancia «práctica» del sistema. De hecho, una investigación de la problemática del «pensar sistemático y concepto de sistema» tendría poco sentido si las tesis que se defienden no tuvieran también importancia «práctica». La Jurisprudencia está orientada y abocada, como pocas otras ciencias, de modo inmediato a su acreditación «práctica», y por ello la cuestión acerca del «valor vital» del sistema, por decirlo en el lenguaje de la Jurisprudencia de intereses, se ha situado desde siempre en el centro de la discusión sobre el sistema. «Praxis», en este sentido, es la aplicación del derecho a los hechos concretos, y el problema consiste en precisar si al sistema le corresponde alguna relevancia a la hora de obtener la regla jurídica en cada caso determinante.

Esta cuestión la responde negativamente y de modo decidido una opinión muy extendida. Según tal opinión, el sistema no posee ningún «valor vital», especialmente ningún «valor de conocimiento»[1], y ningún valor para la obtención del derecho, sino sólo «valor de exposición y de ordenación». Ese modo de entender el sistema se remite a la más antigua Jurisprudencia de intereses[2], y aún hoy goza de amplia aceptación. En tiempo reciente cabe citar como representativo a Kriele. Este considera que «los intentos de obtención del derecho por medio de la deducción a partir de un sistema desempeñan en la actualidad un papel relativamente pequeño»[3], y de hecho «la obtención del derecho no puede

---

1 En el sentido de conocimiento de lo que es derecho válido; por contra, no se niega generalmente al sistema un valor didáctico, como facilitación de la comprensión de la ley.

2 *Vid.* por todos M. v. Rümelin, *Bernhard Windscheid und sein Einfluss auf Privatrecht und Privatrechtswissenschaft,* 1907, pp. 40 y ss. y *Zur Lehre von der Juristischen Konstruktion, ArchRWirtschPh. XVI* (1922/23), pp. 343 y ss. (349 y ss.); Heck, *Das Problem der Rechtsgewinnung,* 1912, 2.ª ed. 1932, pp. 9 y ss. y *Begriffsbildung und Interessenjurisprudenz,* 1932, pp. 66 y ss., 84 y ss., 91 y ss., 188 y ss.; Stoll, *Begriff und Konstruktion in der Lehre von der Interessenjurisprudenz, Festgabe für Heck, Rümelin und Schmidt,* 1931, pp. 60 y ss. (pp. 68 y s., 76 y ss., 112 y ss.). Desgraciadamente nunca ha gozado de suficiente atención la excelente justificación de la idea de sistema frente a los ataques de la Jurisprudencia de intereses que lleva a cabo Kretschmar, *Uber die Methode der Privatrechtswissenschaft,* 1914, pp. 42 y ss. y *Jher. Jb.* 67, 264 y ss., 273 y ss., 285 y ss. *Vid.* también Baumgarten, «Juristische Konstruktion und Konstruktionjurisprudenz», en *Festgabe für Speiser,* 1926, pp. 105 y ss.

3 *Vid. Theorie der Rechtsgewinnung,* 1967, p. 97.

hallar apoyo en la asunción de un sistema previamente dado»[4], pues «el sentido de un tal sistema puede ser múltiple: sirve a fines didácticos, sirve a la división externa y con ello a la orientación a través del ordenamiento jurídico, sirve, desde el punto de vista de política jurídica, a la elaboración simplificada de las leyes... o a fines similares. *Para lo único que no sirve es para la interpretación»*[5].

También en este punto la discusión se ve obstaculizada por la oscuridad sobre el concepto de sistema del que se parte. Todo lo que los contrarios a la idea de sistema aducen se adecúa solamente a dos tipos muy determinados de sistema: al sistema «externo» y a un sistema lógico o axiomático-deductivo. Así, la polémica de HECK contra la «construcción sistemática»[6] tiene que ver de modo inmediato con la lucha de la Jurisprudencia de intereses contra el «método de inversión» empleado por los partidarios de la Jurisprudencia de conceptos, y, consiguientemente, sólo puede valer para el sistema lógico-deductivo del que éstos parten[7]. Y también KRIELE podría contemplar un similar concepto de sistema, pues habla expresamente de «deducción» a partir de un sistema[8] y se refiere al sistema «axiomático»[9]. Por último en la actual literatura *dogmática* las más de las veces se equipara sin más, de modo totalmente acrítico, pensamiento sistemático con «Jurisprudencia de conceptos», y una de las objeciones preferidas consiste en rechazar un argumento sistemático sin más discusión, tildándolo de «propio de la jurisprudencia conceptual» y, por tanto, «superado» -un proceder que se presenta complacidamente como «moderno» pero que en el actual estado de la metodología resulta ya anticuado-. Tal como se expuso detalladamente en el segundo parágrafo, hay una pluralidad de conceptos de sistema diferentes, y en modo alguno está establecido de antemano que la crítica que con razón se ha ejercido frente a la posibilidad de una obtención del derecho a partir de un sistema lógico o axiomático- deductivo deba ser, sin más, válida también para todos los demás tipos de sistema.

¡Al contrario! Si, con arreglo a la concepción aquí propuesta, se considera el sistema «interno» de un ordenamiento jurídico como axiológico o teleológico[10],

---

4 *Op. cit.*, p. 97.

5 *Op. cit.*, p. 98 (el subrayado es añadido); un planteamiento prometedor se contiene en p. 121, planteamiento del que sin embargo no se saca fruto a continuación (*vid.* sobre todo p. 124).

6 *Vid.* ante todo *Begriffsbildung*, pp. 66 y ss. (69 s.), 188 y ss.

7 A veces HECK equipara este sistema con el sistema «externo», lo que hace su polémica aún más imprecisa; vid. por ejemplo *op. cit.*, p. 196 (aquí se habla, además, del sistema externo de la ciencia, no del de la ley).

8 *Vid. op. cit.*, p. 97.

9 *Vid. op. cit.*, nota 1. Por lo demás, los ejemplos que KRIELE aporta en la nota 2 apuntan en la dirección opuesta, pues los partidarios de las concepciones allí expuestas no pueden partir de un sistema axiomático-deductivo. Desgraciadamente KRIELE no se ha enfrentado *particularizadamente* con las teorías que aquí menciona, por lo que no se aprecia con claridad dónde ve sus puntos débiles. Puesto que las objeciones que en el texto aporta valen sólo frente a un sistema axiomático-deductivo, surge de hecho la sospecha de que también KRIELE ha incurrido en el equívoco de referirse siempre solamente a este sistema cuando se habla de un sistema jurídico.

10 *Vid. supra,* § 2II1.

la relevancia del sistema para la obtención del derecho resulta evidente, pues el argumento sistemático es, entonces, *sólo una forma especial de fundamentación teleológica* y, como tal, debe ser sin más admisible y relevante. Por tanto, se puede hablar de una *aptitud del sistema para la derivación teleológica o valorativa*, siempre que se tenga en cuenta que «derivación» no se ha de entender aquí en el sentido de deducción lógica, sino en el sentido de adscripción valorativa. Esta se ha de reconocer no sólo para el antes propuesto sistema de principios generales del derecho, sino para todo sistema teleológico, en especial para un sistema de los correspondientes conceptos o valores, con lo cual los resultados prácticos habrán de ser siempre los mismos[11], a condición de que haya una correcta formación del sistema en correspondencia con la recíproca traducibilidad de los distintos sistemas teleológicos[12].

Con ello queda expuesta la posibilidad básica de hacer el sistema fructífero para la obtención del derecho y cabe ahora, por consiguiente, exponer su relevancia en particular, y especialmente las peculiaridades del pensamiento sistemático frente a otras formas de argumentación teleológica. A este respecto cabe nuevamente apoyarse en los dos elementos del concepto de sistema: el de orden teleológico y el de aseguramiento de la unidad y coherencia valorativas del derecho.

I. Ubicación sistemática y descubrimiento del contenido teleológico

Cuando se «coloca sistemáticamente» de un modo determinado una manifestación jurídica, generalmente se hace, al mismo tiempo, un enunciado sobre su contenido teleológico. Por ejemplo, no sólo se sirve a «fines de orden o de exposición» cuando se califica un precepto como supuesto de responsabilidad por riesgo, de responsabilidad por la apariencia jurídica o de responsabilidad por la privación o cuando una pretensión se califica como pretensión de subrogación[13]. Más bien ocurre que con ello se apela de modo inmediato a los valores, especialmente los principios generales del ordenamiento jurídico, que están por detrás de las normas en cuestión. Por consiguiente, una discusión sobre una ubicación sistemática es generalmente también una discusión sobre la «esencia» de un fenómeno jurídico[14], es decir, ante todo una discusión sobre su contenido valorativo dentro del derecho válido[15]. Así, nada sería más erróneo que considerar pura jurisprudencia de conceptos, sin trascendencia práctica, el enfrentamiento sobre la calificación de un determinado acto de parte como negocio jurídico; más bien de hecho nos preguntamos, por ejemplo, a propósito de la «esencia» de la promesa de matrimonio, cuando de

---

11 Es evidente que el mismo argumento sistemático ha de poder, por ejemplo, obtenerse igual a partir del *concepto*, teleológicamente entendido, de negocio jurídico, que a partir del *principio* de autonomía privada.

12 *Vid.* al respecto *supra* § 2 II 2 a.

13 *Vid.* los ejemplos que a continuación se mencionan.

14 Así, acertadamente, ENGISCH, *Stud. Gen.* 70 (1957), pp. 188 y s.

15 Por tanto, generalmente no se trata de algún tipo de observación apriorística.

ello se discute, si la misma se ha de contemplar como contrato, como conducta puramente fáctica o como relación «legal» especial con base en la invocación de la confianza y si, por consiguiente, la ruptura de la promesa de matrimonio representa una ruptura de contrato, un delito o una vulneración de la confianza[16]. Algo similar ocurre con la famosa polémica entre la teoría de la creación y la teoría del contrato (y otras[17]) sobre la «esencia» del acto constitutivo de un título valor.

Por otro lado, este «esclarecimiento de esencias» no es, por así decir, un proceso unidireccional en el que primeramente el objeto es plenamente desconocido y luego, de un golpe, es comprendido mediante la inserción sistemática. Existe más bien una interacción entre el conocimiento del objeto en cuestión y su calificación sistemática[18]. Así, por ejemplo, se debe haber conocido la ratio legis del parágrafo 833 párrafo 1 BGB, antes de que este precepto se inserte bajo la responsabilidad por riesgo. Pero, por otro lado, el descubrimiento de esta ratio sería incomparablemente difícil si no se dispusiera ya de la categoría sistemática de responsabilidad por riesgo. La ordenación sistemática posibilita también -y esto quizá es aún más importante- entender la norma en cuestión *no sólo como manifestación particular, sino como parte de un todo.* Cuando, por ejemplo, se ve el parágrafo 833 párrafo 1 como uno de los muchos supuestos de responsabilidad por riesgo, se lo ha entendido más plena y correctamente que si únicamente se ha visto su sola ratio legis -la obligación de conocer los riesgos dimanantes de un animal-, A la inversa, también en ciertos casos el sistema experimenta un enriquecimiento o modificación de sus contenidos cuando un nuevo supuesto se le inordena, pues lo especial aquí no es mero caso subordinado, sino elemento constitutivo de lo general[19]. Estamos, pues, ante un *proceso dialéctico de recíproco esclarecimiento de sentido.* No puede negarse que ahí amenaza siempre el peligro de circularidad, pero se trata aquí meramente de un caso especial del círculo entre lo general y lo especial, bien conocido por la hermenéutica[20]; este círculo es propio de toda comprensión en las ciencias del espíritu y nunca puede ser excluido de antemano.

---

16 *Vid.* también Beitzke, *Festschrift fürFicker,* 967, p. 84, quien con razón se pregunta cuál de las teorías puede «dar una mejor explicación de la esencia de la promesa de matrimonio y de sus consecuencias jurídicas». A tal respecto no se ha de entender «explicación» como deducción *causal* a partir de una teoría -un error en el que cayó especialmente la vieja Jurisprudencia de intereses-, sino como descubrimiento del sentido interno del instituto y de la coherencia (valorativa) de las particulares consecuencias jurídicas.

17 Se trata en última instancia del aseguramiento de la unidad de nuestro derecho (*vid.* ya supra pp. 38 y s.), pero no puede esto separarse nítidamente del esclarecimiento de esencias (*vid.* más ampliamente *infra* II 1).

18 *Vid.* Engisch, *op. cit.,* p. 189; coincidentemente también Diederichsen, *NJW* 66, 701.

19 Por tanto, aquí lo general no ha de entenderse como «abstracto-general», sino como «concreto-general» en el sentido de Hegel.

20 Sobre esta problemática *vid.* sobre todo Schleiermacher, Werke I 7, 1838, p. 37, 143 y ss.; Dilthey, *Gesammelte Schriften VII,* 1927, pp. 212 y s.; Coing, *Die juristischen Auslegungsmethoden und die Lehren der allgemeinen Hermeneutik,* 1959, p. 14; Betti, *Zur Grundlegung einer allgemeinen Auslegungslehre, Festschrift für Rabel,* 1954, vol. II, pp. 102 y ss. y *Allgemeine Auslegungslehre*

Si con ello el «valor cognitive» de la ordenación sistemática queda fuera de duda, de ello resulta también, sin más, su relevancia para la obtención del derecho, pues si se trata de aclarar el contenido teleológico, para la Jurisprudencia actual, que argumenta ante todo ideológicamente, esto no puede carecer de influencia sobre la interpretación y desarrollo del derecho. Las calificaciones sistemáticas desempeñan, pues, de hecho, un considerable papel en todos los niveles de la obtención del derecho.

1. La «interpretación sistemática»

Así, la *«interpretación sistemática»* adquiere desde siempre un lugar relevante entre los «cánones de la interpretación «jurídica»[21]. Cierto es que en este contexto se piensa las más de las veces ante todo en la *interpretación a partir del sistema externo de la ley,* es decir, en concluir a partir de la ubicación de un precepto en un determinado libro, capítulo, conjunto de parágrafos, de su redacción como párrafo independiente o como mera frase de un párrafo, etc., etc. Ahí radica solamente un sustento relativamente débil, pues no es raro que la ubicación de un precepto sea materialmente incorrecta; piénsese, por mencionar sólo dos ejemplos, en la inserción del parágrafo 833 párrafo 1 BGB en el contexto del derecho de delitos, o en la remisión al parágrafo 278 BGB contenida en el parágrafo 254, número II apartado 2 BGB (en lugar de en el número III). De todos modos no puede negarse que la argumentación a partir del sistema externo tiene un cierto valor. Así, por ejemplo, no es inadmisible extraer, a partir de la ubicación de un precepto en la parte general o especial de una ley, conclusiones sobre su ámbito de aplicación. Tampoco puede olvidarse que la inserción de una ley a menudo está manifiestamente influida por la «naturaleza de la cosa» y que, por ello, el carácter de una disposición, por ejemplo como norma del derecho de familia o del Derecho mercantil, puede resultar fructífero para su comprensión. Pero tales argumentos son verdaderamente influyentes cuando al mismo tiempo se toman en cuenta también las *valoraciones* que se expresan a través de la ubicación sistemática, y en tal caso se trata ya en verdad de una *argumentación a partir del sistema interno.* Este es, de hecho, el de mayor relevancia. Mientras la interpretación a partir del sistema externo en cierta medida no es más que la prosecución de la interpretación gramatical, la interpretación a partir del sistema interno se convierte en la prolongación de la interpretación teleológica[22] o, mejor dicho, en un más elevado escalón dentro de ésta -un escalón en el que se pasa de la «ratio legis» a la «ratio iuris»; y al igual que ocurre con la interpretación teleológica en general, ocurre

---

als Methodik der Geisteswissenschaften, 1967, pp. 219 y ss. El círculo mencionado en el texto no es idéntico con el «círculo hermenéutico» en el sentido de HEIDEGGER y GADAMER (cosa distinta es lo que dice este mismo, *op. cit.,* pp. 275 y ss.), el cual se refiere a la relación entre la «precomprensión» del intérprete y el resultado de la interpretación.

[21] *Vid.* por todos BAUMGARTEN, *Die Wissenschaft vom Recht und ihre Methode,* 1920-22, vol. I, pp. 295 y ss., y vol. II, pp. 617 y ss., y *Grundzüge der juristischen Methodenlehre,* 1939, pp. 35 y ss.; ENGISCH, *Einführung,* cit., pp. 77 y ss.; LARENZ, *Methodenlehre,* cit., pp. 244 y ss.

[22] Entendiendo «teleológica» en el sentido más amplio, *vid.* supra pp. 49 y s.

también, en consecuencia, que a la argumentación a partir del sistema interno de la ley le corresponde el más alto rango entre los medios interpretativos[23].

Algunos ejemplos prácticos pueden dejar ver con claridad la relevancia de la interpretación sistemática para la obtención del derecho. Así, por ejemplo, la interpretación del parágrafo 833 párrafo 1 BGB se ve considerablemente favorecida por su calificación como supuesto de *responsabilidad por riesgo*. De esa interpretación resulta, entre otras cosas, que, como siempre ocurre con la responsabilidad por riesgo, sólo se responde por la realización del peligro «específico», es decir, por las consecuencias de «cualquier comportamiento animal típico», pero no, por ejemplo, por la rotura de una pierna que alguien sufre por tropezar con un gato dormido o por los daños que provoca un perro azuzado contra un hombre. También para la delimitación del concepto de tenedor se obtienen ayudas esenciales cuando se intenta concretarlo en concordancia con otros supuestos de responsabilidad por riesgo, es decir, en conformidad con el sistema. Cierto es que los mismos resultados pueden también alcanzarse con una interpretación teleológica del parágrafo 833 párrafo 1 por sí solo, pero no cabe duda de que tales resultados se fundamentan de modo no sólo más sencillo, sino también más convincente, sobre la base de los principios generales de la responsabilidad por riesgo[24]. También hay cuestiones para cuya solución *sólo* cabe echar mano del amplio instituto de la responsabilidad por riesgo. Así,

---

[23] No merece asentimiento la opinión, a menudo defendida, de que no es posible establecer ninguna *relación jerárquica* estable entre los distintos medios de interpretación. Más bien ocurre que la interpretación teleológica merece siempre la preeminencia y en la práctica así es hoy casi generalmente reconocido. En lo que se refiere, primeramente, a la relación entre interpretación teleológica e interpretación gramatical, se reconoce generalmente que «por encima del tenor literal de la ley se halla su sentido y finalidad»; que el «posible sentido literal» constituye, según la doctrina dominante, el límite de la interpretación, con lo que antecedería al fin de la ley. Es -prescindiendo de prohibiciones de analogía y similares- un problema puramente terminológico, pues cuando se sobrepasa el sentido literal se pasa de la interpretación en sentido estricto al próximo escalón, el de la analogía y la restricción, con lo que *a fin de cuentas* se otorga al fin de la ley la preferencia sobre el -demasiado estrecho o demasiado amplio- tenor literal. En lo que se refiere a la relación entre interpretación teleológica y sistemática, la interpretación a partir del sistema externo, debido a su gran inseguridad *(vid.* en el texto) ha de estar por debajo de la interpretación teleológica, mientras que la interpretación a partir del sistema interno, como se ha expuesto en el texto, no es en sí misma más que una forma de la interpretación teleológica. Por último, en lo que se refiere a la relación entre interpretación teleológica e interpretación histórica, también aquí se ha de reservar la preferencia a la interpretación teleológica. Para la teoría objetiva esto no necesita más fundamentación, pero es indudable también para la teoría subjetiva, pues tampoco ésta quiere realizar *en todos sus pormenores* las ideas del legislador histórico, sino ayudar a que se impongan los *objetivos* de éste; por tanto, la interpretación discurre aquí de modo teleológico-subjetivo y en ciertos casos va más allá de las ideas constatables del legislador, cuando éstas son inadecuadas para la consecución de los *fines* por él perseguidos -un proceder que un partidario tan decidido de la teoría subjetiva de la interpretación, como es Heck, revistió bajo la conocida máxima de «obediencia pensante».

[24] No es objeción el que las reglas sobre el peligro de los animales y el concepto de tenedor se deban aplicar también, según la doctrina dominante, en el párrafo 2, aun cuanto éste no presenta un supuesto de responsabilidad por riesgo sino de responsabilidad por culpa que se presume. Por un lado, esto no es en modo alguno forzoso sino que, pese a la

por ejemplo, en casos como la cesión de un animal en préstamo o la entrega a un entrenador o un veterinario, no se ha de intentar solventar la problemática con ficciones como la construcción de una exclusión contractual de la responsabilidad o la asunción de una concurrencia de culpas[25], sino que la exclusión de la responsabilidad más bien se debe apoyar en el criterio intrasistemático de la «exposición voluntaria de intereses»[26], criterio desarrollado dentro de las doctrinas generales de la responsabilidad por riesgo[27].

De modo similar, la relevancia de la inserción sistemática se puede ilustrar al hilo de la debatida cuestión sobre si el parágrafo 281 BGB se aplica también a la pretensión basada en el parágrafo 985 BGB. La argumentación a partir del sistema *externo,* esto es, a partir de la ubicación del parágrafo 281 en el derecho de obligaciones, resulta, una vez más, poco convincente. Por contra, la interpretación basada en el sistema *interno conduce* directamente a la meta. El parágrafo 281 encierra reconocidamente una *pretensión de subrogación* y, consecuentemente, sólo puede entrar en juego en la medida en que se den los presupuestos del principio de subrogación y, por tanto, en la medida en que haya fracasado la pretensión basada en el parágrafo 985. Pero a menudo ocurre que ésta, debido a su naturaleza real, no fracasa, sino que se dirige nuevamente contra el nuevo poseedor, con lo que, consiguientemente, queda en este caso excluida una aplicación del parágrafo 281. Por el contrario, si la pretensión basada en el parágrafo 985 fracasa por pérdida de la posesión, no existe

---

estrecha interrelación externa entre ambos preceptos, necesitaría una fundamentación *independiente* y orientada al fin especial del párrafo 2, aunque sólo sea debido al principio de relatividad de los conceptos jurídicos. Por otro lado, también para el párrafo 2 juegan un papel esencial los criterios del riesgo; ya en la inversión de la carga de la prueba se contiene un elemento de riesgo, de lo que se puede derivar una amplia coincidencia en el concepto de tenedor, y el establecimiento de especiales obligaciones de conducta, como las que subyacen al parágrafo 833 párrafo 2, enlaza con la especial peligrosidad del animal: si el animal provoca un daño que no sea por «cualquier comportamiento animal típico», el daño acaecido cae fuera del fin protector de la norma y ya no depende de que se alcance la prueba exculpatoria. Por lo demás, con razón hace ver ESSER que el precepto del párrafo 2 hoy resulta ampliamente desacertado en su contenido y, por ello, en la práctica es tratado casi como un supuesto de responsabilidad por riesgo *(vid.* Schuldrecht, 2.ª ed. 1960, §203, 4 a).

25 Sobre esta problemática vid., por todos, *Enneccerus-Lehmann,* 15.ª ed. 1958, § 253 V.

26 Básico al respecto MÜLLER-ERZBACH, *AcP 106,* pp. 351 y ss., 396 y ss., 409 y ss.; en el mismo sentido por ejemplo ESSER, *Grundlagen und Entwicklung der Gefährdungshaftung,* 1941, pp. 109 y s.; LARENZ, *Schuldrecht A. T.* § 15 I b.

27 El rechazo de una responsabilidad por riesgo con arreglo al parágrafo 833 párrafo 1 BGB no significa necesariamente que el tenedor del animal no pueda sin embargo responder independientemente de la culpa. Sólo que este no es un problema de responsabilidad por riesgo, sino una ordenación *contractual* del riesgo, que tanto dogmática como prácticamente se ha de separar estrictamente (básico sobre la diferencia WILBURG, *Die Elemente des Schadensrechts,* 1941, pp. 157 y ss.); ésta asigna acertadamente, por ejemplo en caso de préstamo, el riesgo al prestatario, de modo que una responsabilidad del tenedor del animal que lo presta sólo surge en caso de culpa, mientras que, a la inversa, en caso de mandato y en casos iguales o similares es el tenedor del animal el que asume el riesgo con base, según la doctrina dominante, en el principio desarrollado en analogía con el parágrafo 670 BGB.

ninguna objeción contra la aplicación del parágrafo 281. Cuando el fracaso se debe a que un tercero de buena fe ha adquirido la propiedad, quizá haya que darle la prioridad al parágrafo 816 I 1 BGB como lex specialis (aunque también parece defendible la aceptación de la concurrencia de pretensiones). En cambio, cuando el fracaso remite a otras razones -es decir, en lo esencial a la desaparición de la cosa misma-, una aplicación del parágrafo 281 resulta generalmente justificada. ¿Por qué, por ejemplo, no habría el propietario de tener la pretensión a la suma del seguro o la pretensión de una eventual reparación por daños[28] allí donde el parágrafo 281 garantiza ésta cuando existe meramente una pretensión a la cosa basada en una obligación y no se trata de una relación real, mucho más fuerte? Con ello, si se parte de la inserción del parágrafo 281 en el sistema interno de nuestro ordenamiento jurídico, se llega por la vía rápida a una solución convincente: el parágrafo 281 entra en juego sólo, pero siempre que haya lugar para una subrogación, es decir, para la sustitución de un derecho extinguido por un nuevo derecho surgido en su lugar; por tanto, el parágrafo 281 interviene cuando ha fracasado la pretensión basada en el parágrafo 985. Con ello se impiden las dificultades que la doctrina dominante teme, dificultades que pueden surgir de que se den conjuntamente las pretensiones del propietario contra el nuevo poseedor, con base en el parágrafo 985, y contra el anterior poseedor, con base en el parágrafo 281[29], al igual que se impiden las injusticias a que lleva la doctrina dominante[30] con su general rechazo de la aplicabilidad del parágrafo 281[31].

Mencionemos aún un tercer ejemplo. Si los parágrafos 171 I, 172 I BGB se insertan bajo la *responsabilidad por apariencia jurídica,* de ello se sigue, entre otras cosas, que sólo es protegido el tercero de buena fe y que éste ha de haber tenido conocimiento del supuesto aparente, es decir, de la manifestación cuestionada -resultados estos que no pueden ser convincentemente derivados a

---

28 Por ejemplo con base en el contrato en relación con el parágrafo 278 BGB; también interfiere aquí la problemática de la liquidación de daños a terceros -cuando se trate del cumplimiento de la prestación reparatoria al poseedor (en lugar de al verdadero propietario) entra en juego el parágrafo 816II BGB en relación con el parágrafo 851 BGB.

29 En contra no se puede invocar que la aplicación del parágrafo 281 BGB podría en ciertas circunstancias afectar injustamente al poseedor de buena fe, pues éste quizá utilizó para sus propios fines la subrogación, en la creencia de que le correspondía. Generalmente será libre, con arreglo al parágrafo 275 BGB. Para salvaguardar la unidad valorativa con las demás reglas jurídicas de las relativas a la relación propietario-poseedor se deberá exigir, para una responsabilidad obligatoria en el sentido del parágrafo 280, siempre culpa grave en cuanto a la creencia en la propia legitimación, en aplicación analógica del parágrafo 990 BGB.

30 Para la doctrina dominante *vid.* por todos WESTERMANN, *Sachenrecht,* 5.ª ed. 1966, § 1 IV 4.

31 Por la vía del parágrafo 818 I HS. 2 no siempre se puede alcanzar un resultado satisfactorio cuando los preceptos relativos al enriquecimiento se aplican junto con los parágrafos 987 y ss. BGB (lo cual podría de hecho no ser problemático en cuanto al subrogado), pues no es imprescindible que junto a la pretensión basada en el parágrafo 985 se dé también la basada en el parágrafo 812; además, con arreglo al parágrafo 819 I sólo perjudica el conocimiento positivo (por lo demás podría pensarse en extender el parágrafo 819 en la medida necesaria para salvaguardar la unidad valorativa con los demás supuestos de la relación propietario-poseedor).

partir solamente de los preceptos, debido a la poco afortunada redacción de los parágrafos 171 ly 173 (y que, en consecuencia, son también discutidos). Con ello la inserción de los parágrafos 171 y 172 en el contexto sistemático general[32] posibilita captar plenamente su contenido teleológico y fijar en concreto la consecuencia jurídica. A tal efecto aquí, contrariamente a lo que ocurre en el último ejemplo y en mucha mayor medida que en el primer ejemplo, incide aún un segundo elemento, sobre el que pronto volveremos: el de la salvaguarda de la unidad valorativa con los demás supuestos de responsabilidad por apariencia jurídica[33].

2. La integración de lagunas a partir del sistema

Lo que se ha mantenido hasta aquí para la interpretación en sentido estricto, es decir, para la interpretación de las normas en el marco del sentido posible de sus términos, vale también mutatis mutandis para el *colmado de lagunas.* La afirmación de la Jurisprudencia de intereses, en el sentido de que la integración de lagunas no sería posible por la vía de la argumentación basada en el sistema, es, por tanto, desacertada en lo que se refiere a un sistema teleológico[34], por lo que tampoco tiene sentido para éste la frecuente contraposición entre «construcción interpretativa» y «construcción integradora de lagunas»[35]. Si en el desarrollo del sistema interno de un ordenamiento jurídico se trata de sacar a la luz las valoraciones básicas determinantes, tenemos que con ello se dejan al descubierto aquellos elementos con cuya ayuda se hace posible tanto el establecimiento[36] como la integración de lagunas en una serie de casos: los principios generales del derecho.

Nuevamente los ejemplos confirman lo dicho. Si, por ejemplo, el parágrafo 904 párrafo 2 BGB se califica (junto con la doctrina siempre dominante[37]) como supuesto de *responsabilidad por injerencia*[38], de ello se sigue sin más la solución para la integración de la laguna contenida en este precepto, esto es, para la pregunta acerca de los obligados por la reclamación: responde *el que se entromete.* Si, por el contrario, en el parágrafo 904 párrafo 2 se ve (con la opinión convincente[39]) un caso de *responsabilidad por privación,* la laguna se ha de

32 En éste surge nuevamente el problema de la circularidad. Para evitarlo se necesita un criterio que no esté en interrelación con la cuestión de la relevancia de la mala fe; si aquél se encuentra, éste queda sin más solucionado.

33 Como ejemplo vid. en este contexto también la interpretación sistemática de los parágrafos 370 y 405 BGB *infra* p. 133.

34 Esto no quiere decir, por supuesto, que el colmado de lagunas a partir del sistema sea *siempre* posible. La Jurisprudencia de intereses tenía razón en su rechazo de la tesis de que sobre la base del sistema pueda fundamentarse la *clausura* del ordenamiento jurídico, *vid.* más extensamente *infra* IV 4 y § 6 III 1.

35 Esta terminología podría remontarse a TRIEPEL, *vid. Staatsrecht und Politik, Berliner Rektoratsrede,* 1927, pp. 22 y s.

36 Sobre éste *vid.* más ampliamente en el texto II 2.

37 Exposición y referencias en HORN, *JZ* 1960, pp. 350 y ss.

38 Este concepto está hoy bastante difundido en la dogmática.

39 *Vid.* por todos LARENZ, *Schuldrecht B.T.,* 8.ª ed. 1967, § 72, 1.

cerrar, en correspondencia con las reglas generales y la coherencia interna del principio de privación, en el sentido de que está obligado el *favorecido.* Algo similar vale en cuanto al requisito de la imputabilidad del responsable: si se trata de responsabilidad por injerencia es exigible, en analogía con los parágrafos 827 y siguiente del BGB; si se trata de responsabilidad por privación, es irrelevante[40]. Así, en el ejemplo del parágrafo 904 párrafo 2 no sólo resulta claro cómo los criterios decisivos para la integración de una laguna surgen de modo inmediato a partir de la ordenación dogmática, sino también cómo con la calificación sistemática, al mismo tiempo, se modifica el resultado -lo cual no es sorprendente si se piensa que en la diferente ordenación del parágrafo 904 párrafo 2 se expresan precisamente opiniones contrapuestas sobre su contenido.

Similarmente, a partir de la teoría de la creación o a partir de la teoría del contrato y de la teoría de la apariencia jurídica surgen, en derecho de títulos valores, consecuencias prácticas para una serie de problemas particulares[41]. Por tanto, no es acertado cuando HECK afirma que la decisión en favor de una u otra de estas teorías no encierra «ningún juicio de valor» y no podría alcanzarse «antes de la integración de lagunas, sino justamente después»[42]. Más bien acontece aquí precisamente aquella compleja interacción que más arriba[43] se ha descrito: se busca primeramente comprender las determinaciones de la ley con ayuda de una de las teorías, así como insertar tales determinaciones dentro de las valoraciones básicas de nuestro derecho privado; luego a partir de la teoría se extraen las consecuencias para los casos no legalmente regulados, se examina la fuerza de convicción de los resultados así obtenidos[44], se modifica, en su caso, la teoría en uno u otro sentido, se examinan de nuevo sus consecuencias, etc. Por tanto, no se colma *primero* la laguna y se forma *después* la teoría, sino que la laguna se colma *al mismo tiempo* que la teoría se forma y la teoría se forma *al mismo tiempo* que la laguna es colmada. Este proceso no sólo es confirmado por la investigación fenomenológica[45], sino que tampoco puede concebirse de otra manera, pues de lo contrario no quedaría asegurada la coherencia y unidad del ordenamiento jurídico: sólo un constante «ir y venir de la mirada» puede contrapesar el peligro de que la pluralidad de cuestiones particulares de que se trata en una problemática tan com-

40 *Vid.* más ampliamente CANARIS, *NJW* 64, 1993.

41 Sobre éstos en particular *vid.* por ejemplo JACOBI, *Ehrenbergs Handbuch* IV 1, 1917, pp. 304 y ss.; ENNECCERUS-LEHMANN, *op. cit.*, § 208 II = p. 844.

42 *Vid. Begriffsbildung*, cit., p. 103; correctamente LEHMANN, *op. cit.*

43 *Vid.* pp. 92 y s.

44 Con arreglo a qué se examinan los resultados es una cuestión poco aclarada todavía. Seguramente juega aquí un papel esencial el sentimiento jurídico, pero se debe intentar, más allá, apoyar la «justicia material» de un resultado sobre criterios objetivos como la «naturaleza de la cosa», la practicabilidad, la coincidencia con valoraciones presentes en otros lugares de la ley, la compatibilidad con valores y principios jurídicos generales como la protección del tráfico y similares, etc.

45 Evidentemente, desde el punto de vista *psicológico* el proceso puede transcurrir de modo distinto.

pleja como la de las «teorías del derecho de títulos valores» sea decidida con arreglo a criterios contradictorios; sólo la formación de una teoría en sí cerrada, por mucho que siempre provisional y modificable, asegura la unidad interna. A tal efecto, la mencionada interacción existe sólo respecto a los problemas más importantes, mientras que en la formación de la teoría no se puede prestar atención a cuestiones concretas menos relevantes. En esa medida, las lagunas de la ley se han de colmar *sin más* (es decir, sin que el resultado obtenido pueda poseer influencia para la modificación de la teoría) a partir de la teoría, es decir, a partir de la o las ideas básicas pensadas como decisivas. Por tanto, para estos casos vale justamente lo contrario del párrafo citado de HECK, y como justificación hay que remitirse nuevamente a la idea de coherencia valorativa. Pero con ello se hace referencia ya al segundo elemento esencial que presta al sistema su relevancia para la obtención del derecho.

II. La importancia del sistema para el aseguramiento de la unidad y coherencia valorativas en el desarrollo del derecho

Esta resulta, según la opinión desarrollada en este trabajo, a partir de la tarea antes[46] asignada al concepto de sistema y de la definición de ahí derivada[47]. Esta función del sistema se ha de diferenciar básicamente de la antes discutida -el descubrimiento del contenido valorativo de un precepto o de un instituto-, aun cuando esté en estrecha relación con ella. Mientras allí la clave radica en comprender lo especial -aunque sea como parte de la general-, aquí se trata preferentemente, a la inversa, de garantizar lo general -si bien en lo especial. Ambas funciones del sistema para la obtención del derecho están entrelazadas y son interdependientes en la interacción dialéctica entre lo general y lo especial, pero también son distintas entre sí.

En lo que se refiere al modo de operar del sistema en el aseguramiento de la unidad y coherencia en la obtención del derecho, su efecto puede ser tanto conservador como dinamizador y, por tanto, tanto puede obstaculizar como impulsar el desarrollo del derecho. En el primer caso una determinada solución se rechaza por «contraria al sistema», en el segundo caso se desarrolla una solución nueva como exigida por el sistema; en el primer caso se trata en lo esencial de *evitar contradicciones valorativas,* en el segundo de *establecer lagunas.*

1. La evitación de contradicciones valorativas

La primera función del sistema es a menudo destacada[48]. Así, LARENZ ve como un «indicador de un logrado desarrollo judicial del derecho» el que el nuevo enunciado jurídico no entre en contradicción con el sistema legal, sino

[46] *Vid.* ante todo §§ 1 II, 2 II 2.

[47] Esa definición es ya muy claramente reconocida en KRETSCHMAR, *Methode der Privatrechtswissenschaft, op. cit.,* p. 42 y *Jher. Jb.* 67, p. 273.

[48] *Vid.* últimamente ante todo ESSER, *Wertung, Konstruktion und Argument im Zivilurteil,* 1965, pp. 14 y ss., quien expresamente hace referencia a la «función de control» de la ordenación sistemática.

que más bien se pueda «incorporar sin ruptura al conjunto dado del ordenamiento jurídico»[49] Como ejemplo de un desarrollo del derecho desafortunado por contrario al sistema menciona Larenz la *transmisión en garantía*[50]. Otro ejemplo en este contexto podría ser el «*apodera- miento aparente*» cuando se lo concibe tal como lo hacen hoy la jurisprudencia y la doctrina dominante, es decir, cuando se lo extiende más allá del Derecho mercantil y se lo lleva hasta el Derecho civil y se hace que baste el desconocimiento culpable del mandante en cuanto a la comparecencia del falsus procurator, pues, con arreglo a la regulación del error en el BGB, en caso de que falte la conciencia de la declaración existe una responsabilidad por los intereses negativos con arreglo al parágrafo 122 BGB, pero no una responsabilidad de cumplimiento como en el caso de responsabilidad por apariencia jurídica, y a tal respecto nada cambia el que el error o el desconocimiento sea culpable. Por tanto, la regulación del error en el BGB pone obstáculos insalvables para un desarrollo del derecho en ese sentido, y manifestaciones como el mandato aparente o las reglas sobre las cartas mercantiles confirmadoras deben, en consecuencia, configurarse de tal manera que se muestren como excepciones estrictamente limitadas y objetivamente fundadas frente a esa decisión básica del legislador, no como arbitrarias rupturas del sistema[51]. De otro modo no tiene solución la decisiva pregunta acerca de si y bajo qué presupuestos se puede en casos similares avanzar hacia un desarrollo del derecho, y la inevitable consecuencia son una serie de decisiones singulares inconexas y contradictorias, es decir, injusticia e inseguridad jurídica.

La importancia práctica del sistema para la evitación de contradicciones valorativas no sólo se muestra a propósito de la cuestión de *si* el derecho debe ser desarrollado, sino también respecto del problema de *cómo* ha de tener lugar ese desarrollo (una vez que su admisibilidad ha quedado ya establecida). También en la concreción de principios no suficientemente configurados en la ley se necesita una ordenación dogmática para el aseguramiento de la unidad interna[52]. Así por ejemplo, el principio de ponderación de bienes conduce, mediante su anclaje dogmático como motivo justifícalo rio del estado de necesidad «supralegal», a normas susceptibles de subsunción -con lo que esa ubicación sistemática nuevamente es de inmediata relevancia práctica, por ejemplo en cuanto a la posibilidad de legítima defensa frente a la acción en estado de necesidad, o para la cuestión de una acusación de delito contra el autor en estado de necesidad. También a este contexto pertenece la concreción del principio de *protección de la personalidad.* Aquí, como a menudo se ha destacado, el sistema del BGB, o, más exactamente, el principio de limitación de la protección por delito a derechos absolutos, hubiera exigido que se hubieran formado concretos derechos de la personalidad ní-

---

49 *Vid. Kennzeichen geglückter richterlicher Rechtsfortbildungen,* 1965, pp. 6 y ss., 13.
50 *Vid. op. ult. cit.,* pp. 6 y ss.
51 *Vid.* CANARIS, *Die Vertrauenshaftung im deutschen Privatrecht,* 1971, pp. 217 y ss.
52 *Vid.* más ampliamente CANARIS, *Die Feststellung von Lücken,* cit., pp. 162 y s., 164 y ss.

tidamente acotados como supuestos, en lugar de un derecho «general» de la personalidad al modo de cláusula general.

2. El establecimiento de lagunas

Por otro lado, no se debe infravalorar el impulso hacia el desarrollo del derecho que nace de la idea de sistema. La idea de coherencia y unidad del derecho acredita una extraordinaria energía dinamizadora en la medida en que se la tome en serio y no se entienda al derecho, resignadamente, como un azaroso conglomerado de decisiones particulares históricamente acaecidas. El problema de si un determinado principio es *«soporte del sistema»* incluye la pregunta sobre si es «constitutivo» para el sector jurídico en cuestión, y esta pregunta, a su vez, es idéntica a la pregunta sobre la *«generalidad»* de un principio. Una vez que un principio se ha reconocido como «general», en especial una vez que se capta su peso ético- jurídico y su jerarquía jurídico-positiva, puede tal principio, unido al imperativo de coherencia valorativa, conducir a un insospechado desarrollo del derecho: no se trata sino del *establecimiento de lagunas* de la mano de un principio general[53]. En consecuencia, la coherente conformación del sistema también influye en esta medida[54] en la complementación del ordenamiento jurídico. Cuando se extrae un principio «general», el principio de igualdad impone en muchos casos el reconocimiento de normas no escritas, y no es, pues, sorprendente que en no raras ocasiones se hayan formado nuevos institutos de decisiva importancia en el sistema a partir de supuestos particulares aparentemente delimitados de modo estricto, como por ejemplo los parágrafos 122, 179, 307 BGB o 171, 172, 405 BGB o 242 BGB: con arreglo a su peso interno las valoraciones incorporadas en aquellos preceptos son «generales» y no puede perderse de vista que antes o después influyen de manera patente en el sistema y contenido del derecho válido. Por tanto, es también muy discutible el reproche que una y otra vez se hace a la jurisprudencia en el sentido de que ésta para el desarrollo del derecho busca en la ley «asideros». Esto no debería rechazarse como «resto positivista» ni criticar como fundamentación aparente la pretensión de fidelidad a la ley que de ese modo se expresa, sino reconocer que por detrás está una idea correcta desde el punto de vista metodológico y iusfilosófico: es mucho más fácil limitarse a presentar la coherencia «formal» de una valoración que probar (de lege lata) su «justicia» y obligatoriedad materiales; y, en consecuencia, ya se ha avanzado mucho cuando en un precepto se ha descubierto una determinada idea jurídica y sólo queda ya preguntarse por qué no es válida con alcance «general». Cierto es que también esta pregunta encierra a menudo agudos problemas valorativos[55], y cierto es que aquí siempre se corre el peligro de enredarse en el círculo entre lo general y lo especial, pero por regla general

---

[53] *Vid.* al respecto pormenorizadamente CANARIS, *op. ult. cit.*, pp. 93 y ss

[54] *Vid.* por lo demás también *supra* I 2.

[55] Los cuales van mucho más allá de una mera analogía particular.

estas dificultades son menores que las de derivar la obligatoriedad de una idea jurídica *solamente de* su justicia material[56].

Así, junto a la primera función del sistema, en cierta manera negativa, de evitar la formación de contradicciones valorativas, surge la segunda función, en cierta forma positiva, de desarrollar el derecho en correspondencia con el peso interno de los principios «generales» en él contenidos y relevantes para el sistema. En ambos casos se trata del aseguramiento de la unidad valorativa, pues también una laguna no colmada, en contra del imperativo de igualdad, supone una contradicción valorativa (en sentido amplio).

III. El contenido valorativo de las construcciones legales

La inserción sistemática encierra valoraciones. Esto no sólo vale para la formación del sistema mediante la ciencia y la jurisprudencia, sino también para las *«construcciones» del legislador»*[57]. Haber desconocido esto fue uno de los más graves errores de HECK y la Jurisprudencia de intereses en su crítica al sistema, pues la afirmación de que el juez no está vinculado a las construcciones del legislador y puede corregirlas como si se tratase de un error de redacción (¡!)[58] rompe en una cuestión esencial el principio básico de fidelidad a la ley, por lo demás respetado también por la Jurisprudencia de intereses. Esto ha llevado también, como era de esperar, a decisiones equivocadas en cuestiones prácticas.

Uno de los más conocidos ejemplos que, significativamente, el mismo HECK contempla como característico de su concepción metodológica[59], es su doctrina de la *«comunidad de fines» entre derecho de crédito y garantía real.* Polemiza contra el «dogma de la accesoriedad», con arreglo al cual el derecho de garantía es

56 Sobre la relación entre sistema y justicia material *vid.* también *infra* IV 3.

57 En consecuencia, es sumamente discutible la extendida afirmación de que el legislador no puede «prescribir enfoques dogmáticos, sino sólo consecuencias jurídicas». Es cierto que el legislador no puede estatuir la corrección de una determinada teoría *en cuanto tal,* pero puede inclinarse por ella *mediante las consecuencias jurídicas.* Por eso no son *sin más* decisivas para la ciencia las formulaciones dogmáticas que el legislador ha empleado ni sus tomas de postura cognoscibles en favor o en contra de una determinada teoría, pero la ciencia queda vinculada cuando las consecuencias jurídicas establecidas sólo pueden explicarse con ayuda de la teoría en cuestión o cuando están en contradicción con ella. Parecidamente problemática es la advertencia al legislador de que debe abstenerse de tomar postura sobre teorías científicas. Cierto es que debe apartarse de las quimeras doctrinarias y no retroceder ante diferenciaciones materialmente adecuadas en el caso de que éstas no puedan (aún) «explicarse» teorética o sistemáticamente, pero, por otro lado, nada es tan peligroso como un «perezoso» compromiso entre varias teorías, pues éste necesariamente conducirá a contradicciones valorativas y a distorsiones de la unidad interna del ordenamiento jurídico y, con ello, a injusticias. Así, en este contexto también hay que insistir en que también el legislador está ligado a la idea de sistema (¡incluso en sentido constitucional!), *vid.* más ampliamente infra § 6 I 4.

58 *Vid.* HECK, *op. ult. cit.,* pp. 86 y s. y, para el ejemplo que a continuación se trata, *Sachenrecht,* § 78 IV 2; también STOLL, *Jher. Jb.* 75, p. 171, nota 2, con referencias; pero en otro sentido y correctamente RÜMELIN, *op. cit.,* pp. 351 y s.

59 *Vid. Sachenrecht, Prefacio,* p. III, nota 1.

accesorio frente al de crédito, y en su lugar coloca la teoría de la comunidad de fines, según la cual crédito y garantía, puesto que en lo económico se dirigen por igual a la satisfacción del interés del acreedor, se hallan también jurídicamente en una comunidad «paritaria». Contrariamente a la construcción legal, la relación entre crédito y garantía real habrá de verse, en consecuencia, no como la relación entre crédito y garantía personal, sino como la relación de varias créditos solidarios sucesivos[60]. Con razón no ha logrado imponerse esta opinión, pues no se trata en modo alguno de una «construcción conceptual exenta de valoración»[61], sino de una *valoración con ropajes de construcción.* Dice Westermann con razón que «el tenor literal y el sistema de la ley inequívocamente han colocado el crédito y la hipoteca en la relación de derecho determinante de competencia y derecho determinado en la competencia», y la aplicación del derecho estaría vinculada por ello. Y con razón añade también que esta relación se corresponde igualmente con «la idea económica, que, contrariamente a lo que entiende Heck, no está determinada sólo por la seguridad, sino que piensa en el caso habitual de desarrollo normal del asunto, esto es, en el pago del crédito»[62]. Por tanto, aquí la construcción no es «contraria a la vida», pero aunque lo fuera sería en este caso vinculante, ya que la ley puede valorar los fenómenos vitales de modo contrario a los hechos, es decir, en contradicción con la naturaleza de la cosa, sin que -al margen de los casos de manifiesta arbitrariedad en el sentido del art. 3 de la Ley Fundamental- sólo por ello se pierda su vinculatoriedad[63]. Por tanto, se equivoca totalmente Heck cuando extiende su teoría incluso a la *hipoteca* y de la comunidad del fin económico deriva aquí una comunidad de destino jurídico con el crédito garantizado[64], con la consecuencia de que modificaciones en la existencia de uno de los derechos afectan sin más al otro de la misma manera. Más bien la ley, con la hipoteca y la deuda inmobiliaria, ha puesto a disposición *dos* tipos *distintos,* y cuando las partes se deciden por la deuda inmobiliaria, es decir, por el tipo que garantiza al acreedor una posición más fuerte, también eligen con ello, al mismo tiempo, una valoración de intereses diferente, favorable al acreedor.

Un segundo ejemplo, similarmente clarificador, lo ofrece la cuestión de si es posible la adquisición de buena fe de un derecho de prenda en realidad no existente por parte de un segundo, tercero o cuarto adquirente del aparente titular de un derecho de prenda. La doctrina dominante[65] lo niega, remitiéndose a la construcción de la transmisión de prenda en el parágrafo 1250 I 1 BGB: el derecho de prenda pasa a un nuevo acreedor *ipso iure con independen-*

---

60 *Vid. Sachenrecht,* § 78; *vid.* también § 82 y § 101, 6.

61 Así HECK, *op. ult. cit.,* § 78 TV 2a.

62 *Vid. Sachenrecht,* 5.ª ed. 1966, § 93 II 4 c; *vid.* también § 114 II 1 c (para la hipoteca) y § 126 I 3 (para el derecho de prenda).

63 *Vid.* también *infra* § 61 4 b.

64 *Vid. op. ult. cit.* § 100, 5 a; por contra, con razón, por ejemplo WOLFF-RAISER, *Sachenrecht,* 10 ed. 1957, § 132 I 2, con nota 7; WESTERMANN, *op. cit.,* § 116 III a.

65 *Vid.* por todos WOLFF-RAISER, cit., parágrafo 170 II 1, nota 4; BAUR, SACHENRECHT, 4.ª ed., 1968, parágrafo 55 B V 3.

cia de la entrega de la cosa, sólo con la cesión del crédito, y por ello falta uno de los presupuestos típicos de la adquisición de buena fe en el derecho mobiliario, como es la satisfacción del principio de tradición. HECK, apelando a las necesidades de la vida, defiende la opinión contraria y cree que «la necesidad de protección de la adquisición no puede verse defraudada por una defectuosa construcción jurídica del acontecer»[66]. WESTERMANN se adhiere a tal opinión, alegando que no resulta patente que la ley no haya querido tratar al derecho de prenda como objeto del tráfico[67]. Se ha de seguir la opinión dominante. Westermann ha proporcionado el punto de vista correcto, sólo que la respuesta debe ir exactamente en sentido inverso: *puesto que* la ley, en cuanto a la transmisión, trata el derecho de prenda *como anexo no independiente* (!) del crédito[68], el cual, por su parte, precisamente por ello no se configura como objeto del tráfico, se ha de reconocer[69] que la ley tampoco ve a éste como objeto del tráfico. Sólo así cabe darle un sentido al parágrafo 1250 y evitar una contradicción valorativa: la incardinación bajo las reglas del derecho de cesión debe valer también coherentemente para un mero «anexo» y con exclusión de la adquisición de buena fe, tal como es propio de este sector del derecho[70-71]. Nuevamente la construcción contiene la valoración[72]; un presentar la construcción como irrelevante significa por ello también desatender la valoración.

66 *Vid. op. cit.,* parágrafo 105 V.

67 *Vid. op. cit.,* parágrafo 132 I 1 b.

68 El carácter de anexo, es decir, la renuncia a un efecto constitutivo de la entrega es lo decisivo, no el hecho de que se trate de una adquisición por imperio de la ley, pues a este último punto de vista se puede replicar que el parágrafo 1250 I simplemente da cuenta de la presunta voluntad de las partes, con lo que estamos ante una especie de transmisión negocial legalmente tipificada, de modo que se podría afirmar una necesidad de protección del tráfico opuesta al caso normal de adquisición legal.

69 Esto rige desde el punto de vista de la teoría objetiva. Por lo demás, la exclusión de la adquisición de buena fe es querida incluso por el redactor de la ley (*vid. Mot. III,* p. 837), de modo que también un partidario de la teoría subjetiva habría de reconocer la decisión como forzosa.

70 En el caso de la hipoteca el BGB ha coherentemente situado la cesión del crédito bajo las reglas del derecho inmobiliario.

71 Incluso si la entrega fuera constitutiva y, por tanto, la transmisión de la prenda siguiera las reglas del derecho de cosas muebles, la admisibilidad de la adquisición de buena fe seguiría siendo sumamente objetable, pues con arreglo al BGB la posesión exterioriza la propiedad, pero no sin más también un derecho de prenda. Es muy probable que el poseedor sea además propietario, pero ninguna probabilidad semejante indica que el poseedor no propietario -el tercero conoce aquí la ausencia de propiedad- sea acreedor pigniraticio: puede igualmente ser prestatario, arrendatario, comisionista, etc. En atención a esta situación, la ley ha negado la protección de la buena fe en el poder de disposición, y estaríamos ante una contradicción valorativa si se protegiera la buena fe en la existencia de un derecho de prenda, respecto del cual la mera posesión no ofrece una base más segura que respecto del poder de disposición.

72 Que WESTERMANN, *op. cit.,* niegue esto aquí y se adhiera a HECK no parece coherente con su postura contraria *(vid.* en general parágrafo 93 II 4 c, y para el derecho de prenda parágrafo 126 I 3) sobre la polémica de HECK contra el principio de la «accesoriedad». También para la configuración del parágrafo 1250 I 1 ha indiscutiblemente desempeñado un considerable papel la decisión del legislador en favor de la accesoriedad de las garantías reales, y así se refiere HECK, *op. cit.,* expresamente a su rechazo general del «dogma de la accesoriedad».

También en el *desarrollo del derecho* hay que tener en cuenta que las construcciones legales contienen valoraciones. Esta idea alcanza importancia práctica por ejemplo en lo que se refiere al *cambio de titularidad de una anotación preventiva*. Esta no está expresamente regulada por la ley y toda la doctrina dominante resuelve el problema, por ello, mediante una aplicación analógica del parágrafo 401 BGB, de modo que la anotación preventiva se transmite ipso iure con la cesión del crédito garantizado[73]. Pero con ello ha recaído al mismo tiempo, lo cual a menudo no se tiene suficientemente en cuenta, la decisión sobre la cuestión de si es posible la adquisición por un segundo, tercero o cuarto adquirente de buena fe de una anotación preventiva a partir de alguien no habilitado por una anotación preventiva. Vale aquí lo mismo que se ha dicho del correspondiente problema en el caso del derecho de prenda: puesto que se trata de una adquisición fuera del registro de la propiedad (!), es decir, con arreglo a las reglas del derecho de cesión y no a las del derecho inmobiliario[74], una adquisición de buena fe queda excluida[75]. La inclusión de la transmisión de la anotación preventiva bajo el parágrafo 401 *en lugar de bajo el parágrafo 873 del BGB* sólo puede tener el sentido de que ahí no se ve un derecho del tráfico inmobiliario, sino meramente un medio no independiente de aseguramiento para el crédito, un anexo del mismo, y al igual que de éste no cabe una adquisición de buena fe, coherentemente tampoco cabe de aquélla[76]. Por tanto, con la pregunta primera se ha decidido también la segunda. Sobre la solución de la primera cabe discutir, la solución de la segunda, por contra, viene dada, y toda desviación de ahí conducirá a una contradicción con la valoración sentada al responder a la pregunta primera -con lo que nuevamente se muestra la elevada importancia del sistema para el aseguramiento de la coherencia valorativa.

IV. Las limitaciones de la obtención del derecho a partir del sistema

Si en lo hasta aquí expuesto se acentuó la importancia del sistema para la obtención del derecho en mayor medida de lo que hoy suele ser habitual, tenemos, por otro lado, que esa importancia tampoco puede ser sobrevalorada y no pueden perderse de vista los límites a que está sometida la averiguación sistemática del derecho[77]. Al respecto cabe distinguir varios aspectos.

---

73 *Vid.* por todos RGZ 142, 331 (333); BAUR, *op. cit.*, § 20 V 1 a; WESTERMANN, *op. cit.*, § 84 VI.

74 Por contra, resulta poco relevante que se trate de una adquisición por imperio legal; vale aquí también la nota 68.

75 Muy discutido. Sobre esta problemática *vid.* ante todo *BGHZ 25*, 16 (23); MEDICUS, *AcP 163*, 1 y ss. (8ss); REINICKE, *NJW 64*, p. 2372 y ss. (2376ss); BAUR, *op cit.*, parágrafo 20 V 1a; WESTERMANN, *op. cit.*, parágrafo 85 IV 4, donde también se toma posición expresa sobre la problemática metodológica y, contrariamente a lo que en el texto sostenemos, se niega el contenido valorativo de la construcción (*vid.* también al respecto *supra*, nota 72.

76 Sobre la objeción de que el parágrafo 401 menciona también la hipoteca y de que lo dicho en el texto no se adecúa a ello, *vid. supra*, nota 70.

77 Vid. al respecto también HERSCHEL, *BB 66*, pp. 791 y ss. que, sin embargo, se fija predominantemente en la argumentación a partir del sistema «externo».

1. La necesidad de control teleológico

Un primer límite resulta del carácter teleológico de todo argumento sistemático correctamente entendido. Hay que tener en cuenta que el sistema no formula adecuadamente aquella valoración que, por ello, está en cuestión y que, por esa razón, se hace necesario siempre un correspondiente -al menos implícito- *control teleológico* acerca de si la premisa mayor o el concepto general, etc., tomado del sistema, refleja de modo adecuado y pleno el contenido valorativo de referencia. Así por ejemplo, sólo muy condicionadamente es útil la frase, no raramente usada como argumento sistemático, que dice que en la adquisición por vía de ley no cabe la protección de la buena fe. Cierto es que se relaciona con la idea correcta de que la adquisición *ex lege* se realiza independientemente de la voluntad de parte y que, por ello, carece generalmente de la necesidad de protección del tráfico que es imprescindible para la adquisición de buena fe, pero en su formulación va más allá de esa su «ratio». Esto es peligroso porque de esta forma no se adecúa a todos los supuestos de adquisición por vía de ley[78], ya que una transmisión *ex lege* puede en ciertas circunstancias ser también solamente el revestimiento técnico-jurídico de una (mediata) transmisión negocial[79]. Así, por ejemplo, en el caso de contrato de obra, el derecho «legal» de prenda sobre la cosa producida, con arreglo al parágrafo 647 BGB podría ser en verdad un mero derecho de garantía «negocial» *legalmente tipificado,* de modo que ha de afirmarse la posibilidad de adquisición de buena fe[80]: el parágrafo 647 dispone sólo lo que las partes mismas acordarían de modo típico y razonable[81]. Por tanto, la frase sobre la inaplicación de la protección de la buena fe en las adquisiciones por vía de ley elevada a argumento sistemático, es, por lo expuesto, utilizable solamente cuando se la contempla sobre el trasfondo de la idea jurídica que -como principio- expresa y, en su caso, se la limita correspondientemente (por la vía de una forma de «reducción ideológica»).

2. La posibilidad de un desarrollo del sistema

Una segunda limitación esencial en la obtención del derecho a partir del sistema surge del carácter abierto del sistema (detenidamente planteado en el parágrafo anterior). De tal carácter se sigue que la comprobación de

---

78 Así, con arreglo al parágrafo 1153 I BGB, la hipoteca por vía de ley (¡) se transmite con la transmisión del crédito y, no obstante, está fuera de duda que, conforme al parágrafo 892 BGB, puede ser adquirida de buena fe. Tampoco es la frase criticada, en su generalidad, compatible con el parágrafo 366 III HGB.

79 Este es con seguridad el caso del parágrafo 1153 I BGB, pero podría ser también, por ejemplo, el de los parágrafos 401 y 1250 BGB; no obstante, en los dos últimos casos no cabe una adquisición de buena fe, *vid. supra* III.

80 Sobre la discutida cuestión vid. por todos, por un lado, BGHZ 34, 122 y 153 y, por otro lado, WESTERMANN, *op. cit.,* parágrafo 133 I, con exhaustivas referencias.

81 Si el parágrafo 647 no existiera, la jurisprudencia cautelar hace tiempo que habría fundado en el AGB la constitución de un derecho de garantía y, entonces, el parágrafo 1207 BGB sería aplicable de modo inmediato.

que el sistema (hasta ahora existente) exige o contradice una determinada solución no puede asumirse sin más como solución definitiva, sino que, adicionalmente, ha de examinarse aún la *posibilidad de un desarrollo del sistema.* Lo que una vez pareció, o incluso fue, correcto a tenor del sistema, puede poco más tarde, bajo ciertas circunstancias, acreditarse como superado. En consecuencia, en la obtención del derecho a partir del sistema hay que guardarse del error de pensar que el sistema está siempre dado y acabado y tiene dispuesta sin más la correspondiente solución del problema. Más bien vale también para el sistema lo que *Engisch*[82] expuso para la idea -subyacente al sistema- de la «unidad del ordenamiento jurídico»: no es sólo axioma, sino también postulado, no está sólo dado de antemano, sino también procurado, y para la relación entre formación del sistema y obtención del derecho esto significa que entre ellas no existe una relación unilateral sino una *inter*relación[83]: así como el sistema influye en la obtención del derecho, ocurre también, a la inversa, que la plena formación del sistema acontece en el proceso de obtención del derecho. *De ese modo, además de bajo la reserva de «control teleológico», todo argumento sistemático está también, sometido a la posibilidad de un desarrollo o reformulación del sistema*[84].

3. Corrección sistemática y justicia material

Por contra, se exige prudencia cuando se combate una solución «sistemáticamente correcta» acogiéndose a la *«justicia material»*[85]. La contraposición que en una tal argumentación se presupone no se da en modo alguno; al contrario: el sistema, como suma de todos las valoraciones básicas que configuran un ordenamiento jurídico, trae a la luz precisamente la justicia material, tal como ésta se ha realizado en el respectivo ordenamiento jurídico positivo. Con razón COING ha designado el sistema como el intento de «abarcar el todo de la justicia en una suma de principios racionales en atención a una determinada forma de la vida social»[86], y LARENZ incluso lo ha equiparado con la «concreción histórica de la idea de derecho»[87]. Por tanto, en este contexto hay que insistir nuevamente en que los argumentos sistemáticos *ex definitione* no expresan más que el «pensar hasta el fin», en aras del principio de igualdad, las valoraciones básicas de la ley, y que tales argumentos obtienen su legitimidad y su eficacia sobre la base, por igual, de la autoridad del derecho positivo y de la dignidad del principio de justicia.

---

82 *Vid. Die Einheit der Rechtsordnung,* pp. 69 y s. (*vid.* también pp. 83 y s.); coincidentemente LARENZ, *Methodenlehre,* pp. 135 y s.

83 Esta podrá tal vez entenderse como dialéctica.

84 Sobre los pormenores podemos remitirnos a las consideraciones expuestas *supra* parágrafo 3; *vid.* allí especialmente IV.

85 Fórmula típica -generalmente utilizada de modo totalmente irreflexivo- es la de que la corrección sistemática o la unidad del sistema no pueden «realizarse a costa de la justicia material».

86 *Vid. Zur Geschichte des Privatrechtssystems,* p. 28.

87 *Vid. Festschrift für Nikisch,* p. 304.

Hasta qué punto es cuestionable el desatender las soluciones sistemáticamente exigidas acogiéndose a la justicia material, podemos verlo a la luz de un ejemplo, especialmente característico, tomado del Derecho del trabajo. Corresponde, como es conocido, a la jurisprudencia constante y a la doctrina dominante la tesis de que, bajo ciertos presupuestos, un trabajador no está obligado frente al empleador, o no lo está en todo su alcance, a indemnizar por los daños acaecidos con ocasión de *«actividad con riesgo de daño»*, aun cuando concurran los presupuestos de una «infracción positiva de una obligación» o de una acción ilícita. Tanto como indiscutido resulta esto en línea de principio, tanto quedan sin aclarar los pormenores, y al respecto existe discusión ante todo sobre la cuestión de qué circunstancias son determinantes para la afirmación de una pretensión de reparación por daños y para su cuantía en concreto; especialmente resulta dudoso si en este contexto se han de invocar también criterios «sociales», tales como edad, estado familiar y situación patrimonial del trabajador. Esto último contradice inequívocamente el sistema del Derecho Civil, el cual, tanto en lo que se refiere al fundamento de la obligación de reparación como a su cuantía (¡parágrafo 254 BGB!) básicamente sólo contempla criterios de imputación, pero no criterios sociales del tipo mencionado. Por ello, conforme con el sistema sólo es en todo caso una solución que se apoye exclusivamente en elementos de imputación y que, ante el ilícito culposo por parte del trabajador, traiga a colación, con efectos aminoradores o excluyentes de la pretensión, la idea de imputación del riesgo del lado del empleador[88]. La opinión contraria no puede pretender ser «sistemáticamente correcta», sino que intenta -expresamente o por vía de hecho-justificar su carácter contrario al sistema mediante la invocación de supuestas exigencias de la justicia material[89], las cuales aquí, en razón de la especial naturaleza de la relación labo-

---

88 Sobre esta idea *vid.* ante todo GAMILLSCHEG-HANAU, *Die Haftung des Arbeitnehmers,* 1965, pp. 34 t ss.; LARENZ, *Schuldrecht, B.T.*, parágrafo 48 II d; CANARIS, *RdA 66,* pp. 45 y ss.

89 Característico, últimamente, WIEDEMANN, *Das Arbeitsverhältnis als Austausch- und Gemeinschaftsverhälnis,* 1966, p. 20. El reproche de que las exigencias de la justicia material se subordinarían a la unidad del sistema puede fácilmente invertirse y volverse contra el mismo Wiedemann, pues la distinta ordenación sistemática que intenta le obliga a limitar a la relación de trabajo las reglas relativas al trabajo con riesgo de daño y esto puede conducir a considerables iniquidades, como claramente ha mostrado el «caso de conducción de auto» (Autoüberführungsfall), decidido por el BGH (AP nº 28 sobre parágrafo 611 BGB, responsabilidad del trabajador). Parece que el propio Wiedemann percibe esto último, pero con su punto de partida sólo puede servirse caso por caso de un «convenio tácito» para una diferente distribución del riesgo *(vid.* p. 19): el asumir «acuerdos «tácitos» entre las partes es, por su carácter ficticio, casi siempre un indicio inequívoco de que estamos ante una fundamentación aparente y que, en consecuencia, las premisas necesitan ser corregidas. Por lo demás, la idea de riesgo desempeña también en Widemann un papel tan decisivo *(vid.* ante todo las consideraciones en pp. 18 y s., que en lo básico merecen aprobación, aun cuando el caso de la conducción de automóvil, en mi opinión, habría tenido que ser decidido de otro modo, *vid. RdA* 66, p. 48), que no se comprende bien por qué no quiere reconocerlo como base jurídica de la limitación de responsabilidad, con lo que se posibilitaría la reubicación de este instituto en el sistema de nuestro derecho de daños.

ral, han de hacer necesaria una divergencia frente a los principios generales de nuestro derecho de daños. ¿Pero puede verdaderamente afirmarse que en la relación laboral, a la hora de establecer una obligación de reparación por daños, corresponde *sólo*[90] tener en cuenta la situación patrimonial, el estado familiar, etc., la justicia material? Plantear esta pregunta significa negarla. Por el contrario, se puede ver incluso como manifiesta injusticia el que, por ejemplo, un trabajador que casualmente ha recibido una herencia o que es soltero deba, bajo iguales circunstancias, pagar al empleador como reparación del daño una suma más alta que su compañero más pobre o casado. Por tanto, lo que aquí corresponde a la justicia material no puede en verdad fijarse a priori, sino que ha de decidirse sobre el trasfondo del respectivo derecho positivo en el que la justicia ha encontrado su concreta realización, y esto se opone claramente, como se ha dicho, a la toma en consideración de semejantes criterios sociales.

El ejemplo del trabajo con riesgo de daño es, en este contexto, ilustrativo también a otro respecto. Aun cuando la solución correspondiente a la idea aquí defendida se deduzca meramente de la interrelación de específicos elementos de imputación, no se trata exactamente de un ejemplo prototípico de fidelidad al sistema, pues el derecho escrito finalmente no contiene ni el más mínimo asidero para una limitación de la responsabilidad del trabajador frente al empleador. En verdad no puede negarse, más bien, que aquí de hecho se han impuesto exigencias de la justicia material frente al (originario) sistema de nuestro derecho de daños y han conducido a la formación de un nuevo fundamento de imputación no escrito. Tampoco puede en modo alguno negarse que en casos especiales puede surgir un conflicto entre corrección sistemática y justicia material, y que el mismo puede también en ciertas circunstancias ser decidido en favor de la última, ya que, tal como detenidamente se expuso en el parágrafo 3, el sistema es «abierto» y, por tanto, apto para la transformación, y un tal desarrollo del mismo puede también obedecer a exigencias de la justicia material[91]. Bajo qué presupuestos merece ésta la preeminencia es una cuestión no específica de la problemática del sistema, sino que pertenece al ámbito de la admisibilidad del desarrollo judicial del derecho, especialmente de la averiguación del derecho con ayuda del «ordenamiento jurídico extralegal», por lo que no puede ser aquí tratada más en detalle[92]. En todo caso, de lo dicho se sigue sin más -y

---

90 Cuando también la idea contraria, acorde con el sistema, debe ser reconocida como materialmente justa, se quita sin más la base de la exigencia de que se tengan en cuenta circunstancias sociales.

91 En este contexto vid. ante todo parágrafo 3 II y IV 1, especialmente [((pp. 70 y s.))*].

92 En mi opinión un tal desarrollo del derecho es -al margen de los casos de crasa «injusticia legal»- admisible bajo el doble presupuesto de que, por un lado, las valoraciones del derecho positivo no estén en contra y de que, por otro lado, lo exija un «principio general del derecho» que halle su fundamento de validez o bien en la «idea del derecho» o bien en la «naturaleza de la cosa»; vid. más ampliamente CANARIS, *Die Feststellung von Lücken*, cit., pp. 95 y s., 106 y ss., 118 y ss. y *supra* pp. 79 y ss.

por sí sólo esto es aquí decisivo- que criterios de justicia material no pueden *sin más* ser contrapuestos a los argumentos basados en el sistema, sino que aquí más bien se requiere la *especial* (y las más de las veces muy difícil) *justificación* que necesita todo desarrollo del derecho, y especialmente aquél que se apoya en criterios extralegales[93]. En lo que se refiere al instituto del trabajo con riesgo de daño, resulta inmediatamente patente que tal justificación puede darse mejor en favor de que la responsabilidad del trabajador sea limitada[94] que en favor de que, contra el sistema de nuestro derecho de daños, se tomen en cuenta circunstancias sociales como la situación patrimonial el estado familiar, etc. -al margen de que todo desarrollo y modificación del derecho no puede ir más allá de lo que su motivo exige[95].

En resumen, hay que decir lo siguiente: en caso de duda la solución correcta de acuerdo con el sistema es la vinculante de lege lata, y la misma se ha de reconocer como básicamente justa bajo el dominio de un determinado ordenamiento jurídico positivo; criterios de justicia material ajenos al sistema sólo pueden pretender prioridad frente a los argumentos acordes con el sistema cuando se dan los *especiales* presupuestos bajo los cuales es admisible un dearrollo del derecho legal basado en criterios extrapositivos.

4. Los límites del sistema como límites de la obtención del derecho a partir del sistema

Las reservas hasta aquí expresadas frente a la obtención del derecho a partir del sistema no suponían menoscabo del mismo sino que conformaban, por así decir, límites *inmanentes,* pues tanto la necesidad de controles teleológicos como la posibilidad de un desarrollo del sistema -y a ésta última son imputables los pocos casos en que la justicia material puede imponerse frente a la corrección sistemática- significan básicamente sólo la evidente consecuencia de determinadas propiedades del sistema que subsisten con total independencia de la problemática de la obtención del derecho: su carácter teleológico y su «apertura». Sin embargo hay también casos en los que se dan auténticas -y altamente perturbadoras- limitaciones en la obtención del derecho a partir del sistema. Creer que el sistema puede solucionar *toda* cuestión jurídica no sólo sería ingenuo, sino que puede ocurrir también que la decisión sistemáticamente correcta sea incompatible con el derecho

---

93 *Vid.* al respecto más ampliamente la nota anterior.

94 Dónde radica exactamente es una cuestión de Derecho laboral que en este contexto no podemos desarrollar en detalle. En última instancia, lo decisivo podría ser la especial naturaleza de la relación laboral (y de los contratos a ella ligados) y, frente a otros contratos, la atípica situación de riesgo (sobre la idea propia *vid.* más detenidamente *RdA 66,* pp. 45 y ss.); desde el punto de vista metodológico se trata de una argumentación con ayuda de un principio general legitimado por la «naturaleza de la cosas» (el principio de riesgo).

95 Ya se ha expuesto que este no es aquí el caso en cuanto a la toma en consideración de criterios sociales.

válido: *lagunas jurídicas y rupturas del sistema* son fenómenos a los que el jurista está habituado. Aquí la obtención del derecho a partir del sistema se halla naturalmente ante límites infranqueables, y son los mismos límites a los que está sometida la formación misma del sistema. Pero estos últimos presentan una problemática específica, de la mayor importancia para el papel de la idea de sistema en la Jurisprudencia, por lo que serán más detenidamente tratados en lo que sigue[96].

---

[96] *Vid.* en este contexto ante todo § 6 I 3 c, II 2 y III 2.

§ 6. Los límites del sistema

La referencia a los límites de una obtención del derecho a partir del sistema, que constituyó la conclusión del último parágrafo, indicaba ya los límites a los que muy en general está sometida la idea de sistema en la Jurisprudencia. De hecho la formación de un completo sistema de un determinado ordenamiento jurídico permanece siempre como una meta que nunca se alcanzará plenamente. En su contra juega irremisiblemente la esencia del derecho, y ello en un doble aspecto. Por un lado, un determinado ordenamiento jurídico positivo no es una «ratio scripta», sino una formación desarrollada a lo largo de la historia y elaborada por seres humanos, y, como tal, necesariamente muestra contradicciones e insuficiencias que son incompatibles con el ideal de unidad y coherencia internas y, con ello, con la idea de sistema. Pero por otro lado, a la misma idea de derecho le es inmanente un elemento opuesto al sistema, como es la llamada «tendencia individualizadora»[1] de la justicia, que opera en contra de la idea de sistema -idea que remite a la «tendencia generalizadora»[2]- y tiene como consecuencia el surgimiento de normas que se sustraen a la fijación sistemática a priori. Por tanto, «rupturas del sistema» y «lagunas del sistema» son inevitables.

I. Rupturas del sistema

1. Rupturas del sistema como contradicciones entre valoraciones y principios

En lo que se refiere primeramente a las rupturas del sistema, éstas se plantean, con arreglo al concepto de sistema anteriormente[3] defendido, como *contradicciones de valoraciones y principios*[4]; si el sistema no es sino la forma

[1] Sobre la contraposición entre tendencia individualizadora y tendencia generalizadora de la justicia, *vid.* las citas *supra* § 1, nota 32; *vid.* también *supra* § 4 IV, pp. 94 y ss. e *infra* §7 II 2 y 3.

[2] *Vid.* § 1 II 2.

[3] *Vid.* § 2 II.

[4] Las contradicciones entre principios suponen solamente una determinada forma de contradicciones valorativas, esto es, contradicciones en las *valoraciones básicas* del ordenamiento jurídico; diferentemente Engisch, *Einheit*, p. 64, con nota 2 y *Einführung*, pp. 160 y 162, quien no subordina las contradicciones entre principios a las contradicciones valorativas, sino que las pone al mismo nivel (*vid.* también *Einheit*, p. 64, nota 2, último párrafo y

externa de la unidad y coherencia valorativas del ordenamiento jurídico, una ruptura del sistema ha de remitir a una perturbación de esta unidad y coherencia y, con ello, a una inconsistencia valorativa. La pregunta acerca de la posibilidad y el significado de las rupturas del sistema desemboca, pues, en la cuestión acerca de la posibilidad y significado de contradicciones valorativas y entre principios[5].

2. Delimitación de contradicciones valorativas y entre principios frente a fenómenos similares

Para explicar éstas es preciso primeramente perfilar con más exactitud el *concepto de contradicciones valorativas y entre principios.* A tal propósito hay que delimitarlas frente a ciertas manifestaciones similares.

a) Frente a las diferenciaciones valorativas

En este contexto hay que separar en primer lugar las meras *diferenciaciones* valorativas. Se trata de aquellas diferencias valorativas que están materialmente justificadas, aun cuando aparentemente quiebren también un principio más general para un supuesto especial -atípico desde el punto de vista valorativo-, y que, por ello, no constituyen una auténtica «contradicción».

b) Frente a los límites inmanentes de un principio

Se han de perfilar también los *límites inmanentes* de un principio, pues éstos no operan verdaderamente en sentido opuesto a un principio, sino que solamente hacen ver su verdadero contenido de sentido. Así por ejemplo, sería erróneo hablar de una «contradicción» entre el principio de autonomía privada y el mandato de respeto de las buenas costumbres en el sentido del §138 BGB, pues, así como toda libertad que es auténtica libertad y no arbitrariedad incluye la vinculación ética, así también el límite de las buenas costumbres habita *de antemano* en la autonomía privada. Hablar aquí de una «contradicción» lleva a una absolutización de la idea de autonomía privada, confundiendo su contenido ético-jurídico y, con ello, desnaturalizando el principio.

c) Frente a la combinación de principios

No es raro que incorrectamente se hable de contradicciones entre principios allí donde en realidad se trata sólo de una *asociación de dos principios.* Un ejemplo al respecto lo proporciona el problema de si la protección del tráfico y

Einführung, p. 164); esto es consecuente con su posición pues, contrariamente a la idea que aquí se defiende, considera como contradicciones de principios también los casos en los que no se da una auténtica contradicción valorativa sino mera *contraposición* entre principios, *vid.* igualmente en el texto e infra 2 d.

5 Sobre éstas *vid.* en general ENGISCH, *Einheit,* pp. 59 y ss. y *Einführung,* pp. 160 y ss.; LARENZ, *Methodenlehre,* pp. 254 y s., ambos con ulteriores referencias, así como los trabajos en Perelman (ed.), *Les Antinomies en Droit, Travaux du Centre National de Recherches de Logique,* Bruselas, 1965.

la confianza «precede» a la protección de la carencia de capacidad negocial o a la inversa. Una «contradicción» entre ambos principios podría si acaso[6] asumirse[7] si el principio de confianza, con arreglo a su esencia o a su configuración jurídico-positiva, ya *por sí sólo* exigiera la protección del que confió. Pero no es este el caso, pues el principio de confianza sólo dice algo respecto de una parte, la parte que confió, pero no sobre la otra parte, la parte del responsable, y un enunciado sobre la consecuencia jurídica sólo puede hacerse cuando se determinan los criterios de justicia para *ambas* partes. De ahí que a la idea de protección de la confianza deban añadirse siempre otros elementos que justifiquen la responsabilidad de la otra parte, y tales elementos suelen radicar en el principio de autorresponsabilidad, es decir, en una *imputación* al demandado de la generación de la confianza[8]. Si éste no tiene plena capacidad negocial, carece en la misma medida de la capacidad para ser imputado[9], y *por ello* no entra en juego su responsabilidad. Por tanto, verdaderamente no se trata de que aquí los principios de protección de confianza y de protección de la insuficiente capacidad negocial *entren en conflicto entre sí,* de modo tal que esta «contradicción» es decidida en favor del último, sino que se trata de que el principio de confianza básicamente es relevante *solamente en cooperación* con el principio de autorresponsabilidad, y de que, *por ello* y consecuentemente, cuando falta la capacidad de responder decae también la protección de la confianza. Por tanto, de la contradicción entre dos principios hay que distinguir *la ausencia de los presupuestos de uno de dos principios relevantes solamente en su concurso conjunto.*

d) Frente a las contraposiciones entre principios

Aun cuando no se comparta este modo de entender el principio de confianza y se le adscriba la tendencia a exigir por sí sólo la protección del que confía, tampoco debería hablarse aquí de una «contradicción». La problemática más bien cae en el cuarto grupo -el más importante- que ha de ser diferenciado frente a las contradicciones valorativas y de principios: el de las *contra-*

6 En realidad ni eso, *vid.* igualmente en el texto bajo d.

7 Así lo hace por ejemplo LARENZ, *Festschrift für Nikisch,* p. 302. Tampoco los demás ejemplos que aquí menciona LARENZ constituyen auténticas contradicciones entre principios, sino que o bien son casos de la necesaria asociación de dos principios o (predominantemente) plantean el caso (que se tratará más extensamente) de las meras *contraposiciones* de principios.

8 Donde se renuncia a esto, como, por ejemplo, en los casos de protección registral, deben entrar en juego otros elementos para la justificación de la pérdida del derecho o de la responsabilidad; por ejemplo una necesidad de protección del tráfico puesta por encima de la mera protección de la confianza, la elevación del supuesto generador de confianza junto con la simultánea reducción de las fuentes de la falta mediante la participación de un órgano estatal, unido a la posibilidad de acción de regreso con arreglo al $ 839 BGB, etc.

9 Por lo demás, ésta podría juzgarse básicamente también en analogía con los parágrafos 827 y ss. BGB, pero se adecúan mejor los parágrafos 104 y ss. BGB, ya que se trata de los efectos de una acción en el ámbito jurídico-negocial y dado también que las consecuencias jurídicas son típicamente de aquéllas que sólo pueden asociarse a negocios jurídicos.

posiciones valorativas y de principios-. Tal como en otro contexto se ha expuesto[10], pertenece a la esencia de los principios generales del derecho el entrar frecuentemente en conflicto los unos con los otros y empujar a soluciones contrapuestas cuando cada uno de ellos se toma por sí solo. Por consiguiente, ha de alcanzarse un compromiso, con arreglo al cual se asigne a cada principio un determinado ámbito de aplicación. Se trata de la recíproca limitación entre los principios, de la que más atrás se trató. Como ejemplo recordemos la orientación contrapuesta de los principios de libertad de testar y de protección de la familia, que ha encontrado un equilibrio en el derecho de legítima. Un tal «compromiso entre diferentes ideas básicas» del ordenamiento jurídico no debería, contrariamente a la opinión de ENGISCH[11], denominarse como *contradicción,* sino como *contraposición.* Pues una contradicción siempre es algo que verdaderamente no debería acaecer y que, en consecuencia, en la medida de lo posible ha de ser eliminado, es, como ENGISCH mismo dice, una «disarmonía»[12], mientras que las contraposiciones entre principios que aquí estamos tratando pertenecen necesariamente a la esencia de un ordenamiento jurídico y le dan a éste su pleno contenido de sentido[13]; en modo alguno deben ser *eliminadas*[14], sino *«equilibradas»* mediante una solución «intermedia», con lo que su interna oposición es en el compromiso «superada», en el doble sentido del término[15].

Por tanto, la expresión «contradicciones entre principios» debe reservarse para las auténticas contradicciones, esto es, las contradicciones valorativas que dañen la coherencia y unidad internas del ordenamiento jurídico, su «armonía», y que, por tanto, deben ser en lo posible evitadas o eliminadas.

3. Las posibilidades de evitar contradicciones valorativas y de principios por la vía del desarrollo judicial del derecho

Con esto se alude ya al próximo ámbito de problemas: la cuestión de cómo ha de actuar el jurista en la aplicación del derecho frente a tales contra-

---

10 *Vid.* p. 62.

11 *Eninführung,* p. 162, nota 206 b; *vid.* también LARENZ, *Festschrift für Nikisch,* p. 301 y *Methodenlehre,* p. 314, donde también LARENZ habla en este contexto de contradicción, aun cuando de hecho sólo contempla *contraposiciones* entre principios, (*vid.* también nota 7); LARENZ incluso reemplaza el término «contradicción» por el término -mucho más adecuado- «conflicto» -por lo demás probablemente sin que con ello quiera expresar una diferencia objetiva.

12 *Op. cit.,* p. 162.

13 Correctamente ESSER, *Grundsatz und Norm,* p. 81 y 159, donde se dice que mediante un principio el otro es «mantenido como antagonista razonable»; *vid.* también LARENZ, *Festschrift fürNikisch,* p. 301 y s.

14 Esto tampoco lo pretende ENGISCH, *vid. op. cit.,* p. 164, pero esta reserva no la limita a la *contraposición* de principios sino que incluye en ella (en parte) también las auténticas contradicciones (en el sentido de la terminología usada en el texto); sin embargo, en último caso no se puede estar de acuerdo con él (vid. también en el texto bajo 3), y puesto que también es distinto el tratamiento jurídico de ambos fenómenos, se recomienda también por este motivo una clara delimitación terminológica.

15 La oposición es rebasada en el compromiso y, al mismo tiempo, sigue presente.

dicciones valorativas y de principios y en qué medida en ciertos casos han de subsistir fracturas del sistema. ENGISCH opina que las contradicciones valorativas y de principios «en general deben ser asumidas»[16]. No cabe seguirle en esto, pues tales contradicciones suponen un atentado contra el principio de igualdad[17], y a éste están vinculados tanto el legislador como el juez[18]. Por consiguiente, el jurista ha de disponer todo su arsenal metodológico para combatir el peligro de contradicciones valorativas y de principios, y cabe preguntarse en qué medida le puede acompañar el éxito[19].

a) Las posibilidades de la interpretación sistemática

Como auxilio metodológico se ofrece aquí, en primer lugar, la *interpretación sistemática,* y dentro de ésta ante todo nuevamente los principios de lex specialis, lex posterior y lex superior[20]. Estos han sido desarrollados originariamente sólo a propósito de las contradicciones entre *normas* -es decir, de casos en los que el ordenamiento a un supuesto S le liga en una norma la consecuencia jurídica C y en otra norma la consecuencia jurídica no-C-, pero al menos en parte se los podrá trasladar también a las contradicciones valorativas y de principios[21], esto es, a los casos en los que el ordenamiento

16 *Vid. Einführung,* p. 161 y, sobre las contradicciones entre principios (por lo demás muy diferenciadamente), p. 164; *vid.* también ya en *Einheit,* pp. 63 y s. y p. 84 y ss., donde ENGISCH reconoce que también la eliminación de contradicciones valorativas -al igual que las contradicciones entre normas- en ciertas circunstancias puede ser «incondicionalmente exigible», pero opina que en otros casos tal eliminación no es «incondicionalmente necesaria» (*vid.* p. 84); cabe preguntarse a tenor de qué se mide la «necesidad» de dicha eliminación, y en la respuesta a esta pregunta será quizá inevitable ocuparse en última instancia del principio de igualdad, de modo que resultará el mandato básico de eliminación defendido en el texto-. Por lo demás, en este contexto hay que tener en cuenta la terminología en parte discordante de ENGISCH, *vid.* al respecto notas 11 y 14.

17 Así también LARENZ, *Methodenlehre,* p. 254; con reservas ENGISCH, *Einheit,* pp. 62 y s. («quizá»).

18 *Vid.* más ampliamente en el texto de inmediato, bajo 4.

19 Similarmente LARENZ, *op. ult. cit.,* nota 1.

20 «Lex» puede aquí ser también una norma del *derecho consuetudinario.* Así, quizá la contradicción valorativa entre el § 397 I 2 BGB y las reglas generales sobre la «culpa in contrahendo» en relación con el § 254 BGB (sobre la problemática *vid.,* por un lado, LARENZ, *Schuldrecht A.T.,* p. 83, nota 1, por otro lado ESSER, *Schuldrecht A.T.,* p. 206, nota 16) se puede eliminar mediante la asunción -por lo demás no exenta de problemas- de que los enunciados jurídicos sobre la «culpa in contrahendo», hoy consuetudinariamente reconocidos, prevalecen como lex posterior (generalis) y, por tanto, el § 307 I 2 está derogado. Si no se sigue esta vía se puede llegar de todos modos, sobre la base de las reglas desarrolladas en el apartado 4b del texto, a la nulidad del parágrafo 307 I 2, ya que la valoración subyacente a este precepto en comparación con el § 254 y los enunciados jurídicos sobre la «culpa in contrahendo» hoy en día sólo puede contemplarse como «arbitrariedad manifiesta».

21 La cuestión está poco analizada y necesitaría una investigación independiente. A menudo se podrá solucionar la problemática sobre la base de concretar en una norma la valoración en cuestión y aplicar de modo *inmediato* las reglas sobre las lex superior, posterior o specialis, pero posiblemente esta vía no siempre será accesible. Por lo demás, la trasposición del principio de prioridad de la lex superior tendría la mejor justificación, mientras que la relación entre valoraciones y principios contradictorios que sean anteriores y posteriores,

jurídico en una norma ha ligado al supuesto SI la consecuencia jurídica C y en otra norma ha ligado al supuesto S2, esencialmente equiparable desde el punto de vista valorativo, la consecuencia jurídica no-C. Más allá, con ayuda de la interpretación sistemática pueden evitarse contradicciones valorativas sobre la base de interpretar el tenor literal de distintos preceptos de modo sistemáticamente acorde, es decir, unitariamente. Así por ejemplo, una responsabilidad por apariencia por la emisión de un documento de plenos poderes con arreglo al parágrafo 172 I BGB sólo acontece cuando el emisor ha «hecho entrega» del documento al apoderado y, por tanto, no cuando le ha sido robado, aun cuando otros dos preceptos estrechamente emparentados, los parágrafos 370 y 405 BGB no establecen expresamente esta limitación para la responsabilidad por apariencia. Pero hay que introducirla por vía de interpretación sistemáticamente acorde[22] (o de colmado de laguna) para evitar una contradicción valorativa, pues no es reconocible un motivo razonable para la diferenciación[23] y puesto que además también el parágrafo 935 I BGB apunta en la misma dirección. Aquí podría en el caso del parágrafo 370 concurrir también una interpretación (restrictiva) en sentido estricto, pues se puede decir que en el «portador» de una factura no hay por qué ver necesariamente, en términos puramente lingüísticos, un ladrón[24]; por contra, en el caso del parágrafo 405 se trata quizá de colmado de laguna, pues la ley sólo exige la «emisión» del documento, y el añadido de la nota de «hacer entrega» no encaja ya en el marco del posible sentido literal[25].

b) Las posibilidades de la integración sistemática de lagunas

Con esto alcanzamos un segundo grado en lo que se refiere a la eliminación de contradicciones valorativas y de principios y de atentados contra el sistema: *junto a la interpretación acorde con el sistema aparece la integración sistemá-*

---

es decir, la problemática de la lex posterior, plantea dificultades bastante mayores, *vid.* sobre esto último por ejemplo ENGISCH, *Einheit,* p. 84, y *Einführung,* pp. 164 y s., en ambos casos con extensas referencias; LARENZ, *Methodenlehre,* pp. 266 y ss., con el interesante ejemplo de la relación entre § 254 BGB y § 1 RHaftPflG; BETTI, *Allgemeine Auslegungslehre,* cit., p. 638. *Vid.* en este contexto también el ejemplo en nota 20.

22 La opinión dominante tiene otro punto de vista, *vid.* para el parágrafo 370 por todos PALANDT-DANCKELMANN, § 370, número 1, y para el parágrafo 405 STOLL, *AcP* 135, p. 107.

23 Que en el caso de los títulos circulantes un extravío no excluya la responsabilidad del emisor se justifica sin más por razón del fin de la circulación y la consiguiente y acrecentada (¡) necesidad de protección del tráfico, de modo que, en tal medida, no estamos ante una contradicción valorativa que haya que desterrar, sino ante una diferenciación valorativa que tiene pleno sentido.

24 *Vid.* ya Protocolos de *ADHGB,* 1858, p. 1323; KEYSSNER, *Festgabe für R. Koch,* 1903, p. 142; GOLDBERGER, *Der Schutz gutgläubiger Dritter im Verkehr mit Nichtbevollmächtigten nach Bürgerlichem Gesetzbuch,* 1908, p. 82. Sin embargo, también los aquí citados defienden, con la doctrina dominante, la opinión de que el parágrafo 370 entra en juego también en el caso de extravío.

25 Pero no por ello es inadmisible. Más bien estamos ante un especial -hasta ahora poco considerado en su peculiaridad- tipo de laguna: una «lagua oculta», en la que el establecimiento de la laguna tiene lugar con ayuda del principio positivo de igualdad; *vid.* al respecto en general CANARIS, *Die Feststellung von Lücken,* p. 81 y pp. 137 y s.

tica de lagunas. También aquí hay que invocar todos los procedimientos habituales, especialmente la analogía, el argumentum a fortiori y la reducción teleológica, que representan configuraciones metodológicas del principio de igualdad. Así por ejemplo, la contradicción valorativa que ENGISCH[26] señala, en referencia a una decisión del RG[27], entre pena mínima en caso de infanticidio y en caso de abandono por la madre de un niño inmediatamente después del nacimiento con consecuencia de muerte, se podría eliminar mediante un argumentum a fortiori, contrariamente a la opinión de ENGISCH y del RG: si ya en el caso de dar muerte a un niño se puede tener en cuenta circunstancias atenuantes, lo mismo en el caso de un abandono que la ley valora de modo básicamente más suave, pues no hallamos una decisión del legislador claramente opuesta, sino que éste manifiestamente ha abarcado este supuesto especial en el marco del parágrafo 221 StGB, de modo que ni siquiera desde el punto de vista de la teoría subjetiva de la interpretación se trata de una inadmisible corrección de la ley.

c) Los límites de la eliminación de contradicciones valorativas y de principios por la vía del desarrollo judicial del derecho

Con esto se ha indicado al mismo tiempo el *límite* al que también está sometida la integración de lagunas acorde con el sistema: este límite está allí donde radica el límite de la integración de lagunas en general[28]. Ese límite se muestra ante todo cuando el tenor literal y el sentido de la ley obstaculizan inequívocamente la aceptación de una laguna o cuando existe una prohibición de desarrollo del derecho[29]. Si, por ejemplo, los parágrafos 370 y 405 BGB contuvieran el añadido expreso «aun cuando el documento hubiera sido perdido por el emisor», la contradicción valorativa con el parágrafo 172 I BGB -igualmente inequívoco en su tenor y sentido- no podría eliminarse por medio de la interpretación y la integración de lagunas (al margen de que pudiera darse una colisión de lagunas de la que se hablará con más detenimiento). Un ejemplo de una tal contradicción valorativa, tomado del derecho válido, podrían ofrecerlo los parágrafos 28 y 130, 173 HGB: mientras que en caso de entrada en el negocio de un empresario individual la responsabilidad por las deudas anteriores puede ser renegociada con efectos frente a los acreedores, a tenor del parágrafo 28 II, tal responsabilidad está perentoriamente prescrita, con arreglo a los parágrafos 130 II y 173 II, cuando se trata de la entrada en una sociedad abierta o en una sociedad comanditaria, -una diferencia para la que difícilmente puede encontrarse una justi-

---

26 *Einführung,* p. 160.

27 *RGSt.* 68, p. 407 (410).

28 En este contexto no podemos tratar más en detalle esta problemática y en especial la delimitación entre laguna y error jurídico-político, *vid.* al respecto pormenorizadamente CANARIS, *Die Feststellung von Lücken,* pp. 31 y ss., con extensas referencias y pp. 55 y ss.

29 Tal es el caso, junto a la prohibición de analogía, el único caso de suele citarse, también de la prohibición de restricción o de inducción; sobre estas últimas *vid.* CANARIS, *op. ult. cit.,* pp. 193 y 184 y ss. y 194 y ss.

ficación razonable[30]. La contradicción valorativa ahí radicada no puede eliminarse ni con los métodos de la interpretación ni con los de la integración de lagunas: el parágrafo 28 II, por un lado, y los parágrafos 130 II, 173 II, por otro, son en su tenor y sentido igualmente inequívocos, por lo que no se trata de una laguna, sino de un «error jurídico-político». Similares dificultades pueden resultar también del surgimiento de una regulación contraria al sistema con el grado de *derecho consuetudinario;* piénsese meramente en la transmisión en garantía y en la contradicción que con ello se genera frente a la prohibición de un derecho de garantía carente de posesión.

Como ejemplo de los límites a los que la eliminación de contradicciones valorativas está sometida por obra de una *prohibición de desarrollo del derecho* puede mencionarse la diferente regulación de la punibilidad de la tentativa en el caso de daños sobre cosas, por un lado, y en el de las lesiones corporales simples, por otro. Mientras que en el primer caso la tentativa está expresamente penada, falta la correspondiente regulación en el segundo caso, y ahí radica una insatisfactoria contradicción valorativa[31], pues nuestro derecho valora fundamentalmente más la integridad del cuerpo, y consiguientemente la protege más, que la propiedad y puesto que la punibilidad de la tentativa con arreglo a la sistemática del StGB (y otros) se orienta esencialmente por la jerarquía y por la necesidad y merecimiento de protección del bien jurídico en cuestión. No obstante no es admisible penar también la tentativa de lesiones con el argumento de que si está penada la tentativa de daños lo ha de estar también la de lesiones. Un tal argumentum a fortiori implica una integración de laguna in malam partem y ésta está prohibida al menos en la parte especial del StGB en conformidad con el artículo 103 II de la Ley Fundamental. Por tanto, la contradicción valorativa no puede eliminarse.

Finalmente, a la eliminación de una contradicción valorativa pueden oponerse las limitaciones del desarrollo judicial del derecho, tal como se manifiestan el fenómeno de las *lagunas no susceptibles de ser colmadas*[32]. Así, por ejemplo, supone una grave quiebra del sistema que la responsabilidad a tenor del parágrafo 22 WHG no esté limitada en su monto[33], pues en todos los demás supuestos de responsabilidad por riesgo (con excepción del parágrafo 833 párrafo 1 BGB[34]) está prevista una suma máxima, y así lo exigen también las

---

30 Esto puede en este contexto dejarse de lado a fin de hacer transparente la problemática metodológica (y constitucional, *vid. infra* 4b).

31 Como ejemplo de tal es con razón presentado por ENGISCH, *Einführung,* p. 160. La polémica de SCHREIBER, *Logik des Rechts,* p. 60, contra ENGISCH está desencaminada (*vid.* la contundente réplica de ENGISCH, *op. cit.,* nota 198a) y prueba, similarmente a otras manifestaciones de SCHREIBER (*vid.* al respecto *infra,* notas 44 y 67), una profunda incomprensión de la problemática axiológica y teleológica.

32 *Vid.* al respecto en general CANARIS, *op. ult. cit.,* p. 172, con referencias.

33 Vid. ante todo la crítica de LARENZ, *VersR* 63, pp. 591 y ss. (603) y *Schuldrecht B. T.,* § 71 VIII.

34 Sin embargo, tal vez en este caso no puede hablarse de quiebra del sistema, *vid.* infra p. 145.

ideas fundamentales de este instituto, pues sólo así se puede hacer frente al peligro de una «ruinosa imputación de daños», y puesto que sólo así se garantiza la -para la responsabilidad por riesgo imprescindible- plena asegurabilidad del riesgo. Por tanto, la carencia de una suma máxima en el parágrafo 22 WHG habrán de verse como *laguna,* ya que los principios inmanentes de la responsabilidad por riesgo exigen una tal regulación y puesto que, por otra parte, ni la redacción del precepto ni la historia de su origen dejan ver que el legislador haya querido aquí conscientemente una decisión contrapuesta. Sin embargo esta laguna no puede ser colmada por el juez, pues para el establecimiento aquí exigible de una determinada suma se carece de todo específico criterio jurídico y por ello, una tal decisión, debido al elemento de arbitrio que encierra, ha de quedar reservada al legislador[35]. También aquí los medios del desarrollo judicial del derecho fallan ante la contradicción valorativa[36].

En resumen, queda establecido que hay contradicciones valorativas que no pueden superarse con ayuda de los métodos legítimos de la interpretación y desarrollo del derecho. Tal es el caso cuando la contradicción no se presenta como laguna sino como «fallo jurídico-político» o cuando existe una laguna pero su colmado está prohibido o es imposible.

4. El problema de la obligatoriedad de las normas contrarias al sistema y de la vinculación del legislador a la idea de sistema

Con esto no se dice que semejantes contradicciones valorativas y las quiebras del sistema que de ellas se siguen hayan de asumirse sin excepción. Si se tiene en cuenta que las contradicciones valorativas suponen atentados contra el principio de igualdad y que éste es reconocidamente tanto emanación de la idea de derecho como componente de la Constitución, surge la pregunta acerca de si, en el caso de una tal contradicción valorativa, no se debería, bajo determinados presupuestos, negar la aquiescencia a las normas en cuestión. Con ello entra en el campo de mira un nuevo aspecto de la problemática del sistema: *la cuestión acerca de la obligatoriedad de normas contrarias al sistema y, consiguientemente, la pregunta sobre la vinculación del legislador a la idea de sistema*[37]. En su respuesta surgen tanto aspectos metodológicos como jurídico-constitucionales, y no otra cosa cabía esperar tratándose de la problemática de la validez.

---

[35] En lo básico *vid.* más detenidamente CANARIS, *op. ult. cit.,* pp. 175 y s.

[36] Acerca de la cuestión de la validez del parágrafo 22 WHG *vid. infra* pp. 145 y s. y nota 63.

[37] Esta ha sido hasta el momento comparativamente poco examinada. Sin embargo, hay que hacer referencia a los trabajos de ZIMMERL *(Die Aufbau des Strafrechtssystems,* 1930, *Strafrechtliche Arbeitsmethode de lege ferenda,* 1931, especialmente pp. 14 y ss., 54 y ss., 146 y ss.), en los que, por lo demás, el mayor peso no recae en la problemática metodológica, sino en la problemática material jurídico-penal. También sucede que Zimmerl argumenta predominantemente de lege ferenda, con lo que la cuestión de la obligatoriedad de normas contrarias al sistema de lege data la deja completamente en segundo plano. *Vid.* también ya en BELING, *Methodik der Gesetzgebung, insbesondere der Strafgesetzgebung,* 1922, pp. 20 y s.

a) La solución con ayuda de la asunción de una «laguna de colisión»

En lo que a los primeros aspectos se refiere, hace tiempo ya que en la doctrina metodológica tradicional se ha reconocido una figura que bajo ciertas circunstancias puede resultar fructífera también en el presente contexto: la de la llamada *laguna de colisión*[38]. Habitualmente se habla de tal ante todo en los casos de *contradicción entre normas:* cuando la ley liga al supuesto S al mismo tiempo las consecuencias jurídicas C y no-C y esta contradicción no puede eliminarse con los medios de la interpretación y el desarrollo del derecho, tenemos que las dos prescripciones de consecuencias jurídicas se invalidan mutuamente y surge una laguna. Pero con ello, y esto es algo que la literatura hasta hoy no ha destacado suficientemente, se ha rebasado el ámbito de la integración de lagunas y se ha penetrado en el de la *derogación,* pues el paso decisivo se halla ya *antes* de la afirmación de una laguna, en la asunción de que las normas entre sí contradictorias se invalidan, de modo que, por ello, ambas son *nulas.*

De modo similar se puede proceder cuando se da una *contradicción valorativa* y, en consecuencia, partir también aquí de que las normas entre sí contradictorias se invalidan, de modo que, en consecuencia, surgen lagunas de colisión[39]. En contra se erige inmediatamente la objeción de que para la eliminación de una contradicción entre normas existe una necesidad considerablemente más fuerte que para la eliminación de una contradicción valorativa[40]. La relevancia de esta objeción sólo puede examinarse cuando se pregunta por la razón que fuerza a la remoción de la contradicción y se pone tal razón en relación con la diferencia entre los dos tipos de contradicción. A ese propósito parece a primera vista que juega un papel la idea de que en el caso de contradicción entre normas nos hallamos ante una contradicción *lógica*[41], y en el caso de una contradicción valorativa, por contra, sólo ante una contradicción *axiológica* o *teleológica,* pero de modo tal que la primera bajo ninguna circunstancia puede ser aceptada, ya que también el derecho está sometido a las leyes de la lógica[42], mientras que, por

---

38 *Vid.* al respecto por todos ENGISCH, *Einheit,* pp. 50 y p. 84, así como *Einführung,* p. 159; CANARIS, *op. ult. cit.,* pp. 65 y ss., con extensas referencias y la nota 28.

39 Esta posibilidad la analiza ya ENGISCH, *Einheit,* p. 84, quien sin embargo no la afirma con carácter general, sino sólo para casos singulares (casos que por lo demás, desgraciadamente, no perfila con más detalle). En contra CANARIS, *op. ult. cit.,* p. 66, nota 32, donde las lagunas de colisión (teleológicas) se delimitan claramente frente a las contradicciones valorativas; la opinión ahí manifestada la abandono aquí, *vid.* inmediatamente en el texto.

40 Esta es patentemente la postura básica de ENGISCH, *vid. Einheit,* p. 63 y *Einführung,* p. 161; *vid.,* más allá, BETTI, *Allgemeine Auslegungslehre,* cit., p. 638 (para la relación entre lex prior y lex posterior).

41 En tal sentido SCHREIBER, *op. cit,* p. 60; CANARIS, *op. cit.* p. 66; *vid.* también ENGISCH, *Einführung,* p. 234, nota 198a, quien en un contexto similar de «total identidad de la cuestión jurídica» -la cual se da siempre en los casos de contradicción normativa- afirma que existe una contradicción *lógica.* Sin embargo *vid.* también KELSEN, *Reine Rechtslehre,* pp. 209 y s.

42 *Vid.* ante todo SCHREIBER, *op. ult. cit.,* p. 60, quien introduce la necesidad de la eliminación de las contradicciones entre normas como «ejemplo del hecho de que las leyes de la lógica manifiestamente forman parte del derecho».

el contrario, las últimas serían más fácilmente asumióles, ya que el ordenamiento jurídico determina por sí mismo sus valoraciones[43] y ya que, por ello, también se ha de respetar una decisión del legislador que sea contradictoria. Pero por de pronto es ya muy dudoso y debe contemplarse al menos como necesitado de explicación, si y en qué medida al ordenamiento jurídico verdaderamente le subyacen las reglas de la lógica[44], pues éstas valen -al menos en su configuración hasta hoy habitual- solamente para enunciados que, como tales, están sometidos al criterio de verdad y falsedad, pero no para proposiciones normativas, que no pueden medirse por ese criterio, sino a tenor del criterio de validez o no validez[45]. Pero aun cuando se acepte que una contradicción entre normas realmente se ha de tratar como un atentado contra las leyes de la lógica, de esto no se sigue que sean razones lógicas las que lleven a la solución del problema que aquí se busca, esto es, a la aceptación de una laguna de colisión. Al igual que de la contradicción entre dos enunciados asertivos sólo puede concluirse que *uno* de ellos ha de ser falso, de la contradicción de dos normas en todo caso podría concluirse de modo *puramente lógico* que *una* de ellas ha de ser inválida; pero precisamente se trata de fundamentar por qué *ambas* son inválidas -pues mediante esta asunción debe ser eliminada la contradicción normativa-, y, por tanto, la problemática no puede ser resuelta en modo alguno con los solos medios de la lógica.

---

43 En esta dirección quizá SCHREIBER, *op. ult cit.*, p. 60.

44 SCHREIBER, *op. cit.*, pp. 90 y ss., hace un intento de fundamentar que las leyes de la lógica son «parte constitutiva del derecho». Sus consideraciones, sin embargo, son un embrollo insalvable. Especialmente confunde de modo manifiesto la «vinculación» a las leyes de la lógica con la «vinculación» del juez a la ley y el derecho (*vid.* pp. 93 y s.), con lo que se hace culpable de un equívoco conceptual primitivo, pues la fuerza de obligar de un enunciado y la de una proposición normativa es cualitativamente distinta. Además, la citas de Klug en p. 93 y la referencia a las decisiones en casación en p. 94 suscitan la sospecha de que Schreiber incluso confunde la cuestión del carácter jurídico de las leyes lógicas con la de la vinculación del aplicador del derecho a éste (*vid.* al respecto muy claramente KLUG, *Juristische Logik,* p. 142; en cuanto a las específicas «reglas del arte jurídico», la cuestión puede ser distinta, puesto y en tanto que éstas son expresión de auténticas máximas de justicia, *vid.* al respecto ESSER, *Grundsatz und Norm,* pp. 110 y ss.).

45 Sobre esta problemática *vid.* por ejemplo KELSEN, *Reine Rechtslehre,* pp. 76 y s. y *ARSP* 52 (1966), pp. 545 y ss. (548); PHILIPPS, *ARSP*52 (1966), pp. 195 y ss. El intento de SCHREIBER, *op. ult. cit.*, pp. 63 y ss., de encontrar un supraconcepto común es totalmente erróneo, pues cuando como tal elige «válido» esto remite nuevamente (*vid.* la nota anterior) a una confusión conceptual fácilmente apreciable: válido puede ciertamente ser usado tanto como sinónimo de verdadero («un enunciado válido») como en cuanto sinónimo de vigente (»un decreto válido»), pero en ambos casos tiene un significado completamente diverso y, por ello, es inútil como supraconcepto con sentido. SCHREIBER lleva hasta el absurdo tanto la ilimitada trasposición de las leyes lógicas a las normas jurídicas como su propia teoría, cuando afirma la existencia de una norma jurídica con el siguiente contenido: «es derecho: el autor de tesis doctorales sobre la lógica del derecho debe ser relegado o no debe ser relegado» (*vid.* p. 65s), y no designa como puro sinsentido, tal como verdaderamente lo es, esta supuesta proposición jurídica que hace mofa de cualquier concepto jurídico de validez, sino que la presenta simplemente como ejemplo de una «cierta dificultad que conlleva la interpretación de proposiciones lógicamente jurídicas» (p. 66). En estas consideraciones sólo cabe quizá ver una -ciertamente muy equívoca- autoparodia.

Solamente nos aproximamos más al verdadero fundamento de la asunción de una laguna de colisión si nos preguntamos *cuál* de las dos normas ha de ser válida o cuál inválida, y si al mismo tiempo queda claro que una respuesta jurídicamente fundamentadle no es posible, pues se carece de los correspondientes criterios de validez debido a la especial problemática de las contradicciones normativas irresolubles[46]. Por tanto, no quedaría más que optar *arbitrariamente* por una u otra de las normas mediante una mera decisión. Pero esto sería arbitrariedad y, con ello, una solución que en su esencia no tendría nada de jurídica. Consiguientemente, es en última instancia la *interdicción de arbitrariedad* lo que lleva a admitir la invalidez de *ambas* normas[47]. Pero este criterio juega también un papel decisivo cuando se trata de contradicciones valorativas, pues éstas suponen atentados contra el principio de igualdad, estrechamente interrelacionado con la interdicción de arbitrariedad, con lo que de hecho se impone la conclusión de que también cuando existe una contradicción valorativa cabe ayudarse de la asunción de que existe una laguna de colisión.

No obstante, no puede pasarse por alto una diferencia esencial con las contradicciones entre normas: mientras que en éstas el juez en cualquier caso ha de negar obediencia al menos a *una* norma, en el caso de contradicciones valorativas puede respetar en sí las dos normas; mientras que en el primer caso el juez no tiene ninguna posibilidad de justificar el atentado contra la interdicción de arbitrariedad mediante su vinculación a la ley, en el segundo caso puede apelar a la autoridad del legislador, a cuya disposición remite el atentado contra el principio de igualdad y cuya voluntad no podría desatender. En esta diferencia podría quizá, en última instancia, tener su fundamento la idea de que las contradicciones valorativas serían más aceptables que las contradicciones normativas. Cabe preguntarse si realmente es posible atribuir a esa diferencia un significado decisivo, ya que inmediatamente surge la objeción de que el diferente tratamiento de las contradicciones normativas y valorativas y la postergación, con ello manifestada, del principio de igualdad frente al mandato de fidelidad a la ley, deberían rechazarse como restos positivistas. Si esto realmente es así es una cuestión que aquí[48] puede dejarse de lado, pues también desde la perspectiva de un positivismo extremo no está el juez sin excepción vinculado a las normas infraconstitucionales, sino que

[46] Si se pudiera de algún modo fundamentar la prioridad de una de las dos normas no estaríamos ni ante una contradicción normativa irreducible ni ante una laguna de colisión. Una tal fundamentación puede resultar no sólo de las reglas sobre la lex specialis, etc., sino también de otros puntos de vista, por ejemplo de que una de las dos normas contradiga el sistema interno, la naturaleza de la cosa, la idea del derecho o los valores morales reconocidos en la comunidad jurídica, mientras la otra está en consonancia con estos criterios; en este caso sólo la última es válida y no existe una laguna de colisión.

[47] Que con ello surge una *laguna* se puede comprobar si se toma en cuenta también la *prohibición de denegación de justicia,* pues ésta impide la salida consistente en explicar que la cuestión jurídica es irresoluble debido a la contradicción; *vid.* más extensamente CANARIS, *op. ult. cit.,* pp. 65 y ss.

[48] Pero *vid. infra* y en nota 61.

llegado el caso puede negarles obediencia con el argumento de que son *inconstitucionales*. Pero puesto que las contradicciones valorativas son atentados contra el principio de igualdad, se impone un examen al hilo del artículo 3 I de la Ley Fundamental. Con ello la problemática desemboca en una cuestión jurídico-constitucional.

b) La solución con ayuda del principio constitucional de igualdad

Que el artículo 3 I de la Ley Fundamental vincula también al legislador es algo que resulta sin más del artículo 1 III de la Ley Fundamental. Está igualmente fuera de duda que tal artículo rige para todos los sectores del derecho y también, en especial, para el conjunto del derecho privado[49], pues la legislación es siempre ejercicio de poder soberano y, por ello, no se trata de la problemática del «efecto horizontal» de los derechos fundamentales. En consecuencia, las contradicciones valorativas han de medirse a tenor de la Ley Fundamental, como especiales atentados contra el principio de igualdad, máxime cuando éste no sólo está plasmado en el artículo 3 I, sino que «más allá, rige en todos los sectores, como principio constitucional independiente y no escrito»[50]. Sobre ese trasfondo la idea de sistema gana, por tanto, el más importante significado práctico bajo un nuevo aspecto: *las normas contrarias al sistema pueden, por causa de la contradicción valorativa en ellas contenida, atentar contra el principio constitucional de igualdad y ser, por ello, nulas.* De hecho el Tribunal Constitucional Federal se ha expresado también de distintas maneras en tal dirección y, por ejemplo, ha declarado nula una norma aduciendo como fundamentación que el legislador se había «apartado de su propio principio» sin que «para tal «ruptura con el sistema» hubiera razones suficientes y materialmente defendibles»[51]. En otro lugar se dice que el legislador es básicamente libre de «apartarse de las reglas constitutivas de un determinado ámbito jurídico y que él mismo ha sentado», pero una tal divergencia puede «ser un indicio de arbitrariedad... cuando de ese modo se abandona el sistema de la ley sin fundamento material suficiente»[52]; y en otro lugar nuevamente dice el Tribunal Constitucional Federal que un atentado contra el art. 3 de la Ley Fundamental puede darse en el caso «de una regulación divergente que no cuadre con el sistema, el sentido y la finalidad de la ley hasta hoy vigente»[53].

Esto no quiere decir que toda norma contraria al sistema haya de ser nula sin más. El Tribunal Constitucional Federal más bien habla, prudentemente, tan sólo de un «indicio» de atentado contra el artículo 3, y en diferentes ocasiones añade, también con prudencia, la palabra «acaso»[54], con lo que el contexto deja ver que subyace un concepto de sistema más amplio que el que

49 *Vid.* por ejemplo, *BVerfGE* 11, 277 (280s); 14, 263 (285); 18, 121 (124ss).
50 *Vid. BVerfGE* 6, 84 (91).
51 *BVerfGE* 13, 31 (38).
52 *BVerfGE* 18, 315 (334).
53 *BVerfGE* 7, 129 (153); 12, 264 (273).
54 *Vid.* por ejemplo *BVerfGE* 9, 20 (28); 12, 264 (273); 18, 315 (334).

aquí mantenemos y posiblemente no se piensa sólo en el sistema «interno». Pero ante todo hay que tener en cuenta que, con arreglo a la jurisprudencia constante del Tribunal Constitucional, el artículo 3 I ha de entenderse como una interdicción de arbitrariedad: «el principio de igualdad resulta dañado cuando no puede hallarse para la diferenciación legal o el igual trato un fundamento material razonable, resultante de la naturaleza de las cosas o de otro modo, en suma, cuando la disposición debe denominarse como arbitraria»[55]. Ahora bien, por regla general ocurre que, de hecho, en los casos de contradicciones valorativas y, consiguientemente, de quiebras del sistema, «no puede hallarse un fundamento razonable para la diferenciación», pues tales contradicciones ex definitione remiten a divergencias, no justificadas materialmente, frente a las valoraciones básicas de la ley, lo que no quiere decir que siempre se dé también un atentado contra la prohibición de arbitrariedad. Más bien ocurre que un tal atentado haya de negarse por distintos motivos y pese a la presencia de una contradicción valorativa.

En primer lugar, cabe imaginar el caso de que haya una cierta falta de armonía valorativa, pero que no haya alcanzado *el grado* que se requiere para la afirmación de verdadera arbitrariedad y que, por tanto, no sea «evidente» «la parcialidad de la regulación establecida»[56-57]. A continuación cabe objetar que el legislador ha de perseguir también otros valores y fines, además de la meta de una regulación materialmente justa y que se inserte armónicamente en el conjunto del ordenamiento jurídico, de modo que también por esa razón no toda contradicción valorativa ha de representar una violación de la prohibición de arbitrariedad. Piénsese aquí ante todo en el valor de seguridad jurídica. Esta puede, por ejemplo, justificar una prohibición de analogía[58] y, con ello, oponerse a la eliminación de contradicciones valorativas; recuérdese meramente el ejemplo antes discutido relativo a la no punibilidad de la tentativa de lesiones simples. En tal caso no cabe hablar de arbitrariedad, pues aquí la seguridad jurídica veta la equiparación de casos que en sí mismos tienen el mismo valor pero que no han sido expresamente recogidos. Pero también vienen al caso otros fines. Así, por ejemplo, cabe pensar que el legislador, a fin de conseguir una unificación internacional del derecho -por ejemplo en el seno de la Comunidad Europea-, adopte y sancione legalmente en determinados sectores regulaciones que lleven a rupturas con los principios básicos de nuestro derecho, pero, por otra parte, no pueda decidirse a dejar sin vigencia *con carácter general* estos principios garantizados y anclados en la conciencia jurídica y a modificar *todos* los preceptos comparables en consonancia con las valoraciones que subyacen a la nueva regulación. Tampoco en tal caso, pese a la quiebra del sistema, cabe hablar de un atentado contra la prohibición de

---

55 *BVerfGE* 1, 14 (52).
56 Esta fórmula corresponde a la jurisprudencia constante del *BVerfGE, vid.* por ejemplo *BVerfGE* 18, 121 (124), con extensas referencias.
57 *Vid.* también el ejemplo del parágrafo 25 I 1 HGN *infra* II 1.
58 *Vid.* al respecto más detalladamente CANARIS, *op. ult. cit.,* p. 183ss.

arbitrariedad. Por último, también la circunstancia de que el ordenamiento jurídico ha surgido en tiempos distintos puede conducir a quiebras del sistema que no pueden eliminarse por vía de la interpretación y el desarrollo del derecho, sin que por ello estemos ya sin más ante «arbitrariedad». La mera referencia al «crecimiento histórico» de una regulación no puede reconocerse básicamente como justificación suficiente de una contradicción valorativa, pero a veces se dará con ello un fundamento material para que el legislador no pueda de modo inmediato acomodar las partes más antiguas a las nuevas. Tal fundamento puede ser que «el tiempo aún no está maduro» para extender la nueva regulación también a los otros sectores jurídicos (lo cual puede presuponer en ciertos casos también la solución de un cúmulo de ulteriores problemas), o simplemente puede ser que el legislador, debido a la lentitud del procedimiento legislativo, necesite un cierto tiempo[59]. Así por ejemplo, preceptos de la GMbHG que no armonizan valorativamente con las disposiciones similares de la nueva AktienG no pueden ser vistos (ya hoy[60]) como nulos, a la vista de la planeada reforma del derecho de GmbH, aun cuando «no se pueda hallar un motivo razonable para la diferencia de tratamiento».

Tenemos, pues, que hay casos en los que la quiebra del sistema no supone un atentado contra la interdicción de arbitrariedad. No cabe dudar de la obligatoriedad de la norma que rompe con el sistema, pues el motivo de nulidad antes expuesto, la asunción una laguna de colisión, tal como se ha visto, remite también en última instancia a la interdicción de arbitrariedad, por lo que aquí no entra enjuego[61]. Sin embargo, por regla general en caso de quiebra del sistema estaremos ante un atentado contra el principio constitucional de igualdad, y nuevamente hay que recordar que se está haciendo referencia solamente a auténticas *quiebras* del sistema y no a las meras *modificaciones* del sistema, es decir, sólo a los casos en los que existe realmente una *contradicción* valorativa y no solamente una *diferenciación* valorativa, por mucho que quizá ésta sea poco convincente desde el punto de vista jurídico-político, aun cuan-

59 La problemática podría aquí extenderse a la cuestión de la «omisión del legislador».

60 Cómo hayan de verse desde un instante temporal más tardío depende de la posición que se adopte ante el problema de la omisión legislativa; lo que seguramente no puede dudarse es que del principio de igualdad puede derivarse un mandato constitucional de eliminación de las contradicciones valorativas.

61 Cabría pensar en poner como base un concepto de arbitrariedad distinto al del artículo 3 de la Ley Fundamental y, de ese modo, sostener la nulidad del precepto en el que aparece la contradicción. Pero esto llevaría a que el juez pudiera negar la obediencia a una norma que no atenta contra la Ley Fundamental, y esto parece compatible con la vinculación constitucional a la ley y con el principio de separación de poderes si acaso en aquellos casos extremos de «injusto legal» que caen bajo la famosa «fórmula de Radbruch»; pero el reconocimiento de un tal caso *extremo* no es sin más posible ya ante meras contradicciones valorativas, sino que presupone en todo caso «arbitrariedad patente» u otro similar criterio «externo», de modo que se lleva al mismo resultado que a través del artículo 3 de la Ley Fundamental. Por lo demás, se trata aquí, especialmente en lo referente a la cuestión de la desobediencia jurídicamente lícita a normas no contrarias a la Constitución, de una problemática propia y altamente compleja que no puede ser tratada más a fondo en el marco de este trabajo.

do pueda defenderse. Como ejemplo se puede acudir nuevamente a la problemática antes citada[62] de la ausencia de una suma máxima en ciertos supuestos de responsabilidad por riesgo. En el parágrafo 833, párrafo 1 BGB no podrá verse una ruptura del sistema sino sólo una modificación, pues los daños típicamente provocados por animales no son tan altos como para que amenace el peligro de una ruinosa imputación de daños y para que el riesgo no pueda ser técnicamente calculable en toda su extensión a efectos de seguros y aun cuando no exista una suma legal máxima. Sea como sea, por este motivo, y aun cuando se quiera aceptar que existe una auténtica quiebra del sistema, no se da una *evidente* vulneración material, con lo que no se alcanza el grado de injustificada disparidad valorativa exigible para la aplicación del artículo 3 I de la Ley Fundamental. Por contra, cosa distinta ocurre en el caso del parágrafo 22 WHG. Aquí pueden surgir daños de magnitud totalmente imprevisible, de modo que cabe sin más afirmar la posibilidad de ruina económica del obligado a resarcir y parece muy cuestionable la posibilidad de que el riesgo quede plenamente cubierto mediante un seguro. Aquí, por tanto, en comparación con los otros supuestos de responsabilidad por riesgo, la falta de una suma máxima carece de justificación y atenta, por consi-guiente, contra el artículo 3 I de la Ley Fundamental[63]. También se puede ver como altamente objetable desde el punto de vista constitucional la contradicción antes señalada entre el parágrafo 28 II y los parágrafos 130 II, 173 II HGB[64] -como es valorativamente contradictoria e incomprensible toda la regulación de la responsabilidad por deudas anteriores en el caso de adquisición de una compañía mercantil o de ingreso en una compañía mercantil o en una sociedad mercantil: con arreglo al parágrafo 25 y al parágrafo 27 HGB le corresponde a quien continúa con la empresa, con arreglo a los parágrafos 28, 130 y 173, por contra, no; según los parágrafos 25 II y 28 II la responsabilidad es dispositiva, según los parágrafos 130 II, 173 II, forzosa, etc.; en ningún modo cabe apreciar una clara ratio legis de los preceptos[65]-. Por tanto, es altamente cuestionable si la regulación total de la responsabilidad por deudas anteriores -al menos en la medida en que se disponga no sólo una responsabilidad sobre el patrimo-

---

62 *Vid.* pp. 136 y s.

63 Si por ello el parágrafo 22 WHG es nulo o si del artículo 3 de la Ley Fundamental se desprende meramente un mandato constitucional para la necesaria complementación de la regulación (cuyo incumplimiento habrá de tratarse con arreglo a los principios relativos a la omisión legislativa), es una cuestión general y constitucional que rebasa el presente contexto; el resultado podría ser que hay que dar preferencia aquí a la segunda alternativa.

64 Si realmente existe o no una vulneración de la Constitución no tiene por qué ser aquí decidido de modo definitivo. Depende de si el carácter contradictorio de la regulación alcanza tal *proporción* que resulta «evidente» la falta de objetividad, de si, por tanto, no cabe aducir ningún punto de vista defendible para las diferencias. En última instancia, la problemática no es ni jurídico-constitucional ni metodológica, sino propia del Derecho Mercantil.

65 Para la crítica del parágrafo 25 HGB *vid.* PISKO, *Ehrenbergs Handbuch des gesamten Handelsrechts,* Bd. II, 1914, pp. 243 y s., 245 y s., 255; para la crítica del parágrafo 28 HGB, FISCHER, Anmerkung zu BGH LM Nr. 2 zu § 28 HGB.

nio adquirido o con el patrimonio común, sino también sobre el patrimonio personal- puede subsistir ante la interdicción constitucional de arbitrariedad. Aquí tal vez habría que ver como nulas *todas* las disposiciones[66] (al menos en sus partes contradictorias) y no sólo un precepto particular, pues no es constatable cuál de las normas es más ajustada a los hechos o al sistema, o más «razonable», mientras que en otros casos puede subsistir una de las varias normas que entre sí se contradicen[67].

5. El significado de las no eliminadles quiebras del sistema para la posibilidad del pensamiento sistemático y de la formación del sistema en la Jurisprudencia

Con todo esto se muestra que el pensamiento sistemático queda básicamente confrontado con la posibilidad de rupturas del sistema, pero que éstas son de una importancia práctica bastante menor de lo que se suele decir. Es así porque a la posibilidad de interpretación y desarrollo del derecho acordes con el sistema[68] se añade, como salida adicional, la posibilidad de afirmar la inconstitucionalidad y, con ello, la nulidad de las normas contrarias al sistema. Tales normas pueden en ciertos casos subsistir incluso ante la Ley Fundamental, pero los ejemplos antes citados en este contexto habrán dejado claro cuán raramente se darán tales casos en que se está ante una auténtica ruptura del sistema pero no ante un atentado contra la interdicción de arbitrariedad. Que de todos modos tales casos sean pensables supone un «estorbo» para la «pureza» del sistema, pero no hace imposible tal sistema. Mientras que un sistema lógico-axiomático se convierte en inútil ante una sola contradicción entre sus axiomas, ya que de tal sistema sería deducible cualquier enunciado[69], en el

---

66 Si el «resto» habría de verse como válido o si surge una laguna que ha de ser colmada por el juez, es un problema distinto que no pertenece a este lugar y que en general se plantea en los casos de normas parcialmente inconstitucionales; *vid.* al respecto también KNITTEL, *JZ* 67, pp. 79 y ss.

67 En esencia vale aquí lo mismo que más arriba se dijo a propósito de las lagunas de colisión (*vid.* nota 45). Así, en el ejemplo del parágrafo 22 WHG tratado en el texto, no se han de ver como nulas las determinaciones -conformes con el sistema y los principios- sobre las sumas máximas en los demás supuestos de responsabilidad por riesgo con el objetivo de eliminar la contradicción valorativa, sino que el parágrafo 22 WHG ha de completarse con la correspondiente regulación.

68 Estos podrían verse justamente como subcaso de la interpretación y desarrollo del derecho conforme a la Constitución si el problema de las rupturas del sistema se contempla, como aquí se hace, bajo el aspecto de la interdicción constitucional de arbitrariedad. Sin embargo, la interpretación y desarrollo sistemáticos del derecho no se agotan en la eliminación de contradicciones que hayan alcanzado una dimensión tal que suponga un atentado contra el artículo 3 I de la Ley Fundamental. En verdad, la interpretación conforme a la constitución (también en la medida en la que no se realiza en atención al artículo 3) podría ser, a la inversa, un subcaso de la interpretación a partir del sistema (interno), ya que contempla a la norma particular sobre el trasfondo del ordenamiento jurídico en su conjunto y podría encontrar su legitimación en última instancia en la idea de unidad y ausencia de contradicción del derecho.

69 *Vid.*, por ejemplo, LEINFELLNER, *Struktur und Aufbau wissenschaftlicher Theorien*, 1965, p. 208; BOCHENSKI, *Die zeitgenössischen Denkmethoden*, p. 80; POPPER, *Logik der Forschung*, p. 59.

sistema axiológico o teleológico de la ciencia jurídica la contradicción puede ser «aislada»: en este punto la formación del sistema es ciertamente imposible -y consiguientemente también la obtención del derecho a partir del sistema-, pero todos los demás sectores no resultan afectados por ello[70]. Por mucho que sea inalcanzable un sistema completo, tal discrepancia entre el ideal de sistema y su realizabilidad nada decisivo dice contra la importancia del sistema para la Jurisprudencia. Por el contrario, a lo largo de las anteriores investigaciones se ha mostrado un nuevo aspecto bajo el cual la formación del sistema adquiere relevancia práctica: la posibilidad de nulidad de las normas contrarias al sistema.

II. Normas extrañas al sistema

1. Normas extrañas al sistema como atentado contra la idea de unidad del ordenamiento jurídico

Estrechamente ligado con el problema de las rupturas del sistema está el problema de las normas *extrañas* al sistema. Mientras que en aquélla, y especialmente en el caso de las normas *contrarias* al sistema, se dañaba el mandato de coherencia valorativa, en éstas nos hallamos con un atentado contra el postulado de unidad interna: se trata de enunciados jurídicos que no están en contradicción valorativa con otras disposiciones o con principios básicos del ordenamiento, pero que tampoco pueden ser reconducidos a una idea jurídica general y que, por ello, quedan *valorativamente aislados* en el seno del ordenamiento jurídico. Tampoco constituyen sin más una *modificación* del sistema, ya (y en la medida) que su ratio no es suficientemente convincente como para poder valer como enriquecimiento de las valoraciones fundamentales del sector jurídico en cuestión.

Un ejemplo, tomado del derecho privado vigente, podría ser de nuevo el parágrafo 25 HGB. A primera vista podría parecer que o bien (de modo similar

[70] Ya por este motivo es inadecuada la pretenciosa crítica de SCHREIBER, *Die Geltung von Rechtsnormen*, p. 199, a LARENZ, *Festschrift für Nikisch*, p. 301, y muestra solamente lo poco que SCHREIBER ha captado de las peculiaridades del pensamiento jurídico, es decir, del pensamiento predominantemente teleológico (sobre esto *vid.* también notas 30 y 44): lo que vale para un sistema lógico y para una proposición lógica no tiene por qué adecuarse por ello para un sistema teleológico y para principios generales del derecho, cuya especificidad, por el contrario, ha de mostrarse *objetivamente* (*vid.* al respecto también *supra* § 2 y nota 124). Además, con una lectura imparcial SCHREIBER habría podido reconocer fácilmente que LARENZ, tal como claramente muestran sus ejemplos, en realidad no se ocupa, a pesar de su formulación que ha de admitirse que es equívoca, de auténticas contradicciones (y menos aún en el sentido lógico), sino de meras *contraposiciones* entre principios y de manifestaciones similares (*vid.* más precisamente supra notas 7 y 11), que no afectan en absoluto a la posibilidad de deducciones, incluso desde el punto de vista de SCHREIBER. Por lo demás, realmente se rebate por sí sola una frase como la siguiente: «los postulados y principios del conjunto histórico del derecho son inapropiados, por razones lógicas, para mostrar al juez qué normas debe situar en la base para la solución de un conflicto de intereses por vía de creación jurídica» (*vid.* SCHREIBER, *op. ult. cit.*, pp. 198 y s.).

por ejemplo al parágrafo 419 BGB) es expresión del principio de correspondencia entre activo y pasivo o bien un subcaso de la responsabilidad por apariencia jurídica[71], pero ambas hipótesis no resisten un examen más preciso; en el caso de la primera, porque de la continuidad de la empresa no puede depender el que la responsabilidad haya de estar limitada al patrimonio recibido y la regla tampoco podría ser dispositiva; en el caso de la segunda, porque la buena fe del cedente no juega ningún papel, no se requiere una «disposición» por su parte y tampoco se da ningún supuesto objetivo de apariencia[72]. Con arreglo al planteamiento del redactor de la ley el sentido del parágrafo 25 I 1 HGB no estriba en ninguna de esas dos ideas, sino que más bien ha de verse en que se quiso «transigir con» la concepción del tráfico con arreglo a la cual «el respectivo tenedor de la empresa ha de ser visto como titular y obligado»[73]. Por tanto, lo que se protege es la confianza (y, más aún, independientemente de si el cedente en concreto tuviera ideas jurídicas acertadas). Una tal ratio legis supone en nuestro ordenamiento jurídico una singularidad de un único caso y por sí misma no resulta ni mínimamente convincente. De ahí que el parágrafo 25 HGB de hecho no es susceptible de incardinación sistemática ninguna.

2. Interpretación y validez de las normas extrañas al sistema

En lo que se refiere al tratamiento práctico de tales normas extrañas al sistema, vale de modo similar lo que se dijo a propósito de los preceptos contrarios al sistema. Especialmente queda excluida, por supuesto, la posibilidad de interpretación sistemática y de complemento de lagunas, y esto conduce a menudo -como por lo demás es también el caso del parágrafo 25 HGB[74]- a que no cabe en modo alguno una interpretación con sentido. Pero como quiera que sea, habrá que limitar tales «cuerpos extraños» en el seno del ordenamiento jurídico, dejándoles el espacio más restringido posible, de modo que se puede plantear como máxima fundamental de interpretación *un mandato de interpretación restrictiva o, al menos, una prohibición de interpretación extensiva.* También surge aquí la *problemática de la validez,* y nuevamente se ha de solventar a partir del artículo 3 de la Ley Fundamental: también los preceptos ajenos al sistema se han de medir a la luz de la interdicción constitucional de arbitrariedad. El parágrafo 25 HGB ofrece un buen ejemplo de que no toda alteración del sistema ha de llevar a la nulidad de la correspondiente norma, pues la ratio que el legislador ha situado en la base del parágrafo 25 HGB no es en modo alguno convincente, pero no es tan absur-

---

[71] A favor de esta solución la doctrina quizá dominante, *vid.* por ejemplo *RGZ*149, 25 (28); 169,133 (138); *BGHZ* 18, 248 (250); 22, 234 (239); 29, 1 (3); A. HUECK, *ZHR* 108, p. 8; SCHLEGELBERGER-HILDEBRANDT, 4.ª ed., 1960, parágrafo 25, números marginales 2 y 6 y otros.

[72] *Vid.* más detalladamente CANARIS, *Die Vertrauenshaftung im deutschm Privatrecht,* 1971, pp. 184 ys.

[73] *Vid. Entwurf eines Handelsgesetzbuchs mit Ausschluss des Seehandelsrechts nebst Denkschrift, Amtliche Ausgabe,* Berlin 1896, p. 38.

[74] *Vid.* nota 69 y FISCHER, *Anmerkungzu BGH LM,* Nr. 3 sobre parágrafo 28 HGB.

da como para que el precepto haya de verse como evidentemente falto de objetividad y deba por ello ser designado como arbitrario[75].

III. Lagunas en el sistema

1. Lagunas en el sistema como lagunas valorativas

Las «lagunas en el sistema» constituyen para la formación del sistema un amenaza bastante más grave que las comparativamente escasas rupturas no solventables y que las igualmente no muy frecuentes normas extrañas al sistema. Así como éstas remiten al carácter contradictorio o a la singularidad de determinadas valoraciones legales, tienen aquéllas que ver con su total carencia. Puesto que el sistema ex definitione presenta sólo la forma externa de la unidad valorativa del derecho, toda formación del sistema está abocada a que estén presentes valoraciones. *Por tanto, las lagunas valorativas tienen siempre a las lagunas en el sistema como su consiguiente efecto.* No cabe duda de que tales lagunas valorativas acontecen, pues no sólo no existe la clausura «lógica», sino tampoco el «carácter teleológicamente cerrado» del derecho[76]. Esto por sí solo prueba ya la existencia de aquellas lagunas legales para cuyo colmado el derecho positivo no dispone de ninguna valoración suficiente. Piénsese en un ejemplo de laguna tan clásico como es la ausencia de una regulación del estatuto de la obligación en el EGBGB alemán. Lo mismo prueban también las numerosas normas «necesitadas de complemento valorativo»[77] que no siempre pueden ser concretadas con ayuda de valoraciones propias del derecho positivo y que a menudo se sustraen incluso a una determinación valorativa independiente del respectivo caso. Hay que tener claro que la presencia de una tal laguna no siempre se ha de juzgar negativamente desde el punto de vista legislativo. Ciertamente las lagunas legales mencionadas en primer lugar constituyen un grave defecto, y también numerosas normas en blanco no significan más que una insatisfactoria solución de compromiso; pero, por otro lado, a menudo las cláusulas generales «necesitadas de concreción» tienen una función plenamente legítima y actúan en contra de una rígida generalización, en cuanto que ayudan a la aparición de la «equidad» en el sentido de la justicia del caso concreto[78]. Aquí se observa que la formación del sistema , como se destacó al principio[79], no sólo contrarresta la historicidad del derecho y lo limitado del conocimiento humano y de la capacidad lingüísti-

---

[75] Si es nulo por razón de la contradicción valorativa con otros preceptos (*vid. supra* p. 146), es una cuestión que ha de separarse de la cuestión de la arbitrariedad de su ratio - vista ésta por sí sola.

[76] *Vid.* más detalladamente CANARIS, *Die Feststellung von Luchen,* cit., p. 173.

[77] En la doctrina dominante en Alemania éstas son separadas de las lagunas legales incluso en los casos en que contienen lagunas valorativas; *vid.* detalladamente CANARIS, *op. ult. cit.*, pp. 26 y ss., con abundantes referencias.

[78] *Vid.* también *supra* § 4 IV 3, pp. 96 y s. e *infra* § 7 II 2.

[79] *Vid.* p. 127.

ca, sino también -como límite en cierta medida inmanente- la «tendencia individualizadora» de la justicia.

2. Las lagunas del sistema como vía de penetración del pensamiento no orientado al sistema

En lo que se refiere al *tratamiento metodológico* de tales lagunas valorativas, tenemos que aquí falla la posibilidad de un pensamiento sistemático, pues éste, con arreglo a su estructura, va unido al trabajo con ayuda del principio de igualdad y, en correspondencia con su carácter puramente «formal», sólo puede (al menos tentativamente) «pensar hasta el final» valoraciones previamente sentadas, pero nunca introducir nuevas valoraciones. Las partes en cuestión del ordenamiento no han de quedar necesariamente fuera del sistema con carácter definitivo, sino que pueden ser progresivamente concretadas de modo suficiente y fijadas a fin de resultar susceptibles de una sistematización y de una incardinación en el -siempre abierto- sistema[80], pero en el mejor de los casos esto se consigue sólo parcialmente y no siempre es deseable. Al menos en el caso de aquellas lagunas valorativas que sirven a la penetración de la «tendencia individualizadora» de la justicia, una plena fijación sistemática sería más bien disfuncional. De este modo, se abre aquí un campo legítimo para modos de pensamiento no orientados al sistema. Como uno de tales se ha de mencionar en primera línea la «tópica», por lo que su importancia para la Jurisprudencia deberá ser más detalladamente analizada en los siguientes parágrafos.

80 *Vid.* más detenidamente *infra* § 7 II 3.

§ 7. PENSAMIENTO SISTEMÁTICO Y TÓPICA

En su obra *Topik und Jurisprudenz*[1] Theodor VIEHWEG ha formulado la tesis de que la estructura de la Jurisprudencia no puede ser adecuadamente captada con ayuda de la idea de sistema[2], sino únicamente sobre la base de la doctrina de la tópica. Desde entonces la discusión sobre tal afirmación no ha parado, y también el presente trabajo debe su origen en medida no pequeña al provocador estímulo que las ideas de Viehweg encierran para cualquier partidario del pensamiento sistemático. Tanto el reconocimiento[3] como la viva oposición[4] que tales ideas han encontrado hacen suponer que Viehweg, con su

---

1 1953, 3.ª ed. 1965; *vid.* también *Stud. Gen.* 11 (1958), pp. 334 y ss. (338s). De entre la abundancia de recensiones *vid.* ante todo SCHILLING, *Philos. Literaturanzeiger VIII*, pp. 27 y ss.; COING, ARSP 41 (1954/55), pp. 436 y ss.; WÜRTENBERGER, *AcP* 153, pp. 560 y ss.; WESENBERG, *JZ* 1955, p. 462; ENGISCH, *ZStrW*69, pp. 596 y ss.

2 Últimamente se previene VIEHWEG contra la interpretación de que su ataque se dirige contra todo tipo de pensamiento sistemático en la Jurisprudencia, y limita expresamente su crítica a la utilización de un «sistema deductivo», *vid.* «Systemprobleme in Rechts- dogmatik und Rechtsforschung», en *System und Klassifikation im Wissenschaft und Dokumentation*, 1968, pp. 96 y ss. (p. 102 y nota 13). En consecuencia, entre pensamiento tópico y sistemático no ve una contraposición básica, sino que incluso liga ambos expresamente en un «sistema tópico», *vid. op. ult., cit.*, p. 104. Sin embargo, un tal sistema es una contradicción en sí mismo, pues un proceder que es «reacio a las vinculaciones» (*vid.* VIEHWEG, *Topik*, cit., p. 23), que simplemente «quiere dar indicaciones» (*vid.* VIEHWEG, *Topik*, cit., p. 15) y que en su esencia se orienta al problema particular formulado lo más precisamente que sea posible, es decir, al caso concreto (*vid.* al respecto infra y nota 67) nunca podrá hacer justicia a la idea de unidad y orden interno ni, con ello, a los presupuestos básicos del concepto de sistema. Así, VIEHWEG no se ocupa de aquellos pocos principios generales que constituyen la unidad de un sector, sino, al contrario, de la multiplicidad de puntos de vista más o menos casuales (*vid.* por ejemplo las delimitaciones de «topos» en VIEHWEG, *Topik*, cit., p. 10 *y* 18). Que ahora se hable de un «sistema tópico» no sólo no sirve, pues, para aportar claridad a la problemática sino que, al contrario, privará de sus últimos perfiles al ya de por sí muy nebuloso concepto de «topos».

3 *Vid.* por ejemplo COING, *op. ult. cit.*; WÜRTENBERGER, *op. ult. cit.*; ESSER, *Grundsatz und Norm*, pp. 6 y s., 44 y ss., 218 y ss.; BÄUMLIN, *Staat, Recht und Geschichte*, 1961, pp. 27 y ss.; ARNDT, *NJW*63, pp. 1277 y s.; Peter SCHNEIDER, *VVdDStRL* 20, pp. 35 y ss.; EHMKE, *VVdDStRL* 20, pp. 53 y ss.; WIEACKER, *Privatrechtsgeschichte der Neuzeit*, 2.ª ed., 1967, pp. 596 y s., nota 48; Egon SCHNEIDER, *MDR* 67, pp. 6 y ss. (8ss); N. HORN, *NJW*67, pp. 601 y ss.

4 *Vid.* por ejemplo FLUME, *Steuerberater-Jahrbuch* 1964/65, p. 67, *Allg. Teil des Bürg. Rechts, Bd.* II 1965, p. 296, nota 9, y *Richter und Recht, Vortrag vor dem* 46. *Deutschen Juristentag, Bd.* II, *Teil K*, 1967, p. 34, nota 85; DIEDERICHSEN, *NJW*1966, pp. 697 y ss.; básicamente crítico, si bien en un tono menos agudo, por ejemplo ENGISCH, *op. ult. cit.*; WESEN- BERG, *op. ult. cit.*; ENN.-NIPPERDEY, *Allg. Teil des Bürg. Rechts*, 15? ed., 1959, § 23 II y § 58 nota 35; LARENZ, *Methodenlehre*, p. 133 y s.

afirmación central de que la Jurisprudencia es tópoca en su estructura, ha debido de tocar un punto esencial de la autocomprensión jurídica. Por tanto, al menos esta idea básica merece ser siempre renovadamente discutida, y contra su corrección nada decisivo dicen los muchos puntos débiles y oscuridades que a Viehweg le han opuesto -en mi opinión las más de las veces con razón- sus críticos. ¿Qué ocurre, pues, con la «tesis tópica»? La respuesta a esta cuestión presupone una breve explicación de la esencia de la tópica, explicación que resulta esencialmente más fácil después de una serie de nuevos trabajos sobre este tema, especialmente las investigaciones de DIEDERICHSEN[5], HORN[6], KRIELE[7] y ZIPPELIUS[8].

I. Caracterización de la tópica

1. Tópica y pensamiento de problemas

En opinión de Viehweg, «al tratar de la tópica el punto más importante es la constatación de que se trata de aquella técnica del pensamiento que se orienta al *problema»*, y en consecuencia define la tópica brevemente como *«la técnica el pensamiento de problemas*[9]. Con esto no hemos avanzado nada, pues, según con razón dice un partidario del pensamiento sistemático y un contrario de la tópica tan decidido como FLUME, «todo pensamiento jurídico es pensamiento de problemas y toda regulación jurídica es regulación de un problema»[10]; y se podría añadir que todo pensamiento científico es pensamiento de problemas -teniendo en cuenta que un «problema» no es más que una pregunta cuya respuesta no está clara de antemano[11].

Por tanto, es obvio que VIEHWEG debe partir de un más preciso concepto de «problema»[12], y así lo hace de hecho cuando enlaza con la distinción de Nicolai HARTMANN entre modos de pensamiento «aporético» y «sistemático»[13]. HARTMANN los caracteriza del siguiente modo: «el modo de pensar sistemático parte del todo. La concepción de partida es aquí lo primero y permanece como

---

5 «Topisches und systematisches Denken in der Jurisprudenz», *NJW* 1966, pp. 697 y ss.
6 «Zur Bedeutung der Topiklehre Theodor Viehwegs für eine einheitliche Theorie des juristischen Denkens», *NJW* 1967, pp. 601 y ss.
7 *Theorie der Rechtsgewinnung*, 1967, pp. 114 y ss.
8 «Problemjurisprudenz und Topik», *NJW*1967, pp. 2227 y ss.; *vid.* también *Wertungsprobleme im System der Grundrechte*, 1962, pp. 79 y ss. y *Das Wesen des Rechts*, 1965, pp. 64 y ss.
9 *Vid. op. ult. cit.*, p. 15; subrayados en el original.
10 *Vid. Allg. Teil*, cit., p. 296.
11 El mismo VIEHWEG define al «problema» de modo similar, como «toda pregunta que aparentemente admite más de una respuesta» (*vid. op. ult. cit.*, p. 16).
12 *Vid.* sobre esto y sobre lo que sigue también KRIELE, *op. ult. cit.*, pp. 119 y ss.
13 *Vid.* HARTMANN, *Diesseits von Idealismus und Realismus, Kantstudien, Bd.* XXIX (1924), 160 y ss. Merece destacarse que ya varias décadas antes de la aparición del trabajo de VIEHWEG Max SALOMON no sólo designó la ciencia del derecho como «ciencia de problemas», sino que también apeló a ese propósito expresamente a N. HARTMANN y ARISTÓTELES, *vid. Grundlegung zur Rechtsphilosophie*, 2.ª ed., 1925, pp. 54 y ss. (58). Sobre la concepción de Salomon *vid.* más detalladamente *supra* § 2 I 4 a.

lo dominante. No se busca un criterio, sino que se comienza por aceptar uno y a partir de él se seleccionan los problemas. Los contenidos problemáticos que no se conciben con ese criterio son rechazados y se les tiene por cuestiones erróneamente planteadas»... «El modo de pensar aporético procede de modo enteramente opuesto»... «No duda de la existencia del sistema ni de que tal vez éste es lo que de un modo latente determina su propio pensar. Tiene certeza de ello aunque no lo capte»[14]. De estas frases resulta inobjetablemente claro que Nicolai HARTMANN no asume una postura de enfrentamiento contra la idea de sistema -¡también el modo de pensar «aporético» parte de la existencia del sistema!- sino que sólo polemiza contra un determinado tipo de pensamiento sistemático que rechaza como problemas aparentes las cuestiones que no encajen en el sistema. Por tanto, se manifiesta meramente contra una concepción que ve en el sistema algo definitivo y no sólo un proyecto provisional y en todo momento modificadle, es decir, contra un sistema «cerrado». Pero el de la Jurisprudencia no es un sistema cerrado y tampoco lo es el de ninguna otra ciencia mientras aún quepa un progreso en sus conocimientos fundamentales[15], con lo que tampoco con la identificación que Viehweg lleva a cabo entre tópica y pensamiento aporético está dada en modo alguno una suficiente definición de la tópica. Al contrario, resulta equívoca en grado sumo[16], por cuanto que también el modo de pensamiento de las ciencias indudablemente no tópicas es «aporético» en el sentido de HARTMANN, ya que el prescindir de los problemas que (hasta ahora) no encajen en el sistema ha de verse en *toda* disciplina como pecado contra el espíritu científico. Cierto es que ningún físico o químico ignoraría un fenómeno que contradijera los postulados teóricos hasta hoy vigentes, pero nadie se hará la idea de que por ello la física y la química se encuadren bajo la tópica. Por consiguiente, el pensamiento aporético de ningún modo conduce necesariamente a la tópica sino sólo al «carácter abierto» del sistema[17].

La interrelación entre pensamiento de problemas y tópica se torna totalmente dudosa cuando se toman en cuenta las consecuencias que de ahí extrae VIEHWEG en cuanto a la «estructura de la Jurisprudencia». A parte de decir, con frase que nada significa, que «la estructura global de la Jurisprudencia sólo puede determinarse a partir del problema», plantea dos ulteriores «exigencias»: «los componentes de la Jurisprudencia, sus conceptos y enunciados, han de permanecer ligados de modo específico al problema y, por tanto, sólo desde el problema pueden ser comprendidos» y «los conceptos y enunciados de la Jurisprudencia, por ello, sólo pueden ser puestos en una relación de implicación que se mantenga unida al problema. Se ha de evitar cualquier otro tipo de implicación»[18]. Esto o es falso o es trivial. Es falso si con ello Viehweg

14 *Vid. op. cit.*, pp. 163 y s.
15 *Vid.* más detenidamente *supra* § 3 I y III.
16 También falta en HARTMANN, *op. cit.*, tal como muestra con razón ZIPPELIUS en *op. cit.*, p. 2227, nota 1.
17 Correctamente KRIELE, *op. ult. cit.*, pp. 121 y s.
18 *Vid. op. ult. cit.*, p. 66.

quiere vincular los «conceptos y enunciados de la Jurisprudencia» con el problema *concreto* a cuyo propósito fueron en su momento (más o menos casualmente) descubiertos y desarrollados. Que, por ejemplo, el «contrato con efecto protector para tercero» originariamente se aplicara de modo casi exclusivo en los contratos de arrendamiento, no dice de por sí absolutamente nada en contra de que tal construcción se use también en otros tipos de contrato. Más bien depende todo de si el «nuevo» problema concuerda materialmente y en lo esencial con los hasta ahora resueltos. Si, por contra, con el párrafo citado opina Viehweg que todo concepto o enunciado jurídico expresa la solución de un determinado problema jurídico *y por tanto ha de ser visto sobre ese trasfondo,* hay que darle la razón, pero con ello lo único que se dice es que toda respuesta se refiere a una pregunta y, consiguientemente, su sentido está esencialmente determinado por ésta. No cabe duda de que es provechoso tener siempre esto en cuenta y, por ejemplo, averiguar exactamente el contenido teleológico de los conceptos o los enunciados jurídicos[19], pero en esto no hay nada específico y exclusivo de la tópica y, en especial, no hay en esto nada opuesto al pensamiento sistemático, sino una obviedad que, mutatis mutandis, vale para todo pensamiento científico.

Por tanto, es evidente que la «orientación al problema» no es lo decisivo y no aporta ningún criterio útil desde un punto de vista *científico*[20]. Con ello no se niega que *psicológicamente* exista una contraposición entre pensamiento problemático y pensamiento sistemático, que, por tanto, el pensamiento de algún científico se aplica más fácilmente al problema concreto y se interesa con más fuerza por su solución, mientras que el pensamiento de otros recibe su impulso más bien del sistema y se contenta con su construcción. Pero esta contraposición puede verse como ideal-típica[21], pues tampoco el que piensa con arreglo al problema deja totalmente de tomar en cuenta el sistema (sobre cuyo trasfondo por regla general se puede formular claramente y solucionar el problema) , y, a la inversa, el que piensa con arreglo al sistema tampoco puede apenas sustraerse al estímulo que el problema supone para el enriquecimiento o la modificación del sistema. Como quiera que sea, la contraposición entre pensamiento problemático y pensamiento sistemático, en la medida en que se reduzca a una diferencia puramente psicológica, no es apropiada para proporcionar conclusión ninguna sobre la «estructura de la Jurisprudencia», que es de lo que se trata en la discusión sobre la tópica. Hay que insistir en esto, no sea que la fascinación que por doquier ejerce la tópica tenga que ver con el equívoco de pensar que sólo ella garantiza un verdadero pensamiento de problemas. En realidad sucede que con esta afirmación los partidarios de la tópica hacen suyo un mérito que no les corresponde, o que no les corresponde sólo a ellos.

---

19 *Vid.* también *supra* § 5 IV 1.

20 *Vid. supra* nota 11.

21 *Vid.* también Diederichsen, *op. ult. cit.,* nota 64 (p. 702) por referencia a la distinción de Nicolai Hartmann entre pensamiento «sistemático» y «aporético».

2. Tópica y legitimación de las premisas por medio de «••••••» o «common sense»

Tenemos pues que la unión entre tópica y pensamiento de problemas, puesta por VIEHWEG en primer plano, no supone ninguna explicación decisiva sino que significa sólo el retorno a lo que la «tópica» significó a lo largo de una tradición filosófica milenaria. Conocido es que el concepto proviene de ARISTÓTELES, y VIEHWEG enlaza expresamente con él[22]. Pero en Aristóteles la tópica está subordinada a los llamados jucios «dialécticos» (Top. I, 1.2)[23] y éstos, a su vez, se caracterizan porque se extraen εξενδοων, es decir, a partir «de lo opinable» (Top. I. 1. 4.), como Viehweg traduce de modo posiblemente acertado[24]. Contrariamente a los juicios «apodícticos», que se obtienen de premisas cuya verdad es susceptible de prueba, los juicios dialécticos se levantan sobre premisas que no pueden ser estrictamente probadas, sino sólo mostradas, indicadas. La tópica es el proceder para la obtención de tales premisas[25], no se caracteriza por ningún tipo de especialidad en su proceso conclusivo, sino únicamente por las peculiaridades de las premisas mayores que sienta[26]; más precisamente: por el peculiar modo de *fundamentar* estas premisas. «ενδοξα» son, según Aristóteles, aquellas afirmaciones» que todos o la mayoría o lo sabios tienen por verdad, y de entre los sabios todos, o la mayoría, o los más famosos y reputados» (Top. 1.1.5.3.).

En consonancia con esto está el que los partidarios de la tópica vean como criterio decisivo para la corrección de una solución de un problema generalmente el del «sensus communis»[27] o «common sense»[28], y que VIEHEWEG designe la «discusión» como la «única instancia de control»[29]. Se persiguen

---

22 *Vid. op. ult. cit.*, pp. 6 y ss.; sobre la cuestión acerca de en qué medida Aristóteles es malinterpretado o tergiversado en la moderna discusión sobre la tópica *vid.* KUHN, *Zeitschr. für Politik*, 1965, pp. 101 y ss., especialmente pp. 112yss.

23 En el modo de citar se sigue aquí a VIEHWEG, *vid. op. ult. cit.*, p. 7, nota 8.

24 *Vid. op. ult. cit.*, p. 7, nota 9; *vid.* a este respecto también la concepción de LERCHE sobre un «pensamiento de la opinión» *(DVBl.* 61, pp. 695 y ss.) que -con razón- opone frente a la tópica *(vid.* pp. 697 y s.).

25 De la problemática del hallazgo de las premisas (en contraposición al concluir a partir de ellas) se ha ocupado ampliamente PERELMAN, quien a ese propósito asigna importancia decisiva a la «retórica» y a la tópica; *vid.* ante todo *Rhétorique et Philosophie,* 1952, y (conjuntamente con L. OLBRECHTS-TYTECA) *Traité de l'argumentation,* 1958, con el significativo encabezamiento de «La nouvelle rhétorique» (sobre la tópica *vid.* pp. 112 y ss.); sobre la dimensión jurídica de la problemática vid. ante todo *Justice et raison,* 1963, ahora parcialmente en alemán en *Über die Gerechtigkeit,* 1967.

26 A ello se alude siempre con toda razón, *vid.* VIEHWEG, *op. ult. cit.*, p. 8; KRIELE, *op. ult. cit.*, p. 134; HORN, *op. cit.*, pp. 602 y s.

27 Así, para Vico (*De nostri temporis studiorum ratione,* 1708, edición alemán-latín con traducción de Walter F. Otto, 1947) tópica y sensus communis están inescindiblemente unidos; al respecto *vid.* ante todo GADAMER, *Wahrheit und Methode,* 2.ª ed. 1965, pp. 16 y ss.

28 Característicamente, por ejemplo, la unión de tópica y common sense en ESSER, *op. ult. cit.*, *vid.* por ejemplo p. 44, 46, 47 y otras.

29 *Vid. op. ult. cit.*, p. 24.

conocimientos reales y no se trata de un «mero y arbitrario opinar»[30], sino de afirmaciones que tienen o pueden tener su prueba en el foro de «todos» o de los «mejores y más reputados».

Cierto es que con esto aún no se ha caracterizado por completo la tópica. Hasta aquí intencionadamente no se ha tomado en cuenta una nota esencial: *la referencia de la tópica a la retórica.* Desde el punto de vista histórico aquélla es inmanente desde el principio a ésta, y la retórica desempeña desde Aristóteles hasta Vico, pasando por Cicerón, un papel determinante[31]. Se trata en parte de discusiones que se siguen con arreglo a determinadas reglas de juego, una de las cuales es que la afirmación que una vez se ha sentado no puede ser retirada[32], y en parte simplemente de la preparación de discursos, la cual se puede ver facilitada mediante la utilización de catálogos de tópicos. Es evidente que a menudo no se trata de la búsqueda de la verdad sino de un «esfuerzo retórico» puramente externo, del a menudo merecido[33] triunfo sobre el interlocutor o del «asentimiento de la mayoría». A esta relación con la retórica podría deber la tópica su escaso aprecio, tal como por ejemplo se manifiesta en la afirmación de Kant de que de la tópica «pueden servirse maestros de escuela y oradores para, bajo títulos diversos, pasar revista a lo que más conviene para una determinada materia, parloteando así de modo ampuloso y lleno de sutilezas, y con una apariencia de profundidad»[34].

II. La relevancia de la tópica para la Jurisprudencia

1. Crítica fundamental de la tópica

a) La inutilidad de la ramificación «retórica» de la tópica

Si nos preguntamos qué puede aportar la tópica a la Jurisprudencia, queda desde el principio claro que es inútil en la medida en que entronca con la retórica, pues la pregunta acerca de qué sea lo justo no es un problema de mera retórica, por mucha amplitud que a este concepto quiera darse[35]. Que Viehweg no se haya claramente pronunciado a este respecto sino, que, al contrario, quiera sin duda utilizar este componente de la tópica para su análisis de la Jurisprudencia, es un grave error y ha pesado gravemente en la discu-

---

30 Así Viehweg, *op. ult. cit.*, p. 25; *vid.* también Kriele, *op. ult. cit.*, p. 135 y Gadamer, *op. ult. cit.*, p. 16.

31 *Vid.* las explicaciones de Viehweg, *op. ult. cit.*, pp. 6 y ss., 10 y ss., 2 y ss, y Kriele, *op. ult. cit.*, pp. 136 y ss., 141 y ss., 144, 125 y ss.

32 *Vid.* la gráfica exposición de Kriele, *op. ult. cit.*, pp. 136 y s.

33 *Vid.* la exposición que hace Kriele, *op. ult. cit.* de los trucos propuestos por Aristóteles.

34 *Vid. Kritik der reinen Vernunft,* 1.ª ed. 1781, pp. 269 y s.

35 *Vid.* también Flume, *Richter und Recht,* cit., p. 34 y Kaser, *op. cit.*, p. 67: «la coincidencia entre Jurisprudencia y retórica alcanza muy pronto su final... El arte oratorio aspira más bien a éxitos puramente externos y, en cuanto medidos con criterio moral, cuestionables. Siguiendo sus modelos griegos, está guiada por tópicos provenientes de todos los ámbitos vitales, para cuyo uso se sirve de una depurada dialéctica. Por mucho arte que esta técnica encierre, está muy por debajo de la Jurisprudencia, cargada de elevada ética jurídica».

sión sobre sus tesis. Una afirmación como la de que «las premisas básicas se legitiman mediante la aceptación del interlocutor»[36] puede ajustarse a determinadas formas de debate[37], pero sencillamente no puede ser discutida en el seno de la Jurisprudencia: para el jurista las premisas vienen fijadas fundamentalmente por el derecho objetivo, especialmente por la ley y ni son susceptibles de, ni necesitan una «legitimación» por parte del «interlocutor» (¿cuál?).

b) El fracaso de la tópica ante los problemas jurídicos de la validez y la obligatoriedad

Pero la tópica no se agota en su referencia a la retórica. Al igual que toda auténtica discusión y todo auténtico diálogo puede ser un proceso de obtención de la verdad -piénsese simplemente en el diálogo socrático- también el modo de argumentar tópico puede «conducir a lo verdadero»[38] y esa es la meta que de hecho persiguen los juicios «dialécticos» en el sentido de Aristóteles. No debe discutirse que lo mismo se puede predicar de la (buena) retórica, pero dicha meta no pertenece de modo necesario a la esencia de la retórica (ya sea en sentido antiguo o moderno), por lo que sería recomendable separar terminológica y materialmente la tópica «retórica» y la tópica «dialéctica»[39]. ¿Cabe que al menos la última sea provechosa para la Jurisprudencia?

Tal como Viehweg los define (interpretando a Aristóteles) los tópicos son «puntos de vista utilizables de modo múltiple, generalmente aceptados, que se emplean en la discusión de lo opinable y que pueden conducir a lo verdadero»[40]. Con arreglo a su exposición, el pensamiento tópico puede realizarse en dos niveles[41]. En el primero se echa mano «tentativamente de puntos de vista más o menos aleatorios, arbitrariamente elegidos», mientras que en el segundo se puede hacer uso de un «repertorio de puntos de vista» que se agrupan en los llamados catálogos de tópicos bajo un determinado orden externo, especialmente el alfabético, pero que no acreditan ninguna interrelación interna, es decir, ningún sistema[42].

Por supuesto, ante un determinados problema el jurista puede también comportarse de tal modo, y puede considerarse correcto que por regla general las deliberaciones de los tribunales colegiados transcurran con arreglo a di-

---

36 *Vid.* VIEHWEG, *op. ult. cit.*, p. 24.

37 De modo especial, claro está, allí donde no está permitida la retirada de ciertas premisas una vez sentadas (*vid.* nota 31); pero también por lo demás toda discusión se apoya (si no se quiere excluir de antemano el acuerdo) en premisas *compartidas* con el interlocutor, o expresa o tácitamente *reconocidas* por él.

38 *Vid.* la definición de topos dada por VIEHWEG, *op. ult. cit.*, p. 10; *vid.*, más allá, GADAMER, *op. cit.*, p. 16: «el «bien hablar» es desde siempre una fórmula ambivalente y no sólo un ideal retórico. Significa también el decir lo correcto, esto es, lo verdadero y no sólo el arte de la oratoria, el arte de decir algo». Pero *vid.* también KUHN, *Zeitschr. für Politik,* 1965, p. 111.

39 Cabe la posibilidad de superposiciones.

40 *Op. ult. cit.*, p. 10.

41 *Vid.* VIEHWEG, *op. ult. cit.*, p. 18.

42 Pero *vid.* ahora nota la.

cho estilo[43], pero con esto nada se ha dicho aún sobre la aplicabilidad de la tópica en la Jurisprudencia. La pregunta decisiva que ahora se plantea es por qué los «puntos de vista aleatoriamente invocados» han de ser determinantes para la solución del problema y cuál de estos tópicos que a menudo se contradicen ha de tener, llegado el caso, preferencia sobre los otros. Si, por ejemplo, alguien solicita de otro reparación de daños porque éste lo ha atropellado con su automóvil, cabe, prima vista, invocar los más variados «puntos de vista»: se puede hacer hincapié en si el conductor ha procedido culposamente; pero se puede decir también que quien usa una cosa tan peligrosa como un automóvil debe responder con independencia de toda culpa por los daños causados en ese cometido; se puede traer a colación la situación patrimonial de ambas partes, pero también afirmar que tal situación no tiene nada que ver con una justa composición de los daños; cabe preguntarse en qué medida una conducta propia del herido ha cooperado al accidente, si estaba en juego fuerza mayor, si no será algún tercero culpable exclusivo de los daños, de modo que él solo deba soportarlos independientemente de la peligrosidad de la conducción de un auto; cabe incidir en si alguno de los partícipes está asegurado, se puede decir que el Estado debe responder por los daños si permite un peligro como el que supone la circulación de automóviles, etc., etc. Todos estos puntos de vista pueden ser (por sí solos o conjuntamente con otros) de algún modo relevantes para la solución de nuestro problema, pero ninguno de ellos es *vinculante* en el sentido de que sean *derecho válido*[44]. Por tanto, un topos como tal nunca es más que una *propuesta* no vinculante de decisión[45] y, por consiguiente, necesita un criterio *adicional a fin de acreditar su obligatoriedad y posibilitar la selección entre los distintos puntos de vista que según las circunstancias vienen al caso para la solución de un determinado problema.* Como tal la tópica - prescindiendo de la «aceptación por el interlocutor» que, como antes se ha visto, en absoluto sirve al jurista como criterio- no ofrece más que las ενδοξαο el common sense, es decir, la opinión «de todos o de la mayoría o de los más

---

43 Esto lo aduce con mucho énfasis SCHNEIDER, *MDR* 63, pp. 653 y 67, pp. 8 y ss., en favor de la tópica. A tal propósito desconoce dos cosas: primera, que en la discusión sobre la tópica no se trata de una cuestión fáctica, sino de una cuestión metodológica y por tanto, no se trata de cómo habitualmente proceden los tribunales, sino de cómo deberían correctamente proceder (al respecto *vid.* también *infra* nota 60), de modo que ya por esta razón el argumento de SCHNEIDER sólo podría ser mediatamente relevante; en segundo lugar y sobre todo, lo que en este contexto importa no es en modo alguno el estilo de la *deliberación* judicial, sino sólo el de la *decisión* y *fundamentación,* y a ese respecto nadie sostendrá que nuestros tribunales proceden de modo exclusivamente tópico y no rechazan nunca, por ejemplo, como «contrario al sistema» un punto de vista invocado en la deliberación (aun cuando no tenga por qué utilizarse abiertamente la expresión «contrario al sistema»). Por lo demás, los ataques de SCHNEIDER, *op. ult. cit.,* contra DIEDERICHSEN, *op. ult. cit.,* están a un nivel que no merece el menor debate.

44 *Vid.* también DIEDERICHSEN, *op. ult. cit.,* p. 703, columna 2 (similarmente p. 702, columna 2).

45 *Vid.* también ZIPPELIUS, *op. ult. cit.,* p. 2233, columna 2 y *Das Wesen des Rechts,* cit., p. 67, así como, ante todo, KRIELE, *op. ult. cit.,* pp. 146 y ss., 151, 153. La solución que da KRIELE para el problema de la obtención del derecho cae, en mi opinión, en el mismo defecto que con razón achaca a los partidarios de la tópica, pues la «razón jurídica», que Kriele considera determinante (*vid.* p. 157ss.) posiblemente no es más que una especial forma de ενδοξα.

doctos» acerca de qué sea lo verdadero o, mutatis mutandis, lo justo. «La discusión es la única instancia de control», por repetir de nuevo esta cita[46], con lo que habrá que admitir que la discusión está penetrada por el saber de los «mejores o lo más reputados».

Pero con esto queda claro *que la tópica desconoce básicamente la esencia de la Jurisprudencia.* Qué sea derecho válido, qué punto de vista es, por consiguiente, en cada caso obligatorio, no se determina por regla general con arreglo al «common sense» o la «opinión de todos, o de la mayoría o de los más doctos», sino con arreglo al derecho objetivo. De ahí que se toque el núcleo del problema cuando DIEDERICHSEN reprocha a Viehweg el que jamás en su obra se encuentre «un reconocimiento del ordenamiento jurídico válido y de la frase, tenida por evidente por todo jurista, que dice que en la aplicación del derecho se ha de estar sometido a la ley y al derecho»[47]. Es tan consecuente como descaminado que HORN, desarrollando las ideas de Viehweg, asigne a la ley (¡) «estructura tópica»[48] y base su «validez» y la «validez» de principios y postulados jurídicos reconocidos en la ενδοξα[49]. Es obvio que con esto se hace mofa de toda teoría jurídica de la validez: una ley «vale» aun cuando no se apoya en la opinión «de todos o de la mayoría o de los más doctos» y, al revés, la opinión «de todos o de la mayoría o de los más doctos» puede ser errónea, es decir, proclamar algo que en modo alguno es derecho válido[50]. Ni VIEHWEG ni HORN diferencian de modo reconocible entre la actividad del legislador y la del juez y se tiene la impresión de que sus consideraciones se dirigen primariamente al primero.

c) La tópica como doctrina de la acción correcta y la Jurisprudencia como ciencia de la correcta comprensión

Esto no tendría por qué extrañar, pues en verdad la tópica tiene esencialmente más que ofrecer al legislador -y consiguientemente a una disciplina

46 *Vid.* VIEHWEG, *op. ult. cit.,* p. 24.

47 *Vid. op. ult. cit.,* p. 702, columna 1; similarmente y también con razón FLUME, *op. ult. cit.* (igual que en nota 2). *vid.* en este contexto VIEHWEG, *op. ult. cit.,* p. 63, donde dice de la tópica lo siguiente: «entiende ésta (la técnica jurídica) como una forma de manifestarse aquella búsqueda constante de la justicia de cada caso,... búsqueda que se prosigue mediante el derecho positivo». Esto es significativo de los peligros de la tópica: el jurista que está vinculado al derecho positivo no busca «mediante» éste lo «justo en cada caso» sino que ha de asumir la decisión jurídico-positiva como básicamente (es decir, a reserva de la posibilidad -extrema- de «injusto legal») correcta y lícita y por regla general no ha de plantear en absoluto la cuestión relativa a qué sea «en cada caso lo justo» independientemente del derecho positivo. *Vid.* al respecto también *supra* § 5 IV 3.

48 Acertadamente F. MÜLLER, *Normstruktur und Normativität,* 1966, p. 59: «para la tópica la norma se convierte en un tópico entre otros».

49 *Vid. op. ult. cit.,* pp. 606 y s.

50 Tal es el caso de alguien que ataque la doctrina dominante o la jurisprudencia constante afirmando que sólo la «opinión minoritaria» por él representada es «correcta», en el sentido de que tal opinión es derecho válido, y no se limite a hacer una propuesta, como tal completamente no vinculante, para la modificación de la actual situación jurídica, tal como sería coherente si ha de apoyarse meramente en fevóoqa; vid. en este contexto también supra pp. 78 y ss.

como la politología[51], que se concibe a sí misma como normativa[52]- que al juez. Con razón ha destacado HORN que los ejemplos de la tópica aristotélica están en su mayor parte tomados de la ética y que Aristóteles, en consecuencia, piensa aquí «en sectores científicos que se ocupan de la acción humana, en la filosofía práctica en sentido amplio: ética, economía y «política», es decir, Jurisprudencia y ciencia política»[53]. HORN designa la tópica, pues, como «método de las ciencias de la acción»[54], y antes y similarmente HENNIS le reconoció el rango de una «lógica de las ciencias prácticas»[55]. Podría hallarse ahí una precisión esencial de la esencia de la tópica, pues donde se trata de la *cuestión de la «acción correcta»* y especialmente allí donde al respecto se manifiesten afirmaciones o preceptos que se pretendan vinculantes *para terceros,* una legitimación de estas afirmaciones mediante el consenso «de todos o de los más o de los más doctos» parece, al menos en una democracia, la salida relativamente mejor, a la vista del hecho de que en este campo no caben pruebas terminantes del estilo de las de las ciencias naturales; o, por citar nuevamente a HORN, «quien no pretende para sí una razón capaz de conocerlo todo, razón con la cual poder resolver como con un simple cálculo las cuestiones de hecho y las cuestiones valorativas, ha de apelar a afirmaciones sobre las cuales en la comunidad social existe acuerdo a la hora de preguntarse por su «corrección»»[56].

Ciertamente es ésta una máxima digna de ser tomada en consideración por el *legislador* como regla general[57], y las premisas por las que se oriente pueden ser designadas como topoi[58], y se puede llamar tópico el procedimiento en el que son halladas, *pero el arte de la legislación no es la Jurisprudencia en el sentido habitual de la palabra;* no se puede juntarlas a un nivel que suprimiría la fundamental diferencia entre política jurídica y aplicación del derecho, entre argumentación de lege ferenda y de lege lata[59] -un resultado que sería incom-

---

51 Sobre la relevancia de la tópica para la ciencia política *vid.* por un lado HENNIS, *Politik und praktische Philosophie,* 1963, pp. 89 y ss., por otro lado Helmut KUHN, *Aristoteles und die Methode der politischen Wissenschaft, Zeitschr. Für Politik,* 1965, pp. 101 y ss.

52 Sobre en qué medida tal es el caso, *vid.* el informativo trabajo de GRIMM, *JZ* 65, pp. 434 y ss.

53 *Vid. op. ult. cit.,* p. 603, columna 2; *vid.* también GADAMER, *op. ult. cit.,* pp. 18 y s. («conocimiento práctico»); WIEACKER, *Privatrechtsgeschichte,* cit., p. 596 («corrección práctica»),

54 *Vid. op. ult. cit.,* pp. 603 y s.

55 *Op. ult. cit.,* p. 109; en contra KUHN, *op. ult. cit.,* pp. 110, 112, 119.

56 *Vid. op. ult. cit.,* p. 607, columna 1.

57 En casos excepcionales ha de tener el valor de decidir contra la opinión «de todos» o de «los más», y ciertamente cuando ésta no coincide con la opinión de los «más doctos»; una debilidad esencial de la tópica viene dada porque la posibilidad de una tal discrepancia está presente ya en la fórmula de Aristóteles, sin que quepa ver criterios para su solución.

58 *Vid.* HENKEL, *op. ult. cit.,* pp. 418 y ss., que en este contexto habla de «tópicos del derecho correcto que se busca» (p. 148).

59 Que existen contactos y casos fronterizos es algo que no debe negarse, pero ello no impide ver la distinción como correcta *en su núcleo* (*vid.* también la nota siguiente). En este trabajo no podemos pararnos más en las cuestiones altamente complejas que con esto se relacionan, pero el mantenimiento de tal distinción se corresponde sin duda con la opinión claramente dominante, a pesar de las siempre repetidas críticas; si esa distinción no se comparte, se juzgará también de otra manera a la tópica, pero no debería dejarse sin explicitar la posición extrema en lo relativo a esa cuestión previa.

patible con la separación de poderes y con la vinculación de la jurisprudencia de los tribunales a «la ley y el derecho» estatuida por el artículo 20 III de la Ley Fundamental[60].

Consiguientemente tampoco es la Jurisprudencia básicamente[61] una «ciencia de la acción» en el sentido en que Horn emplea el concepto, sino una ciencia *hermenéutica:* es fundamentalmente una doctrina del correcto *comprender,* no del correcto *actuar*[62], pues los preceptos sobre esto último los establece básicamente el derecho objetivo, y por regla general el juez tiene meramente que aplicar sus valoraciones comprendiéndolas[63], sin poder sustituirlas por las opiniones de otros, ni siquiera por las de «todos o la mayoría o los más doctos». Que este «comprender» no raramente contenga un elemento de valo-

---

60 Posiblemente nadie sostendría seriamente que no es *posible* una distinción entre política jurídica y aplicación del derecho y que, en consecuencia, el artículo 20 III de la Ley Fundamental contiene un postulado imposible de atender y, por tanto, vacío. Por tanto, contrariamente a la opinión de KRIELE, *op. ult. cit.,* p. 149, no carece de sentido la objeción de que el pensamiento jurídico «no debería o no podría ser tópico». Esta «tesis de la tópica» sólo puede más bien, por el contrario, ser captada razonablemente desde el punto de vista metodológico y normativo, no desde el punto de vista fáctico o fenomenológico. Que el jurista «inevitablemente» (*vid.* Kriele, *op. cit.)* piense de modo tópico, es decir, que *necesariamente* (¡) su argumentación se apoye exclusivamente en ενδοξα o common sense, pero no en disposiciones legales independientes de ello y a menudo en contradicción con ello, sería una afirmación equivocada, y por tanto sólo puede tratarse de la cuestión acerca de cómo el jurista ha de argumentar *correctamente.* KRIELE muestra por doquier que considera en poco la posibilidad de que el legislador siente valoraciones claramente aprehensibles, y así lo deja ver en su polémica contra «el ideal de subsunción» (pp. 47 y ss.) o en su muy exagerada afirmación de que «la existencia de una regla jurídica que sea apta para la subsunción mediante una mera «comprensión»» es «un caso límite», de modo que la laguna legal no es la excepción, sino la regla y el concepto de laguna opera por tanto «confundiendo más que aclarando» (p. 196, *vid.* también pp. 205 y s.). La mirada de KRIELE no sólo está mucho más fuertemente orientada al Derecho Constitucional, con su abundancia de cláusulas generales «necesitadas de relleno valorativo», sino que también se dirige demasiado unilateralmente a la actividad de los altos tribunales y de la ciencia; que éstas se ocupan casi exclusivamente de problemas valorativos no claramente resueltos por el legislador es algo que obedece a la naturaleza de las cosas, pero nada dice en contra de la existencia de un sinnúmero de cuestiones totalmente reguladas de modo inequívoco (y que por ello casi nunca son objeto de disputa). Que «el BGB deje abiertos más problemas de los que soluciona» (así KRIELE, *op. ult. cit.,* p. 209), es una afirmación que de ninguna manera se acredita y que en mi opinión ha de ser rechazada por aventurada (KRIELE cita injustamente en su favor el testimonio de HECK: en el lugar citado éste sólo dice que *ante determinada terminología* «quizá la mayor parte de las cuestiones jurídicas dudosas tienen que ver con la presencia de una laguna legal»; KRIELE no tiene aquí en cuenta (y del mismo modo en p. 196) la limitación a las cuestiones «dudosas», sobre cuya proporción en comparación con las no dudosas nada dice HECK, y tampoco tiene en cuenta el significado puramente terminológico de la cita, en la que se trata de la delimitación lingüística entre «subsunción» y «colmado de lagunas» y de ninguna otra cosa).

61 Pero *vid.* también *infra* número 2.

62 La opinión contraria en WIEACKER, *JZ,* p. 704, 706; *vid.* también *Zur rechtstheoretischen Präzisierung des* § 242 BGB, 1956, p. 19, y *Festschrift fürErik Wolf,* 1962, p. 451.

63 Por ello el concepto de «Jurisprudencia de valoraciones» no está libre de equívoco, razón por la que por ejemplo HECK lo rechazó, *vid. Begriffsbildung und Interessenjurisprudenz,* pp. 50 y s.

ración propia -cuya importancia ciertamente no debería sobreestimarse- y que no pueda llevarse a cabo con los medios de la lógica formal, no dice lo más mínimo en favor de la tópica, ya que ésta de ninguna manera es la única alternativa a la lógica formal ni el único proceder para el hallazgo de premisas[64]. De ahí que las continuas referencias de Viehweg al limitado fruto del pensamiento lógico-formal en la Jurisprudencia[65] carecen de valor probatorio en favor de su «tesis tópica», al igual que su polémica contra el sistema «axiomático-deductivo», que hoy apenas es defendido[66]. El necesario complemento de las reglas de la lógica formal no lo ofrece para la Jurisprudencia la tópica, sino fundamentalmente tan sólo un pensamiento teleológico-sistemático tal como el que más arriba[67] se ha descrito y como corresponde probablemente a la idea metodológica hoy dominante[68]. Este método se diferencia de la tópica sobre todo en un doble aspecto: está hermenéuticamente orientado[69], es decir, dispuesto para la realización de constructos espirituales objetivos previamente dadas, por lo que rechaza apoyar sus premisas *meramente* en ενδοξαο common sense; y las preguntas que surgen no las contempla como problemas particulares aislados, tal como para la tópica es característico[70], sino que,

---

64 Indudablemente las ciencias naturales, por ejemplo, no se sirven de la tópica para encontrar sus premisas.

65 *Vid.* sobre todo pp. 53 y ss.

66 Esto se le ha objetado a VIEHWEG a menudo, *vid.* por ejemplo ENGISCH, *ZStrW,* 69, p. 600; DIEDERICHSEN, *op. ult. cit.,* pp. 699 y s; KRIELE, *op. ult. cit.,* pp. 120 y ss., especialmente p. 124, nota 42; pero ahora *vid.* también la cita de nota la.

67 *Vid.* § 2 II.

68 *Vid.* las referencias en § 2, nota 117 y 133.

69 A la vista de la ambigüedad del término «topos» es de temer que muchos partidarios de la tópica no vean aquí ninguna contraposición (*vid.* VIEHWEG, *op. ult. cit.,* p. 24 y ante todo, yendo más allá de la postura tomada en p. 24 y sin justificación con base en lo allí dicho, p. 59. *Vid.* también COING, *Auslegungsmethoden,* pp. 22 y s. y F. MÜLLER, *op. ult. cit.,* pp. 45 y ss., quien habla precisamente de «hermenéutica tópica» pero la contrapone a la «tópica»). Esto, sin embargo, crearía oscuridad terminológica y ocultaría la contraposición objetiva que se da entre una doctrina del «correcto comprender» y una doctrina del «correcto actuar». Que también existan ciertos puntos de contacto -por ejemplo entre la «precomprensión hermenéutica» en el sentido de HEIDEGGER y GADAMER y la ενδοξα que por ejemplo EHMKE (*vvdDStRL* 20, pp. 53 y ss.) trae a colación de modo original (*vid.* al respecto también F. MÜLLER, *op. ult. cit.,* pp. 45 y ss.)- es algo que se opone tan poco a la necesidad de una diferenciación básica como el hecho de que en especial en la Jurisprudencia ambos modos de pensamiento se complementen mutuamente y se interpenetren en parte (*vid.* al respecto también en el texto bajo 2 y 3). *Vid.* también APEL, *die Idee der Sprache in der Tradition des Humanismus von Dante bis Vico,* 1963, quien quiere insertar la tópica en una «hermenéutica trascendental (existencial)» (p. 143), pero usa un sentido mucho más amplio, enlazando con HEIDEGGER, de la palabra hermenéutica.

70 Es este contexto también es significativo que VIEHWEG siempre contempla como tarea de la Jurisprudencia la búsqueda de lo «justo en cada caso», de lo que «aquí y ahora es justo» (*vid.* pp. 63 ó 65 y otras. *Vid.* también a este respecto supra nota 47. *Vid.,* más allá, GADAMER, *op. ult. cit.,* pp. 18 y s., que pone la tópica en relación con la frenesís aristotélica, y caracteriza ésta como saber «práctico» y como nota específica menciona que «se orienta a la concreta situación. Debe, por tanto, abarcar las «circunstancias» en su infinita variedad». *Vid.* también EHMKE, *VVdDStRL 20,* p. 55: «la solución del problema debe hallarse a partir de la ponderación de todos los puntos de vista relevantes para el caso concreto».

siguiendo la tendencia «generalizadora» de la justicia[71] y, por ello, procediendo «sistemáticamente», trata de que esos problemas se inserten en problemáticas más generales[72] y de que puedan ser solucionados sobre el trasfondo del «ordenamiento jurídico en su conjunto», es decir, del sistema ideológicamente entendido.

Por tanto, como *resultado provisional* ha de quedar establecido que la tópica no es capaz de captar adecuadamente la estructura de la Jurisprudencia. Esto se debe fundamentalmente a que un topos, en cuanto tal, es sólo una *propuesta* de solución, pero no es sin más derecho válido, por mucho que «visto desde el problema» se presente como «ajustado a los hechos». La pregunta que con ello se plantea, referida a la *obligatoriedad* de los puntos de vista que respectivamente se invoquen y a la elección entre ellos, sólo puede responderla la tópica remitiéndose a la «opinión de todos o de la mayoría o de los más doctos» o al common sense, con lo que cae en una aguda contradicción con la doctrina jurídica de la validez y de las fuentes del derecho. Consiguientemente, sus partidarios no distinguen suficientemente entre las tareas de la legislación y las de la jurisprudencia y desconocen que la Jurisprudencia primariamente tiene que ver con la realización comprensiva de valoraciones previamente establecidas, y no como la *elección* «tópica» de premisas, es decir, que la Jurisprudencia es una doctrina del «correcto comprender», no del «correcto actuar».

2. Posibilidades que restan para la tópica

Con todo esto queda ya claro cuándo y bajo qué presupuestos tiene la tópica una significativa función que cumplir en la Jurisprudencia: siempre que falten valoraciones jurídico-positivas suficientemente concretas. En tales casos no sólo la posibilidad de un pensamiento sistemático tropieza con límites irrebasables[73], sino que por regla general se dan los caracteres de la tópica: en lo esencial las normas son dotadas de contenido por el juez, con lo que éste ha de proceder de modo muy similar al legislador y tiene de hecho que decidir sobre las máximas del «correcto actuar». De él se pide reconocidamente que tenga en cuenta en el marco de su «valoración personal» las valoraciones y opiniones jurídicas, culturales y sociales dominantes en la respectiva comunidad jurídica, lo que probablemente es tanto como decir: que se oriente a la ενδοξα. ¿De qué problemas se trata en particular?

a) La tópica como recurso cuando faltan valoraciones legales suficientes, especialmente en caso de lagunas

En primer lugar se ha de mencionar aquí determinados casos de *lagunas en la ley,* para cuyo colmado el derecho positivo no contiene ninguna

71 Sobre la contraposición entre los principios generalizador e individualizador de la justicia *vid.* más ampliamente supra § 1 II 2, con referencias en nota 32 y § 4 IV 3.

72 En este contexto *vid.* también ENGISCH, *Wahrheit und Richtigkeit im juristischen Denken,* 1963, p. 20 s.

73 Sobre éstos *vid.* más precisamente *supra* § 6, especialmente bajo III.

valoración. Un ejemplo clásico de este tipo es la ausencia de una regulación del estatuto de las obligaciones en el derecho internacional privado alemán. Aquí no queda de hecho más salida que echar mano más o menos tentativamente de puntos de vista distintos, ponerlos a prueba ante el problema y ponderarlos entre sí, es decir, se trata de proceder de modo tópico. En este caso, la tendencia, característica de la tópica, a orientarse fuertemente al problema singular, incluso al caso concreto, se pone de manifiesto claramente en la opción -largo tiempo dominante- por la «voluntad hipotética de las partes»[74].

b) La tópica como procedimiento funcionalmente adecuado en los casos de referencia legal al «common sense» y en los casos de decisiones de equidad

El segundo grupo que se ha de mencionar aquí está formado por las *cláusulas generales necesitadas de complemento valorativo.* También en su caso se dejan ver sin más las características del pensamiento tópico. Así, por ejemplo, la fórmula del parecer «de todo el que piense cabal y equitativamente», sentada por la jurisprudencia para la concreción del parágrafo 138 BGB, es casi una definición de ενδοξα[75]; similarmente, la determinación del contenido del «cuidado exigible en el tráfico», en el sentido del parágrafo 276 BGB, sólo es posible atendiendo en el respectivo caso concreto a lo que haría el «comerciante ordinario», el «conductor razonable», etc., es decir, mediante el establecimiento de las reglas del «correcto actuar» -de eso se trata justamente- echando mano de la opinión «de todos o de la mayoría o de los más doctos»[76]. La tópica tiene aquí que cumplir una perfectamente legítima función de complemento del pensamiento sistemático, y se podrá incluso decir que también en esta cuestión se expresa nuevamente la «polaridad» de los supremos valores jurídicos[77]: *la tópica está orientada a la equidad, es decir, a la tendencia individualizadora del principio de justicia*[78], representa un procedimiento adecuado para una argumentación de equidad orientada a un problema singular formulado con la mayor precisión posible, orientada al caso concreto, procedimiento en el que ningún punto de vista susceptible de discusión puede ser de antemano rechazado por inadmisible, tal como sí ocurre típicamente en un pensamiento sistemático

---

74 Sobre el estado actual de la discusión *vid.* por todos SOERGEL-KEGEL, *Bürg. Gesetzbuch,* vol. V, 9.a ed. 1961, sobre art. 7 EGBGB, notas marginales 167 y ss.; SUNDROCK, *Zur ergänzenden Vertragsauslegung im materiellen und internationalen Schuldvertragsrecht,* 1966, pp. 132 y ss.

75 *Vid.* en este contexto también EHMKE, *VVdDStRL 20,* p. 71, donde la fuerza de convicción de los argumentos tópicos se apoya en el «consenso de todos los que piensan de modo racional y justo».

76 Con esto, en contraposición con la fórmula aristotélica, queda fuera de duda que no se trata de establecer un criterio estático, sino normativo.

77 *Vid.* también *supra* § 4 IV 3, nota 39.

78 Sobre la equidad como expresión de la tendencia individualizadora de la justicia *vid.* HENKEL, *Einführung in die Rechtsphilosophie,* p. 327, con referencias en nota 2.

que tiende a la abstracción y que se apoya en la tendencia generalizadora del principio de justicia[79].

3. La recíproca complementación e interpenetración entre el pensamiento sistemático y el tópico

Ya queda dicho con lo anterior que pensamiento tópico y pensamiento sistemático no representan una contraposición excluyente, sino que se complementan mutuamente[80]. No se encuentran aislados el uno frente al otro, como podía pensarse a tenor de lo expuesto hasta aquí, sino que se penetran mutuamente. Allí donde se reserva la primacía a la tópica no carece completamente de relevancia la sistemática. Así se aprecia con toda claridad en el círculo de problemas aludido en primer lugar, es decir, en los casos de lagunas en los que el derecho positivo no contiene ninguna valoración para su colmado: aquí la tópica no es más que un recurso de emergencia, por lo que los inseguros tópicos han de sustituirse por valoraciones claras tan pronto como sea posible y, por tanto, ha de anclarse la solución sistemáticamente.

Pero una clara tendencia a la sistematización se aprecia también en la concreción de cláusulas generales necesitadas de relleno valorativo, en la cual la tópica es bastante más que un puro recurso auxiliar[81]. No sólo se trata de que las cláusulas generales también han de interpretarse a la luz del ordenamiento jurídico en su conjunto, es decir, sobre el trasfondo del sistema -así, por ejemplo, el § 138 BGB ha de interpretarse en su mayor parte a partir de las valoraciones que se expresan en otros lugares de nuestro ordenamiento y, con ello, de modo vinculado al sistema y no mediante ενδοξα[82]-, sino y ante todo de que la concreción acontece en amplia medida mediante la formación de tipos, esto es, en parte mediante la formación de supuestos claros[83], con lo que tiende a la consolidación sistemática. A título de ejemplo piénsese en el § 242 BGB y en el trabajo que para precisarlo jurídicamente han realizado la jurisprudencia de los tribunales y la doctrina[84]. Así, por citar sólo un ejemplo, la

79 No hay ahí una contradicción con el «carácter abierto» del sistema en el sentido del pensamiento «aporético», pues el sistema no excluye determinados *problemas* como falsas cuestiones, sino sólo determinadas *soluciones* de problemas como atentados contra las ideas básicas presentes en el derecho válido.

80 Para una relación entre tópica y pensamiento sistemático, de entre las varias investigaciones, ESSER, *op. ult. cit.*, pp. 6 y s., 44 y ss. y otras, y *Stud. Gen.* 12 (1959), pp. 104 y 105, columna 2; KASER, *op. ult. cit.*, p. 53; Peter SCHNEIDER, *VVdDStRL* 20, pp. 37 y 51; HENKEL, *op. ult. cit.*, p. 426; RAISER, NJW 64, pp. 1203 y s.; DIEDERICHSEN, *op. ult. cit.*, pp. 704 y s.; F. MÜLLER, *op. ult. cit.*, pp. 57 y 67; ZIPPELIUS, *op. ult. cit.*, p. 2233 bajo d.

81 Correctamente DIEDERICHSEN, *op. ult. cit.*, p. 704; esto aún no se tenía en cuenta en CANARIS, *op. ult. cit.*, p. 107, nota 172.

82 Al respecto *vid.* ante todo PAWLOWSKI, *ARSP* 1964, pp. 503 y ss.; LARENZ, *Jur. Jb.* vol. VII (1966), pp. 98 y ss y *Allg. Teil,* 1967, § 28III a.

83 En este contexto *vid.* también PAULUS, *Probleme richterlicher Regelbildung am Beispiel des Kreditsicherungsrechts, Jur.Jb.* vol. VI (1965/66), pp. 134 y ss.

84 Remitámonos solamente al comentario del § 242 por SIEBERT en *Soergel-Siebert,* 9.ª ed., 1959, y a WIEACKER, *Zur rechtstheoretischen Präzisierung des* § 242 BGB, 1956.

«excepción de malicia» se ha independizado aquí, y dentro de ésta, que ya de por sí es siempre una «subcláusula general» necesitada de relleno valorativo, se ha formado una interacción entre supuesto claro, supuesto móvil en el sentido de Wilburg[85] y un ámbito restante que sólo se puede entender tópicamente: la objeción del «dolus praeteritus» podría ser un supuesto claro suficientemente dotado de referencia valorativa (si bien, por supuesto, con la nota «normativa» típica de la «malicia»); la objeción de la caducidad, por su parte, presenta un supuesto móvil, en el que los «elementos» están dados[86], pero la consecuencia jurídica resulta del modo variable en que caso por caso se entremezclen[87], y, finalmente, la objeción del «venire contra factum proprium» se podría situar hoy en la frontera entre el supuesto «móvil» y la cláusula general abierta y tópica[88]. Más allá de estos tres tipos queda el mayor y muy inconcreto sector en el que cualquier topos es admisible. Pero tampoco la cláusula general se puede abandonar completamente a la equidad y, con ello, al pensamiento tópico. En ella más bien se hace patente el enfrentamiento entre la tendencia individualizadora y generalizadora de la justicia[89], y esta última, como siempre, empuja a la sistematización.

A la inversa, el sector que primariamente se orienta al pensamiento sistemático no queda tampoco totalmente libre de los influjos de la tópica. En primer lugar esto resulta ya de que el ámbito en el que existen valoraciones jurídico-positivas claramente constatables presenta un límite muy fluido con aquel otro ámbito en que tales valoraciones faltan, por lo que hay una zona fronteriza en la que pueden entremezclarse puntos de vista sistemáticamente legitimados y otros que meramente remiten a ενδοξα. En el desarrollo praeter legem del derecho, sistemáticamente orientado, y especialmente en la concreción de principios «generales» extralegales -y con ello también en las modificaciones del sistema que a su través se operan[90]- los meros topoi juegan también un importante papel, al menos en los estadios iniciales de su desarrollo[91]. Incluso cabe atribuir en cierta manera estructura tópica al surgimiento de «nuevos» principios jurídicos[92], pues el cambio en la conciencia jurídica general que les subyace probablemente se realiza como un proceso de «discusión» (en su sentido más amplio) entre «todos, los más o los más doctos» -pero sólo «en cierta manera», porque la remisión a la «conciencia jurídica general» o a ενδοξα

---

85 *Vid.* la exposición *supra* § 4 I.

86 Son: confianza en que la pretensión no se volverá a hacer valer; un «atenerse» a ello; un cierto transcurso temporal; y la imputabilidad de la omisión de plantear la pretensión.

87 Así por ejemplo, una especialmente larga duración temporal puede contrapesar la insignificancia de las medidas de «atenerse», y al revés.

88 *Vid.* más ampliamente CANARIS, *Die Vertrauenshaftung im deutschen Privatrecht,* 1971, pp. 266 y ss., especialmente pp. 301-305.

89 *Vid.* también HENKEL, *op. cit.,* pp. 359 y s.

90 Sobre éstos *vid. supra* § 3 IV 1.

91 *Vid.* al respecto, ante todo, ESSER, *op cit.,* pp. 5 y ss., 44 y ss., 218 y ss., 238 y ss. y otras.

92 *Vid.* HORN, *op. cit.,* p. 607 que va muy lejos no sólo por la razón que en el texto se expone, sino también porque no diferencia entre principios inmanentes a la ley y principios extralegales.

no basta y necesita ser complementada con criterios objetivos[93], como la idea de derecho o la naturaleza de la cosa[94].

Así pues, no hay una rígida alternativa entre pensamiento tópico y sistemático, sino sólo una recíproca complementación. Hasta dónde alcanzan el uno y el otro, es algo que se determina decisivamente según el grado de la valoración jurídico-positiva ante la que nos encontremos -con lo que ya sin más se explica que la tópica juega en ámbitos fuertemente cargados de cláusulas generales, como el Derecho constitucional[95], o en sectores cuya regulación presenta abundantes lagunas, como el Derecho internacional privado, un papel mucho mayor[96] que el que le corresponde, por ejemplo, en el derecho inmobiliario o en el derecho de títulos valores.

93 Cierto es que también éstos, a su vez, están influidos por la conciencia jurídica general, con lo que nuevamente surge el problema de la dialéctica entre el espíritu objetivo y el subjetivo.

94 *Vid.* más ampliamente *supra* pp. 80 y ss.

95 Sobre la importancia de la tópica para el Derecho constitucional *vid.* sobre todo Peter Schneider y Ehmke en *vvdDStRL* 20, pp. 1 y ss. (35 y ss.) y 53 y ss., así como, con ciertas reservas, F. Müller, *op. cit.*, pp. 47 y ss. (57 y ss.).

96 Pero nunca el único decisivo, *vid.* también F. Müller, cit.

§ 8. Tesis

Sobre § 1

1. El presupuesto para la utilidad de la idea de sistema en la ciencia jurídica y para el desarrollo de un específico concepto jurídico de sistema es que el sistema pueda cumplir en la Jurisprudencia una adecuada *función*. Esto depende de si las notas del concepto general de sistema pueden predicarse de las correspondientes manifestaciones jurídicas.

2. Las notas del concepto general de sistema son orden y unidad. Tienen su correspondencia jurídica en las ideas de coherencia valorativa y unidad interna del ordenamiento jurídico. Estas no sólo son presupuestos ineludibles de una Jurisprudencia que quiera verse como ciencia, y premisas evidentes de los habituales métodos de interpretación jurídica, sino ante todo consecuencia también del principio de igualdad y de la «tendencia generalizadora» de la justicia, y, con ello, de modo mediato, consecuencia de la misma «idea de derecho».

3. En consonancia, la función del sistema en la Jurisprudencia consiste en presentar y realizar la coherencia valorativa y la unidad interna del ordenamiento jurídico. Así el pensamiento jurídico sistemático obtiene al mismo tiempo su justificación, justificación que, de esa forma, se puede derivar mediatamente de los «supremos valores jurídicos».

Sobre § 2

4. A partir de la función de la idea de sistema se ha de desarrollar el *concepto de sistema*. Inútiles o muy limitadamente utilizables son, por tanto, todos los conceptos de sistema que no son apropiados para expresar la coherencia valorativa y la unidad interna del ordenamiento jurídico. Tal es especialmente el caso del «sistema externo», del sistema de «conceptos jurídicos puros», del sistema lógico de la «Jurisprudencia de conceptos», del sistema axiomático-deductivo en el sentido de la ciencia lógica, del «sistema como entramado de problemas» de Salomon y del «sistema de decisiones de conflictos» en sentido de Heck y la Jurisprudencia de intereses.

5. Si el concepto de sistema se establece en atención a las ideas de coherencia valorativa y unidad interna del derecho, el sistema jurídico se puede definir como «orden axiológico y teleológico de principios generales del dere-

cho». También cabe pensar en un correspondiente orden de valores, de conceptos teleológicos y de institutos jurídicos.

Sobre § 3

6. Este sistema no es cerrado, sino *abierto*. Esto rige tanto para el sistema de enunciados jurídicos doctrinales, el «»sistema científico», como para el sistema del ordenamiento jurídico mismo, el «sistema objetivo». Respecto del primero la apertura significa el carácter nunca concluso del conocimiento científico, y respecto del segundo significa la mutabilidad de las valoraciones jurídicas básicas.

7. El carácter abierto del sistema jurídico no obsta a la utilidad de la idea de sistema en la Jurisprudencia. El carácter abierto del «sistema científico» lo comparte éste con todas las demás ciencias, pues un sistema tal no puede ser más que un bosquejo provisional, en tanto en el correspondiente sector quepa aún un progreso en el conocimiento, es decir, en tanto en él el trabajo científico tenga aún sentido. Por contra, el carácter abierto del «sistema objetivo» posiblemente es una especificidad de la Jurisprudencia y resulta necesariamente de su objeto, de la esencia del derecho como manifestación anclada en el proceso histórico y que con él se modifica.

Sobre § 4

8. La problemática de la «apertura» del sistema ha de distinguirse de la de su *«movilidad»*. Movilidad, en el sentido que este término ha recibido de Wilburg, significa la básica igualdad jerárquica y la recíproca intercambiabilidad de los criterios de justicia determinantes, renunciando al mismo tiempo a una formación cerrada de los supuestos.

9. También un «sistema móvil» merece el nombre de sistema, pues también en él se pueden cumplir los caracteres de orden y unidad. Pero se trata de un caso límite de la utilizabilidad del concepto de sistema.

10. El derecho válido está básicamente dominado por un sistema inmóvil, no por uno móvil. Pero contiene ámbitos parciales móviles.

11. Desde el punto de vista legislativo, el «sistema móvil» se sitúa entre la rígida formación de supuestos típicos, por un lado, y las cláusulas generales, por otro. Supone un afortunado equilibrio en la polaridad entre los «supremos valores jurídicos», especialmente entre las tendencias «generalizadora» e «individualizadora» de la justicia, con lo que significa un valioso enriquecimiento del instrumental de que el legislador dispone. Pero no puede ser usado con carácter exclusivo, sino que no es más que una de las diversas posibilidades que el legislador conjuntamente ha de usar y relacionar.

Sobre § 5

12. La atención al concepto y especificidad del sistema jurídico lleva también a la respuesta a la cuestión del *significado del sistema para la obtención*

del derecho. Entendiendo el sistema como un orden teleológico (abierto y básicamente inmóvil), se sigue de modo inmediato que el argumento sistemático no es sino una forma especial del razonamiento teleológico, y que, como éste, puede pretender la más alta jerarquía entre los criterios de obtención del derecho. Así pues, el sistema posee «aptitud para la derivación teleológica».

13. En particular, el sistema cumple dos tareas en la obtención del derecho: contribuye a la plena aprehensión del contenido teleológico de una norma o de un instituto jurídico, en cuanto que lleva a interpretarlos como parte del conjunto del ordenamiento jurídico y sobre el trasfondo de una omniabarcadora interrelación; y sirve al mantenimiento y realización de la coherencia valorativa e interna unidad del derecho, en cuanto pone de relieve las inconsecuencias y, con ello, tanto pone límite al desarrollo judicial del derecho, al descubrir la amenaza de contradicciones valorativas, como lo impulsa al poner de manifiesto lagunas.

En consecuencia, la importancia del sistema ha de reconocerse en todos los niveles de la obtención del derecho: para la «integración sistemática de lagunas y el desarrollo judicial del derecho» no menos que para la «interpretación sistemática».

14. El principio de aptitud del sistema «para la derivación teleológica» vale también para las «construcciones» del legislador. Contrariamente a lo que pensaba HECK, éstas no son «construcciones conceptuales exentas de valoración», a las que quepa ver «como una opción de redacción», sino valoraciones en el marco de construcciones y que son tan vinculantes como cualquier otra valoración legal.

15. Acentuar la importancia del sistema para la obtención del derecho no puede significar dejar de percibir sus límites. Está siempre sometida a una doble reserva: la de un «control teleológico» del argumento sistemático y la de la posibilidad de un desarrollo del sistema en correspondencia con su carácter abierto.

La mayor prudencia se requiere frente al intento de oponer frente a los argumentos sistemáticos (supuestas) exigencias de la «justicia material»: aquéllos significan sólo, ex definitione, el pensar hasta sus últimas consecuencias las valoraciones de la ley, bajo la guía del principio de igualdad, y reciben su fuerza de convicción por igual de la autoridad del derecho positivo y de la dignidad del principio de justicia (formal). La solución correcta con arreglo al sistema no sólo es la de lege data vinculante en caso de duda, sino que básicamente es también la que ha de considerarse como justa bajo el dominio de un determinado ordenamiento jurídico.

Por lo demás, los límites de la obtención del derecho a partir del sistema resultan del hecho de que la formación del sistema mismo está sometida a límites considerables.

Sobre § 6

16. Estos *límites en la formación del sistema* se deben, por una parte, al crecimiento histórico del ordenamiento jurídico y a las carencias de la legislación, resultantes de lo limitado del conocimiento humano y de la capacidad lingüística, y, por otra parte, a la «tendencia individualizadora» de la justicia, que se impone en ámbitos parciales de todo ordenamiento jurídico y que contrapesa la idea sistemática, que se remite a la «tendencia generalizadora».

17. Hay que diferenciar quiebras del sistema, normas extrañas al sistema y lagunas en el sistema. Las quiebras del sistema tienen que ver con contradicciones valorativas y de principios, las normas extrañas al sistema surgen a partir de valoraciones que quedan aisladas en el seno del ordenamiento jurídico y por sí mismas carecen de fuerza de convicción, y lagunas del sistema son la consecuencia de lagunas valorativas.

18. Las quiebras del sistema se eliminan en buena medida mediante la «interpretación sistemática» y la «integración sistemática de lagunas».

Donde esto no resulte, porque en su contra operen el tenor o el sentido de la ley, el derecho consuetudinario o una prohibición de desarrollo judicial del derecho, queda como salida el ver a las normas contrarias al sistema como nulas por causa del atentado contra el principio constitucional de igualdad, ya que las quiebras del sistema suponen, ex definitione, contradicciones valorativas y hieren con ello el principio de igualdad. De hecho el Tribunal Constitucional Federal se ha pronunciado en varias ocasiones en ese sentido. De este modo el sistema cobra importancia práctica en un nuevo aspecto.

No obstante, resta un relativamente pequeño número de quiebras del sistema en las que la contradicción valorativa no necesariamente ha de verse como «arbitrariedad» en el sentido de la interpretación dominante del artículo 3.1 de la Ley Fundamental.

19. Las rupturas del sistema no superables impiden que se forme perfectamente el sistema, pero no afectan a los sectores ajenos a esa ruptura y nada decisivo dicen contra la utilidad de la idea de sistema en la Jurisprudencia.

Lo mismo vale básicamente para las lagunas del sistema, que son mucho más frecuentes que las quiebras del sistema. En parte se pueden integrar en el sistema mediante solidificación valorativa, pero en parte se resisten también a toda sistematización, especialmente allí donde las lagunas valorativas que subyacen tienen que ver con la irrupción de la «tendencia individualizadora» de la justicia. Ahí se abre un campo legítimo para los modos de pensamiento no orientados al sistema, en especial para la tópica.

Sobre § 7

20. Contrariamente a VIEHWEG, lo específico del «*pensamiento tópico*» no ha de verse en su referencia al «pensamiento de problemas». Y, sobre todo, el

«pensamiento aporético», en el sentido de Nicolai HARTMANN, no conduce necesariamente a la tópica, sino meramente al carácter abierto del sistema.

Lo característico de la tópica más bien radica en que la legitimación de las premisas que en cada caso se pongan como base es apoyada sólo en ἔνδοξα, es decir, en «la opinión de todos o de los más o de los más doctos», por tanto, esencialmente en el «common sense».

21. La tópica es, por ello, básicamente incompatible con la doctrina jurídica de la validez y de las fuentes del derecho. En la aplicación del derecho las premisas no han de legitimarse en la «opinión de todos o de los más o de los más doctos», sino en el derecho válido, incluso cuando éste no coincida con aquélla. Por esa razón la tópica no es capaz de ofrecer un criterio apto para la respuesta de la cuestión decisiva acerca de a cuál de entre varios «topoi», que por su naturaleza nunca son más que *propuestas* de solución, se ha de reconocer la preeminencia. Esa función de selección por regla general sólo puede cumplirla el sistema.

Este fracaso de la tópica frente al principio de vinculación de la aplicación del derecho a la ley tiene su correspondencia en la circunstancia de que los partidarios de la tópica no distingan suficientemente entre las tareas de la legislación y de la jurisprudencia de los tribunales. Desconocen sobre todo que la jurisprudencia tiene primariamente que ver con la realización comprensiva de valoraciones ya sentadas, no con la «tópica» elección de premisas, y que, en consecuencia, es en lo fundamental una doctrina de la «correcta comprensión», no una doctrina de la «acción correcta». Además, el pensamiento tópico se orienta demasiado al problema particular, delimitado del modo más minucioso posible, con lo que siempre queda el peligro de desatender la unidad interna y la coherencia del ordenamiento jurídico.

22. Aun cuando la tópica, por ello, no sea capaz de dar cuenta adecuadamente de la estructura de la Jurisprudencia, hay ámbitos en los que tiene que cumplir una legítima función. Tales ámbitos radican allí donde falten valoraciones legales suficientes y donde, en consecuencia, no quede sitio para el pensamiento sistemático.

Ahí la tópica significa en parte un mero recurso de urgencia y un estadio previo a la consolidación sistemática, pero en parte también supone el único proceder adecuado al objeto. Esto último ocurre especialmente allí donde la ley misma tiene forma de cláusula en blanco y remite al «common sense», trasladando al juez el establecimiento de las máximas de la «acción correcta», y allí donde la ley muestra vías de penetración de la antisistemática «tendencia individualizadora» de la justicia, es decir, de la «equidad», favoreciendo de ese modo -tal como la tópica quiere- la orientación al caso concreto.

23. Por tanto, la contraposición entre el pensamiento sistemático y la tópica no es de carácter excluyente. Más bien se complementan mutuamente e, incluso, en parte se interpenetran.

Referencias bibliográficas

Arndt, A. (1963), «Gesetzesrecht und Richterrecht», *NJW*, pp. 1273 y ss.

Bäumlin, R. (1961), *Staat, Recht und Geschichte. Eine Studie zum Wesen des geschichtlichen Rechts, entwickelt an den Grundproblemen von Verfassung und Verwaltung*, Zürich.

Baumgarten, A. (1922), *Die Wissenschaft vom Recht und ihre Methode*, Tübingen.

- (1926), «Juristische Konstruktion und konstruktive Jurisprudenz», en *Festgabe zum 80. Geburtstag von Paul Speiser*, Basel, pp. 105 y ss.
- (1939), *Grundzüge der juristischen Methodenlehre*, Bern.

Beling, E. (1922), *Methodik der Gesetzgebung, insbesondere der Strafgesetzgebung. Zugleich ein Beitrag zur Würdigung des Strafgesetzentwurfs von 1919*, Berlín.

Betti, E. (1967), *Allgemeine Auslegungslehre als Methodik der Geisteswissenschaften*, Tübingen.

Binder, J. (1915), *Rechtsbegriff und Rechtsidee. Bemerkungen zur Rechtsphilosophie Rudolf Stammlers*, Leipzig.

- (1920), «Der Wissenschaftscharakter der Rechtswissenschaft», *Kantstudien 25*, pp. 321 y ss.
- (1925), *Philosophie des Rechts*, Berlín.
- (1934), «Bemerkungen zum Methodenstreit in der Privatrechtswissenschaft», *ZHR*, 100, pp. 4 y ss.
- (1935), *Grundlegung zur Rechtsphilosophie*, Tübingen.
- (1937), *System der Rechtsphilosophie. Dier «Philosophic des Rechts»*, 2.ª ed., Berlín.

Bollnow, O. F. (1962), «Die Objektivitat der Geisteswissenschaften und die Frage nach dem Wesen der Wahrheit», *Zeitschrift für philosophische Forschung* 16, pp. 3 y ss.

Brusiin, O. (1951), *Uber das juristische Denken, Kopenhagen.*

Bulygin, E. (1967), «Zwei Systembegriffe in der rechtsphilosophischen Problematik», *ARSP53*, pp. 329 y ss.

Burckhardt, W. (1936), *Methode und System des Rechts*, Zürich.

CARNAP, R. (1929), *Abriss der Logistik,* Wien.

- (1954), *Einführung in die symbolische Logik. Mit besonderer Berücksichtigung ihrer Anwendungen,* Wien.COING, H. (1950), *Grunzüge der Rechtsphilosophie,* Berlin.
- (1951) «System, Geschichte und Interesse in der Privatrechtswissenschaft», *JZ,* p. 481 ss.
- (1959) *Die juristischen Auslegungsmethoden und die Lehren der allgemeinen Hermeneutik,* Köln y Opladen.
- (1962), *Zur Geschichte des Privatrechtssy stems,* Frankfurt.
- (1963), «Bemerkungen zum überkommenen Zivilrechtssystem», en *Festschrift für Hans Dölle,* vol. 1, Tübingen, pp. 25 y ss.

DIEDERICHSEN, U. (1966), «Topisches und systematisches Denken in der Jurisprudenz», *NJW,* pp. 697 y ss.

EDELMANN, J. (1967), *Die Entwicklung der Interessenjurisprudenz. Eine historisch-kritische Studie über die deutsche Rechtsmethodologie vom 18. Jahrhundert bis zur Gegenwart,* Bad Homburg v.d.H.-Berlin-Zürich 1967.

EHMKE, H. (1963), «Prinzipien der Verfassungsinterpretation», *VvdDStRL* 20, pp. 53 y ss.

EHRLICH, E. (1913), *Grundlegungder Soziologie des Rechts,* Berlin.

- (1925), *Die juristische Logik,* 2.ª ed., Tübingen.

EISLER, R. (1927-1930), *Wörterbuch der philosphischen Begriffe,* 4.ª ed., Berlin.

EMGE, C. A. (1955), *Einführungin die Rechtsphilosophie,* Frankfurt-Wien.

- (1961), *Philosophie der Rechtswissenschaft,* Berlin.

ENGISCH, K. (1935), *Die Einheit der Rechtsordnung,* Heidelberg.

- (1953), *Die Idee der Konkretisierung in Recht und Rechtswissenschaft unserer Zeit,* Heidelberg.
- (1957), «Sinn und Tragweite juristischer Systematik», *Studium Generate,* 10, pp. 173 y ss.
- (1959), «Aufgaben einer Logik und Methodik des juristischen Denkens», *Studium Generale,* 12, pp. 76 y ss.
- (1963), *Logische Studien zur Gesetzesanwendung,* 3.ª ed., Heidelberg.
- (1963), «Wahrheit und Richtigkeit im juristischen Denken», *Münchner Universitatsreden NF,* n.º 35, München.
- (1965), *Einführung in das juristische Denken,* 3.ª ed., Stuttgart, ya en la 4.ª ed. 1968.

ESSER, J. (1959), «Zur Methodenlehre des Zivilrechts», *Studium Generale,* 12, pp. 97 y ss.

- (1964), *Grundsatz und Norm in der richterlichen Fortbildung des Privatrechts,* 2. ªed., Tübingen.

- (1964), *Wertung, Konstruktion und Argument im Zivilurteil,* Karlsruhe.
- (1967), «Richterrecht, Gerichtsgebrauch und Gewohnheitsrecht», en *Festschrift für F.v.Hippel,* Tübingen, pp. 95 y ss.

Fiedler, H. (1966), «Juristische Logik in mathematischer Sicht. Einige Bemerkungen und Beispiele», *ARSP,* 52, pp. 93 y ss.

Flume, W. (1964-65), Richterrecht im Steuerrecht, *Steuerberaterfb,* pp. 55 y ss.

- (1967), *Richter und Recht, Vortrag vor dem 46. Deutschen Juristentag, Veröffentlichungen des DJT,* vol. II parte K, München y Berlin.

Fraenkel, A. (1928), *Einführung in die Mengenlehre,* 3.ª ed., Berlin.

Gadamer, H.-G. (1965), *Wahrheit und Methode,* 2.ª ed., Tübingen.

Härlen, H. (1950-51), «Über die Begründung eines Systems, zum Beispiel des Rechts», *ARSP,* 39, pp. 477 y ss.

Hanack, E.-W. (1962), *Der Ausgleich divergierender Entscheidungen in der oberen Gerichtsbarkeit. Eine prozessrechtliche Studie insbesondere zur Vorlegungspflicht und der Rechtsmittelzulässigkeit wegen Abweichung,* Hamburg y Berlin.

Heck, P. (1914), *Gesetzauslegung und Interessenjurisprudenz,* Tübingen.

- (1932), *Das Problem der Rechtsgewinnung,* 2.ª ed., Tübingen.
- (1932), *Begriffsbildung und Interessenjurisprudenz,* Tübingen.

Hegler, A. (1931), «Zum Aufbau der Systematik des Zivilprozessrechts», en *Festgabe für Philipp Heck, Max Rümelin, Arthur Benno Schmidt,* Tübingen, pp. 216 y ss.

Heller, T. (1961), *Logik und Axiologie der analogen Rechtsanwendung,* Berlin.

Henkel, H. (1958), *Recht und Individualitat,* Berlin.

- (1964), *Einführung in die Rechtsphilosophie,* München y Berlin.

Hennis, W., *Politik und praktische Philosophic,* Berlin.

Herschel, W. (1967), «Gefahren der systematischen Auslegung», *BB,* pp. 791 y ss.

Hilbert, D. y Ackermann, W. (1949) «Grundzüge der theoretischen Logik», 3.ª ed., Berlin-Gottingen-Heidelberg .

- Hippel, F. (1957), *Zum Aufbau und Sinnwandel unseres Privatrechts,* Tübingen.
- (1964), *Rechtstheorie und Rechtsdogmatik,* Frankfurt a.M.

Horn, D. (1962), «Studien zur Rolle der Logik bei der Anwendung des Gesetzes», tesis doctoral, Berlin.

Horn, N. (1967): «Zur Bedeutung der Topiklehre Theodor Viehwegs für eine einheitliche Theorie des juristischen Denkens», *NJW,* pp. 601 y ss.

Husserl, G. (1955), *Recht und Zeit,* Frankfurt a.M.

Kaser, M. (1962), *Zur Methode der römischen Rechtsfindung,* Gottingen.

Kelsen, H. (1960), *Reine Rechtslehre,* 2.ª ed., Wien.

- (1966), «Recht, Rechtswissenschaft und Logik», *ARSP,* 52, pp. 545 y ss.

Klug, U. (1966), *Juristische Logik,* 3.ª ed., Berlin-Heidelberg-New York.

Kretschmar, P. (1914), *Über die Methode der Privatrechtswissenschaft,* Leipzig.

- (1917), «Grundfragen der Privatrechtsmethodik», *JherJb.,* 67, pp. 233 y ss.

Kraft, V. (1951), *Die Grundlagen einer wissenschaftlichen Wertlehre,* 2.ª ed., Wien.

Kriele, M. (1967), *Therie der Rechtsgewinnung. Entwickelt am Problem der Verfassungsinterpretation,* Berlin.

Kuhn, H. (1965), «Aristoteles und die Methode der politischen Wissenschaft», *Zeitschrift für Politik* XII, pp. 101 y ss.

Larenz, K. (1958), «Wegweiser zu richterlicher Rechtsschöpfung. Eine rechtsmethodologische Untersuchung», en *Festschrift für Arthur Nikisch,* Tübingen, pp. 275 y ss.

- (1960), *Methodenlehre der Rechtswissenschaft,* Berlin-Heidelberg-New York.

- (1965), *Kennzeichen geglückter richterlicher Rechtsfortbildungen,* Karlsruhe.

Leinfellner, W. (1965), *Einführung in die Erkenntnis- und Wissenschaftstheorie,* Mannheim.

- (1965), *Struktur und Aufbau wissenschaftlicher Theorien. Eine wissenschaftstheoretisch-philosophische Untersuchung,* Wien-Würzburg.

Lerche, P. (1961), «Stil, Methode, Ansicht. Polemische Bemerkungen zum Methodenproblem», *DVBl,* pp. 690 y ss.

Müller, F. (1966), *Normstruktur und Normativitat. Zum Verhantnis von Recht und Wirklichkeit in der juristischen Hermeneutik, entwickelt an Fragen der Verfassungsinterpretation,* Berlin.

Nawiasky, H. (1948), *Allgemeine Rechslehre als System der rechtlichen Grundbegriffe,* 2.ª ed., Einsiedeln-Zürich-Köln.

Oertmann, P. (1931), *Interesse und Begriff in der Rechtswissenschaft,* Leipzig.

Paulus, G. (1965-66), «Probleme richterlicher Regelbildung. Am Beispiel des Kreditsicherungsrechts», *JurJb.* 6, pp. 134 y ss.

Perelman, C. (1958), *La Nouvelle Rhétorique. Traité de l'Argumentation,* París.

- (1963), *Justice et Raison,* Bruxelles.

- (1967), *Über die Gerechtigkeit,* München.

Plessner, H. (1924), «Zur Soziologie der modernen Forschung und ihrer Organisation in der deutschen Unversität», en *Versuche zu einer Soziologie des Wissens, editado por Max Scheier,* München y Leipzig, pp. 407 y ss.

Poper, K. R. (1966), *Logik der Forschung,* 2.ª ed., Tübingen.

RADBRUCH, G. (1956), *Rechtsphilosophie,* 5.ª ed., Stuttgart.

RAISER, L. (1964), «Rechtswissenschaft und Rechtspraxis», *NJW,* pp. 1201 y ss.

RITSCHL, O. (1906), *System und systematische Methode in der Geschichte des wissenschaftlichen Sprachgebrauchs und der philosophischen Methodologie,* Bonn.

V. RÜMELIN, M. (1922-23), «Zur Lehre von der juristischen Konstruktion», *ARWP* XVI, pp. 343 y ss.

SALOMON, M. (1925), *Grundlegung zur Rechtsphilosophie,* 2.ª ed., Berlin.

SAUER, W. (1940), *Juristische Methodenlehre, Zugleich eine Einleitung in die Methodik der Geisteswissenschaften,* Stuttgart.

V. SAVIGNY, F. C. (1840), *System des heutigen Römischen Rechts,* vol. 1, Berlin.

SCHELSKY, H. (1963), *Einsamkeit und Freiheit. Idee und Gestalt der deutschen Universität und ihrer Reformen,* Hamburg.

SCHNEIDER, H. P. (1969), *Richterrecht, Gesetzesrecht und Verfassungsrecht,* Frankfurt a.M.

SCHNEIDER, P. (1963), «Prinzipien der Verfassungsinterpretation», *VvdDStRL* 20, pp. 1 y ss.

SCHOLZ, H. (1959), *Abriss der Geschichte der Logik,* 2.ª ed., Freiburg-München.

SCHREIBER, R. (1962), *Logik des Rechts,* Berlin-Göttingen-Heidelberg.

- (1966), *Die Geltung von Rechtsnormen,* Berlin-Heidelberg-New York.

SIGWART, Ch. (1893), *Logik,* 2 vols., 2.ª ed., Freibrug.

SIMITIS, S. (1957-58), Zum Problem einer juristischen Logik, *Ratio,* pp. 52 y ss.

STAMMLER, R. (1911), *Theorie der Rechtswissenschaft,* 1.ª ed., Halle, y 2.ª ed., Halle, 1923.

- (1928), *Lehrbuch der Rechtsphilosophie,* 3.ªed., Berlin y Leipzig.

STARK, W. (1960), *Die Wissenssoziologie. Ein Beitrag zum tieferen Verständnis des Geisteslebens,* Stuttgart.

STOLL, H. (1931), «Begriff und Konstruktion in der Lehre der Interessenjurisprudenz», en *Festgabe für Philipp Heck, Max Rümelin und Arthur Benno Schmidt,* pp. 60 y ss., Tübingen.

TILLICH, P. (1923), *Das System der Wissenschaften nach Gegenständen und Methoden. Ein Entwurf,* Gottingen.

VIEHWEG, Th. (1958), «Zur Geisteswissenschaftlichkeit der Rechtsdisziplin», *Studium Generale,* 11, pp. 334 yss.

- (1963), *Topik und Jurisprudent,* 3.ª ed., Munchen.
- (1968), «Systemprobleme in Rechtsdogmatik und Rechtsforschung», en *System und Klassifikation in Wissenschaft und Dokumentation,* pp. 96 y ss., editado por A. Diemer. Studien zur Wissenschaftstheorie, vol. 2, Meisenheim am Gian.

WEBER, M. (1956), *Wirtschaft und Gesellschaft*, 4. ªed., Tübingen.

WENGLER, W. (1953), «Betrachtungen über den Zusammenhang der Rechtsnormen in der Rechtsordnung und die Verschiedenheit der Rechtsordnungen», *Festschrift fur Rudolf Laun zu seinem 70. Geburts- tag*, Hamburg.

WIEACKER, F. (1953), *Das Sozialmodell der klassischen Privatgesetzbücher und die Entwicklung der modernen Gesellschaft*, Karlsruhe.

- (1956), *Zur rechtstheoretischen Präzisierung des § 242 BGB*, Tübingen.
- (1958), *Gesetz und Richterkunst. Zum Problem der aussergesetzlichen Rechtsordnung*, Karlsruhe.
- (1962), «Die juristische Sekunde. Zur Legitimation der Konstruktionsjurisprudenz», en *Existenz und Ordnung. Festschrift fur Erik Wolf*, pp. 421 y ss., Frankfurt a.M.
- (1963), *Notizen zur rechtstheoretischen Hermeneutik*, Gottingen.
- (1967), *Privatrechtsgeschichte der Neuzeit*, 2.ª ed., Gottingen.

WILBURG, W. (1950), *Entwicklung eines beweglichen Systems in burgerlichen Recht*, Graz.

WUNDT, W. (1921), *Logik. Eine Untersuchung der Prinzipien der Enkenntnis und der Methoden wissenschaftlicherForschung*, vol. 3, 4.ª ed., Stuttgart.

ZAJTAY, I., «Begriff, System und Präjudiz in den kontinentalen Rechten und im Common Law», *AcP* 165, pp. 97 y ss.

ZIMMERL, L. (1930), *Aufbau des Strafrechtssystems*, Tübingen.

- (1931), *Strafrechtliche Arbeitsmethode de lege ferenda*, Berlin y Leipzig.

ZIPPELIUS, R. (1962), *Wertungsprobleme im System der Grundrechte*, München y Berlin.

- (1965), *Das Wesen des Rechts*, München.
- (1967), «Problemjurisprudenz und Topik», *NJW*, pp. 2229 y ss.

EL SISTEMA EN LA JURISPRUDENCIA,
de CLAUS-WILHELM CANARIS, se imprimió
en la República Argentina en enero de 2023.

www.ingramcontent.com/pod-product-compliance
Lightning Source LLC
LaVergne TN
LVHW082238051026
849532LV00012B/4037
* 9 7 8 9 5 6 4 0 7 2 8 6 9 *